扬州中学校史资料长编·前编

（修订本）

《扬州中学校史资料长编》编委会 编

凤凰出版社

图书在版编目（ＣＩＰ）数据

扬州中学校史资料长编. 前编 / 《扬州中学校史资料长编》编委会编. -- 修订本. -- 南京 : 凤凰出版社, 2022.7

ISBN 978-7-5506-3593-7

Ⅰ. ①扬… Ⅱ. ①扬… Ⅲ. ①扬州中学－校史－史料 Ⅳ. ①G639.285.33

中国版本图书馆CIP数据核字(2022)第097556号

书　　　名	扬州中学校史资料长编(前编)(修订本)	
编　　　者	《扬州中学校史资料长编》编委会	
责 任 编 辑	吴　琼	
装 帧 设 计	陈贵子	
出 版 发 行	凤凰出版社(原江苏古籍出版社)	
	发行部电话025-83223462	
出版社地址	江苏省南京市中央路165号,邮编:210009	
照　　　排	南京凯建文化发展有限公司	
印　　　刷	江苏凤凰通达印刷有限公司	
	江苏省南京市六合区冶山镇,邮编:211523	
开　　　本	787毫米×1092毫米　1/16	
印　　　张	20	
版　　　次	2022年7月第1版	
印　　　次	2022年7月第1次印刷	
标 准 书 号	ISBN 978-7-5506-3593-7	
定　　　价	280.00元	

(本书凡印装错误可向承印厂调换,电话:025-57572508)

谨以此书献给

江苏省扬州中学

建校120周年

《扬州中学校史资料长编》编委会

简要说明

　　《扬州中学校史资料长编》是目前所收集到的本校史料总汇，共分三编：前编、上编、下编。

　　《前编》，大致按年代先后编录学校各个时期的概貌、概况性质的图片和表格，也有少量文字，主要以相对集中的图表区别于上编和下编。

　　这次修订，加入近十年来的材料，即第七部分，并对原书作了相应修改。

2022.2.4

扬中十景

1. 树人堂

2. 品字楼

3. 老水塔

4. 复校纪念塔

5. 梧桐树

6. 石头记

7. 南　楼

8. 自清园

9. 藏修楼

10. 院士广场

长编例言

一、本书是江苏省扬州中学校史资料的总汇。历史是人类的良师和益友，我校作为百年名校，既有其别处难以复制的独特性，也有其基础教育方面的普遍性和代表性。本校校史编撰工作，自二十世纪八十年代初始，筚路蓝缕，黾勉从事。工作中深感历史资料的可贵与难得，尤其原始资料，劫后孑遗，吉光片羽，每一实录都是一个生命对另一个生命的启示。无奈由于种种原因，资料容易散失。虽然编有一些纪念册和校史书籍，但是这些只是校史中的小部分。又虑及改革开放以来，本校的教育教学和科研，理念领先，成果丰硕，日后不致再生"斯文不幸"之叹。于是就有"扬州中学校史资料长编"（以下简称"长编"）的编辑，广泛收集，不遗余力，现将业已收集到的校史材料汇编成册，出版发行，公诸于世。

二、本书意欲尽最大可能囊括历年来本校的独特办学风格和教育教学成果。光绪二十八年（壬寅，1902），扬州仪董学堂创立，风气初开，中西并重，系颇具现代意义的中学，是为本校源头。两淮中学堂、扬州府中学堂、淮扬合一中学、江苏省立第八中学和尊古学堂、两淮师范学堂、江苏省立第五师范学校，均为本校前身。1927年合并"五师""八中"建立的江苏省立扬州中学，承先人余烈，自主办学，推进革新，"科学陶冶，人格感化"，开始了扬州中学最辉煌的时期。抗战八年，辗转办学，弦歌不辍，薪火相传，特别是办在大后方四川的国立二中，培养了大批人才。1949年后的江苏省扬州中学，实验性与示范性突出，系省内"四大名旦"之一（其他为南师附中、苏州中学、常州中学）。新时期的扬州中学，秉持"科学人文相融合"的理念，继往开来，生机蓬勃。综观百年扬中，积淀丰厚，人才辈出，青春常在。"长编"希望能为本校师生进一步光大优良传统，创造世纪辉煌，乃至为研究中国基础教育者，提供相当的帮助与便利。面向未来，与时俱进，继承、吸收、创新，人类只能在历史提供的条件下自由创造，不断发展。

三、本书资料来源。二十世纪八十年代初，广泛联系各地校友，跑上海图书馆徐汇藏书楼、南京大学图书馆、南京师范学院图书馆、南京图书馆清凉山古籍部等处，抢救第一手校史资料。九十周年校庆和百周年校庆补充了一些资料。近几年来，又重跑各地图书馆，访问校友，甚至逛旧书摊，并通过扬州大学图书馆、华师大友人网上联络等多种渠道，从北京大学、北京师范大学、南京师范大学、复旦大学、华东师范大学、国家图书馆、上海图书馆、南京图书馆、扬州市图书馆、扬州市档案馆等处，复制了一批材料。新收集到一些珍贵资料，如《仪董学堂章程》、《江苏省立第五师范学校校友会杂志·第一期》（原件）及第二第三合期、《一年来之扬中》（原件）、《三周纪念刊》（原件）和三十几本《扬中校刊》（原件和复印品）等等。有的辗转购自北京、上海，有的从收藏者手中购得。值得一说的是《江苏省立第五师范学校校友会杂志·第一期》和《一年来之扬中》，前者是张镇安校友在地摊上高价购得，无偿赠给母校，后者系校友胡宇锋的大学同学汪立耕同志在北京潘家园地摊上购得，无偿转赠，非常感人。周厚枢校长生平资料，包括他的八中毕业证书、校长任命书和蒋中正写的亲笔挽幛，由周校长的后辈从台北跨海捐赠，连同原先黄泰老师家藏本《十周纪念刊》和朱白吾老师家藏的珍贵资料如《五周纪念》特刊等，也由其哲嗣捐赠给学校，十分宝贵。本校在职和退休教职员也以主人翁的姿态参与征集论文论著的工作，充实了校史资料。

四、本书的资料内容与编排。主要内容是目前所能搜寻到的本校相关档案材料，二十世纪二三十年代国内邮政挂号公开出版发行的本校校刊、纪念册、校友会杂志和本校老师编撰的部分教材，以及各个时期本校教育教学的相关文稿等等，少量早期校友的回忆文章因其难觅而宝贵也编入其中。不薄今人爱古人，长江后浪推前浪。新时期以来，本校老师的著述、教育教学和科研的资料，入选的也相当可观，或编专集，或节选，或存目。大量后期校友的回忆文章拟另行编入《扬中往事》。

"长编"分三编：前编、上编、下编。

前编，按年代先后编录学校各个时期的概貌、概况性质的图表和文字，也可以说是比较感性直观的扬州中学简史，以较多相对集中的图文区别于上编、下编。

上编（1902—1949）——第一册、第二册、第三册……

下编（1950—　　　）——第一册、第二册、第三册……

编排体例采取开放结构，随着时日推移，资料的增添，以及旧资料的新发现，可接着续编。

排版采用横排简化字排印，除适应横排基本规则外，具体版式大致参照原样，不强求统一，文字上一般不作改动，漫漶之处，以方框代替，尽可能保存资料原貌。校对时，本校青年教师对原来未曾断句的文章给予断句或标点，有些文章的标点符号也作了必要的改动，更符合当代习惯，其勤奋精神可嘉。众擎易举，共襄其成。

五、"一切历史都是当代史"，然而真理并不是现成的自明的恒常存在，如果没有人参与激活传统，真理便无缘生成和呈现，文本的内在意义也就无法得到传承和延续。至于有些具体文章，总会打上一定的时代印记，作者也有他特定的写作环境，读者明鉴，当会区分根本精神和时局附加的派生条件，历史地、公允地正确对待，这一点毋庸编者赘言。

本书共三编。目前，数百万字的前编（1册）和上编（7册），终能先期编就出版问世，是与各方人士的亲切关怀、热情鼓励和鼎力帮助分不开的，这种强烈的文化意识和高度社会责任感，令人感佩，我们于此深致谢忱。限于编者水平，见闻不广，加之时间仓促，书中难免疏漏失当之处，诚恳地期待着读者批评指教。

《扬州中学校史资料长编》编委会

2012.9

2012年，出版了上编7册与前编1册，2016年，2018年，2020年，2022年，四次续出，到目前为止，《扬州中学校史资料长编》已经出版前编1册、上编11册、下编12册，共24册，逾千万字。这次《前编》修订，加入了近十年的材料。

《扬州中学校史资料长编》编委会

2022.2.4

何东昌序

我曾于1938年至1941年在重庆合川的国立二中就读（初三进校，高三毕业），抗战胜利后，国立二中复员到常熟，成为现在江苏省常熟中学的前身。但是，当年是江苏省扬州中学的周厚枢校长，率领骨干教师和幼则十三四岁、长则十六七岁的同学，逃离战火，向大后方行进，并收容各地失学青少年，至合川办学的。而周校长在办学伊始，又邀集到一些一流的顶尖教师，同心戮力，奠定了国立二中高水准的教学基础，也承继了扬州中学的赫赫声誉。所以，我和许多国立二中的校友，也同时将扬州中学视为我们亲爱的母校。1992年在母校九十华诞时我曾题了这么几句话："坚持正确方向，发扬优秀传统，善于改革创新，面向二十一世纪。"如今二十年转眼已逝，扬州中学作为全国知名的示范高中，仍然走在基础教育的前头，在贯彻国家素质教育思想的树人大道上愈走愈宽，这着实是一件让人宽慰的事。

我在教育战线算是一个老兵了，二十世纪五十年代后期，我开始在高校任职。1982年服从组织安排，我到教育部工作，一直干到九十年代末。这些年我对基础教育的现状作过一些调查研究，也了解到一些情况。有些地方偏离党的教育方针，为片面提高升学率而死抓应试教育，这种做法对民族未来的影响不利，将会带来难以挽回的后果。中国是世界上最大规模的教育大国，如果人才的全面素质上不去，还不能算有了人才优势，教育也不能达到社会主义现代化的要求。我始终以为，一所好的中学应该在任何时候都把促进人的全面和谐发展放在首位。在扬州中学的辉煌历史进程中，从创校之初即得现代教育风气之先，始终坚持"突出树人宗旨，努力服务社会"的办学理念和"人格健全、学术健全、自治自动、体育兼重"的办学思想。所以当年我和江苏的同志多次提起，中国的中学教育，从吴淞口到南京，长江两岸是中国教育最发达的地区，其中扬州中学是最出名的，它是我国中等教育的资深名校。

社会对人才的要求是多方面的，学校给予学生的也不仅仅是知识。当年的国立二中，培养了我们爱国进步的思想，也给我们传授了许多日后可以为国效力的知识和本领。此外，我印象最深的，一是学校有强大的凝聚力。想想那时小小年纪，离乡背井，唯有师长可依靠，唯有同学可相互照顾，那种如父如子、如兄如弟的深厚感情，便凝聚成珍惜机会、发奋读书的动力。二是艰苦奋斗的精神。由于物质匮乏，经费不足，饮食水平日益下降，有时连红薯糙米饭也吃不饱；有的同学没有衣服穿，捡个面粉袋，改造一下当"圆领衫"，冬天早上出操没棉衣，有的同学把棉絮披在身上。这种流亡五千里，艰苦办学的情景，今天的同学们是难以想象的，但是这种艰苦办学的精神，今天还是要发扬的。

回顾这百余年扬州中学的发展历史，老一代书写了上一个世纪的传奇，新一代又在创造着新的辉煌。扬州中学的办学历程是一部历史，更是一笔宝贵的财富。当我得知母校将要编辑《扬州中学校史资料长编》一书，其欣喜、自豪乃至激动自然是不能抑制的了。手头上是母校送来的关于编制体例和纲要目录的介绍，我之前也有幸读过关于母校历史发展的相关史料，但即将问世的这部"长编"其内容之丰实、收录史料之完整却是前所未有的。这部洋洋数百万言的书，是扬州中学从二十世纪以来的独特办学风格和辉煌成果的全面展示，我们由这部《长编》定能看到扬州中学弦歌不辍、薪火相传的光荣历史，更能看到学校"科学与人文相融合"精神的传承。想到扬州中学的校史资料能够通过各种渠道汇集于此，为"长编"的辑录提供可能，殊为不易，编辑者之良苦用心着实令人心生敬意。

我想这部书不仅是一个学校历史的记载，从某种程度上讲，它也是近现代我国中等教育进展的一个缩影。所以，它不仅为百年名校扬州中学今后的再铸辉煌，能起到"史鉴"的作用，同样为我国今后的教育改革与发展，也能起到"史鉴"的作用。这一点应该是不容置疑的。

何东昌

2011年5月25日

【注】作者本校1941届校友，教育部原党组书记、部长，原国家教委党组书记、副主任。

目　录

第一部分（1902—1913）
学堂初开 中西并重

　　清末，民族和社会危机严重，"强邻环伺，讵能我待"，国家亟需"通经济变之才"（光绪帝《明定国是诏》）。仪董学堂于光绪二十八年（壬寅，1902）应运而生，这是扬州第一所官立中学。两淮盐运使程仪洛任总办，建议开办京师大学堂（北京大学前身）的御史王鹏运，与史学家屠寄等忧患意识强烈的有识之士，主持其事。"学堂初开，中西并重"（仪董教习桂邦杰语），揭开了扬州近现代教育的序幕。不久，运使易人，仪董学堂改称两淮中学堂。这一时期，属本校上源的，还有尊古学堂、两淮师范学堂、扬州府中学堂、两淮合一中学。

仪董学堂

（一）学堂创立

·《江都县续志》记载的仪董学堂

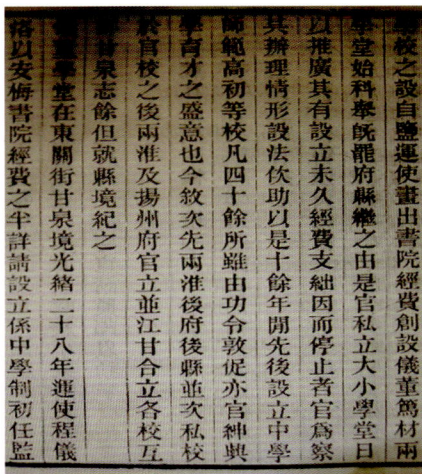

《江都县续志》书影

　　仪董学堂在东关街甘泉境。光绪二十八年，运使程仪洛以安、梅书院经费之半详请设立，系中学制。初任监督屠寄，继任王鹏运、李慎儒、宋子联。学生分甲乙丙丁四级，总约百人，毕业仅一次，余皆辗转升学。

——《江都县续志》卷八

·《仪董学堂章程》（内页书影）

仪董学堂章程

第一章 学堂办法

第一节 此次扬州府学堂系钦奉

谕旨饬办慎聘教习督课恪遵

先师孔子教育以四书五经为体以本国历史舆地掌故数理及外国历史舆地政治艺学为用务令诸生葆完全之德性具普通之知识为他日递升省会高等学堂之选及地方小学堂蒙学堂教习之任

第二节 本国语言文字为国民特具之性质东西各国普通教法无不斤斤保守诚以舍本国语言文字不足为建国与植学之干也间有别设外国语一科但练习合音会话文法……（下略，全文见《上编·第一册》）

·民国四年 扬州市城区图标明的东关街仪董学堂地址

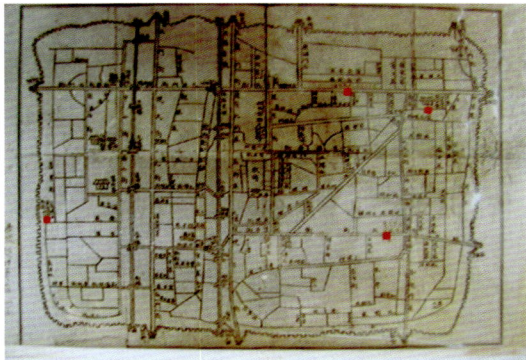

·仪董学堂，片瓦无存，市少年宫曾建在其遗址上

原市少年宫

·远眺遗址旁的古银杏树——仪董学堂的见证

（二）仪董命名

　　以汉初大儒董仲舒为江都王相，意在取法仲舒；仪洛既董理事，而运署内先有仪董轩，为前运使方浚颐子箴营筑，故立校亦名仪董。

——王渥然

·运署——两淮盐运使司

·扬州董子祠（北柳巷内）

·西汉大儒，江都王相——董仲舒像

　　董仲舒，西汉时期的大学问家、哲学家、教育家。他的思想体系包括了整个宇宙，从自然界到人类社会，从社会的人际关系到个人的道德修养，都涉及了。董仲舒的哲学核心是"天人感应"论，他论证天人同类，天人互应，从而使人对自己的行为有所反省和矫正。他提倡"大一统"，"《春秋》大一统者，天地之常经，古今之通谊（义）也"。他主张"罢黜百家，独尊儒术"，建元元年（前140）朝廷对策，阐述自己的哲学思想和改革主张，提出了维护巩固汉王朝统治的重大决策。汉武帝对他非常赏识和器重，任命他为江都相，到江都（扬州）匡扶江都王刘非（武帝兄）。当代哲学家邢贲思说："孔子是儒学的创始人，董仲舒是儒学大师，朱熹是理学大师。这三大思想体系是儒学发展的三个里程碑。"

（三）全府招生

·仪董学堂学生籍贯分布图（扬州府属八县地图）

　　学生额设六十名，就扬州府属江都、甘泉、仪征、高邮、宝应、兴化、泰州、东台八县，遴选附生，保送应考。商籍二十名，则场、运、食三项盐商中子弟，年在二十岁内，品行端正，文理优长者，报由各商管理机构保送应考，初试、复试录取后，入堂肄业。

——王渥然

（四）名宿治校

·造就"通经济变之才"（光绪帝《明定国是诏》节录）

> 西学为用"为教育宗旨。在政变开始的那一天，光绪帝颁《定国是》诏书，规定："以圣贤义之学植其根本，又须博采西学之切于时务者，实力讲求，以救空疏迂谬之弊……总期化无用为有用，以成通经济变之才。"（《戊戌政变记》卷一）这种说法，也是贯彻"中学为

　　诏书规定："以圣贤义之学植其根本，又须博采西学之切于时务者，实力讲求，以救空疏迂谬之弊……总期化无用为有用，以成通经济变之才。"（《戊戌政变记》卷一）

·总办程仪洛，会稽人，进士，两淮盐运使

　　程仪洛，字雨亭，浙江山阴人。光绪丁丑进士，吏部稽勋司主事，改江苏知府，庚辰、癸未两摄扬州府事，整躬率属，风节凛然。……庚子（1900）补两淮盐运使，履任后，锐意撙节，廓清积弊，裁提公费，岁可六万金，创立仪董等学堂，严订章程，延耆硕教授其中。……

　　　　　　　　　　　　　　　　　　　　——《江都县续志》卷一

·第一任监督（校长）屠　寄　画像

·屠寄手迹

十年種木長風煙

萬卷藏書宜于弟

　　屠寄，字敬山、静生，号结一宧主人，江苏武进人。早年入"当代文学之宗"（袁世凯语）张之洞幕府，为"抱冰堂弟子"，深受其"读书期于明理，明理归于致用"主张的影响。在广雅书局时，与缪荃孙同校《宋会要》稿本。光绪十八年进士（与蔡元培同榜），历任翰林院庶吉士、京师大学堂副总教习等职。光绪二十八年（1902）任仪董学堂第一任监督，其时正值张之洞署两江总督。辛亥革命后，任国史馆总纂，长于史地之学，好诗词骈文，著《蒙兀儿史记》一百六十卷。著作尚有《黑龙江驿程日记》《结一宧骈体文》《结一宧诗》等。（《辞海》中有条目）

· 第二任监督（校长）王鹏运 画像

　　王鹏运，字幼遐，自号半塘老人，广西临桂（桂林）人，原籍浙江山阴，晚清四大词人之首（"王半塘、郑叔问、况惠风、朱彊村为清末四大词家。"——《柯亭词论》）。同治九年二十二岁中举，历任内阁中书、监察御史、礼部掌印给事中，深得光绪帝信任，康有为未知于光绪以前，奉章多为王鹏运代上。支持康梁变法，建议开办京师大学堂。"以直声震天下，一时权要，弹劾殆遍。"龙榆生《近三百年名家词选》记载："光绪二十八年（1902）南归，主扬州仪董学堂。"（《辞海》中有条目）

· 王鹏运词一首

点绛唇
——饯春

　　抛尽榆钱，依然难买春光驻。饯春无语，肠断春归路。
　　春去能来，人去能来否？长亭暮，乱山无数，只有鹃声苦。

· 王鹏运建议开办京师大学堂，《中国历代教育制度》书影

光绪二十四年（公元一八九八年）五月，因御史王鹏运的建议，开办京师大学堂，派孙家鼐为管学大臣，一方面主持京师大学堂，一方面管辖各省所设的学堂，那就是以京师大学堂为全国最高学府，同时又是中央教育行政机构；以管学大臣为大学校长，同时又兼教育部长。到了光绪二十九年（公元一九〇三年），张之洞等所拟《奏

　　光绪二十四年（1898）五月，因御史王鹏运的建议，开办京师大学堂，派孙家鼐为管学大臣，一方面主持京师大学堂，一方面管辖各省所设的学堂，那就是以京师大学堂为全国最高学府，同时又是中央教育行政机构；以管学大臣为大学校长，同时又兼教育部长。

——顾树森《中国历代教育制度》

·第三任监督（校长）李慎儒

李慎儒，字子均，同治三年举人，后入京，任刑部郎中。光绪八年辞官，回泰州侍奉老父。两淮盐运使闻其博通中西，遂聘为仪董总教习。著有《禹贡易知录》《辽史地理志考》《瀛环新志》《鸿轩诗稿》等传世。他的父亲系道光庚子科状元李承霖。当其任广西学政时，洪秀全在他手下应过考。太平天国起义，他避祸隐居泰州。太平军攻江苏时，军中即传言："天王的老师在泰州，我们不能打泰州。"所以泰州未遭兵燹。

·第四任监督（校长）宋子联

宋子联，号戟三，高邮城镇人，蒙族。光绪十五年中举，次年中进士，入翰林院，为庶常馆庶吉士。后调编修，又改任刑部主事、学政、军机处章京等职。宣统三年受命为山东青州知府，因辛亥革命爆发，未到任就携眷南归故里。民国三年任县商会会长。他曾说："七品县官，官小权重，稍有不慎，则扰民失德，故宁为牛后。"

·资深教师：监督之外，有教习桂邦杰、鲍心增、孔怀怡、余绍春等

每周除正课外，周六午后停课，由监督（总教习）召集听讲，内容经史理学词章掌故不等，各生随时笔记，并可附记平时阅读心得，下周末仍缴由总教习批阅记分。——这可视为当时的"讲座"。其他任课教习，如鲍心增国文经学，刘富曾、孙传绮伦理历史，桂邦杰、周树年舆地，孔怀怡算学，沈祖芬英文，戴儒珍法文，吴魁士理化，肖金标、余绍春体操。

（五）分科教学

课程，分伦理、国文、经学、历史、舆地、算学、外国文等，外国文有英文、法文，任习一科。其后二年，增有物理、化学、体操、图画等课。　教材：伦理经学史地讲义均自编，时打字工具阙如，每课率就黑板录令传抄。舆地图说并举，且抄且绘。国文课本采用姚氏《古文辞类纂》暨章氏《文史通义》。算学则用当时教会编译之《笔算数学》《代数备旨》《形学备旨》《八线备旨》等。英文课本用华英初阶进阶及纳氏文法、宝氏读本等。法文则法语初阶进阶。理化讲义亦均自编。

·仪董学堂课表

仪董学堂第一二年試辦分時授課表（木學堂四年卒業　俟試辦一年）

課 時間	第一日	第二日	第三日	第四日	第五日	第六日	休沐日
每日接八點至九點 半後時刻體察增損 九點二刻至十點二刻 至二點刻至三點二刻 三點二刻至四點二刻	倫理 學本國文 史本國文 倫理	外國交地理圖畫數 學外國文體操	數學歷史 本國文本國文習字倫理	地理外國文博物數學圖畫數	數學歷史 本國文外國文習字體操	外國文地理數學本國文	演說

分時授課表（每週鐘點　二十四小時）

科目 \ 學年	第一	第二	第三	第四
	時間四十週每禮拜四十時 每時二十四小時			
倫理	二　八〇	二　八〇	二　八〇	二　八〇
本國文	六　二四〇	六　二四〇	六　二四〇	六　二四〇
外國文	六　二四〇	六　二四〇	六　二四〇	六　二四〇
歷史 本國 東洋 外國	三　一二〇	三　一二〇		
東洋		三　一二〇		
外國			三　一二〇	
地理 本國 外國 地文	三　一二〇	三　一二〇	二　八〇	二　八〇
數學 算術 筆算珠算 代數備音	六　二四〇	六　二四〇 形學備音 代數幾何八線備音	六　二四〇 三角數理 代數幾何	六　二四〇
物理		一　四〇	二　八〇	二　八〇
化學			二　八〇	二　八〇
博物 植物 動物 礦物	二　八〇 二　八〇	二　八〇 二　八〇	二　八〇 二　八〇	二　八〇 二　八〇

習字	二　八〇	二　八〇	二　八〇	二　八〇
圖畫 自然畫 用器畫	二　八〇 自然畫 二　八〇 用器畫	二　八〇 自然畫 二　八〇 用器畫	二　八〇 二　八〇	二　八〇 二　八〇
體操 柔軟 有器	二　八〇 兵式 二　八〇 兵式	二　八〇 兵式 二　八〇 兵式	三　一二〇 三　一二〇	三　一二〇 三　一二〇

附：科學應有音樂因樂府辭未編定教習尚難其人姑暫闕

（六）仪董学堂的藏书和教材

· 《仪董学堂藏书总目》书影

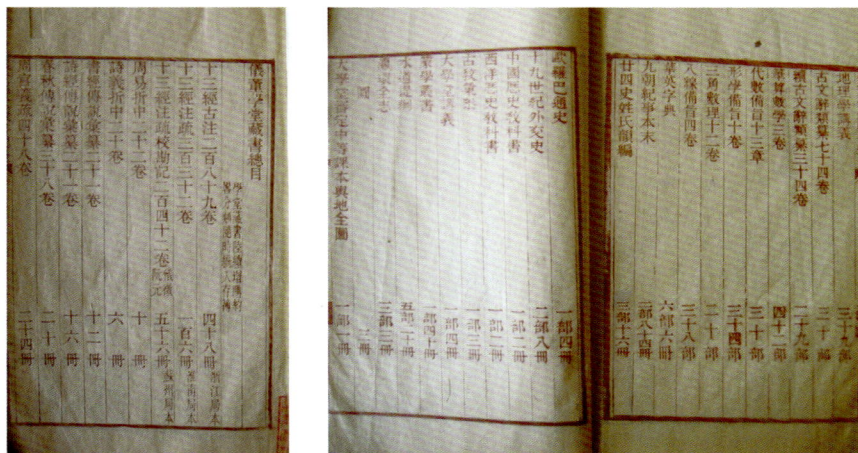

【相关链接】

《仪董学堂藏书总目》（节选）

格物入门七卷	美丁韪良著	七册
迈园徐氏本		一册
格致小引一卷	英赫施贲著	
格致启蒙四卷	英罗斯古著	四册
物理学上编四卷	日本饭盛挺造纂	四册
活物学八卷		一册
声学八卷	英田大里著	二册
光学二卷	英田大里著	二册
电学纲目一卷	英田大里著	一册
电学十卷	英瑙挨德著	六册
电气镀金一卷	华特著	一册

续表

电气镀镍一卷	英傅兰雅著	一册
皇朝舆地韵编并图		二部二册
皇朝舆地略		二部二册
五省沟洫图说一卷	乌程沈梦兰撰	一册
筑圩图说一卷	孙峻绘	一册
吴郡图经续记三卷	朱文长撰	一册
环游地球新录四卷	江宁李圭著	四册
中亚俄属游记二卷	英兰士德著	二册
扬子江流域现势论一卷		一册
游历图经余纪十五卷	德清傅云龙述	四册
美利加图经三十二卷	德清傅云龙述	十二册
日本图经三十卷	德清傅云龙述	十六册
方言十三卷	德清傅云龙述	合上一册
潜夫论十卷	汉王符撰	二册
申鉴五卷	汉荀悦撰	
中论三卷	汉徐幹撰	合上一册
傅子一卷	晋傅元撰	
续孟子二卷	唐林慎思撰	合上一册
伸蒙子三卷	唐林慎思撰	
素履子三卷	唐张弧撰	合上一册
胡子知言六卷	宋胡宏撰	
薛子道论三卷	明薛宜撰	
海樵子一卷	明王崇庆撰	合上一册
握奇经一卷	风后撰	
六韬三卷	太公望撰	合上一册

（下略）

· 《笔算数学》书影（中册、下册）

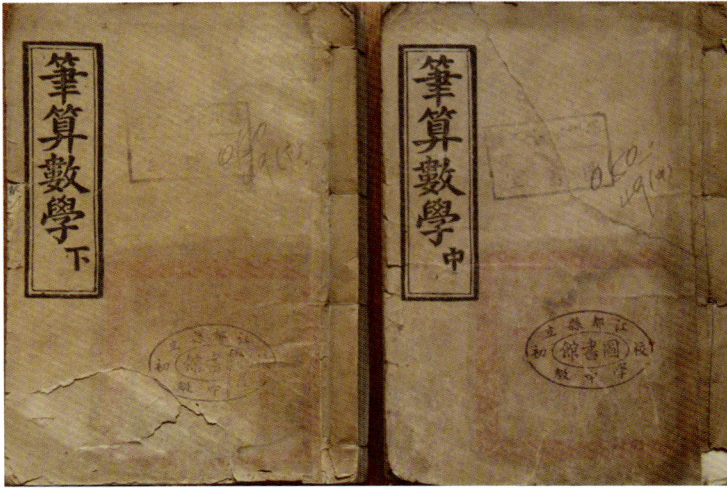

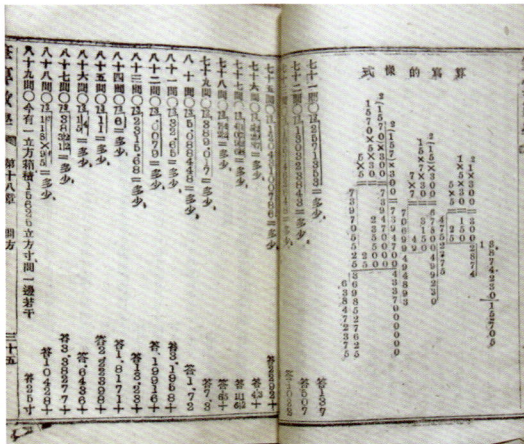

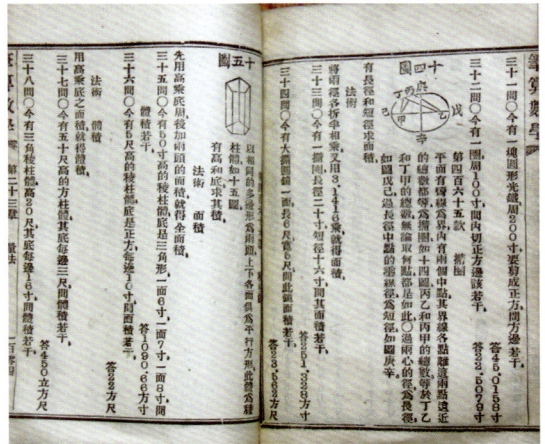

· 藏书《东游丛录》书影

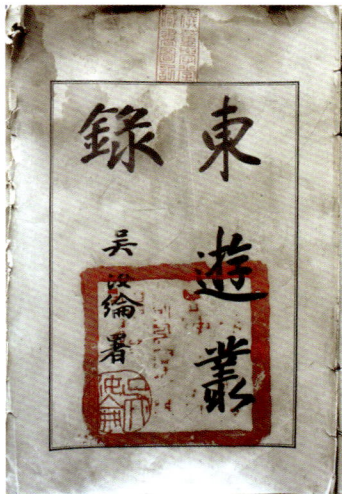

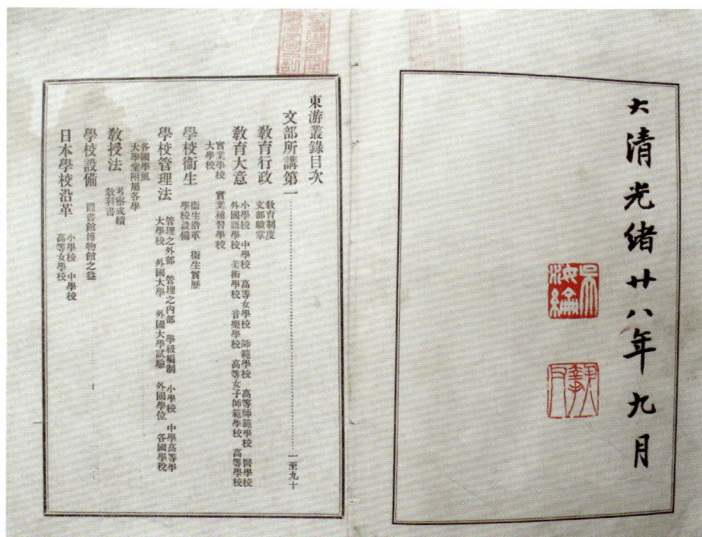

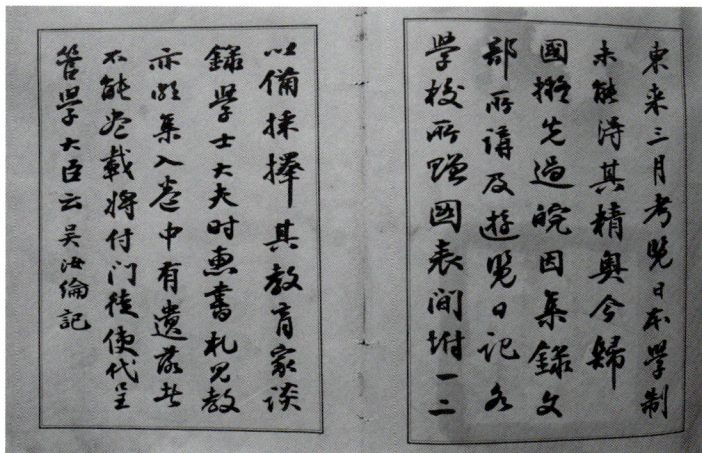

两淮中学堂

· 《江都县续志》所记两淮中学堂，书影

两淮中学堂，光绪三十二年运使赵滨彦依照学制就仪董学堂改设，校址仍旧。初任监督杨道隆，继任张鹤第、刘荣椿。学生三级，每级以五十人为率，先后毕业一次。

——《江都县续志》卷八

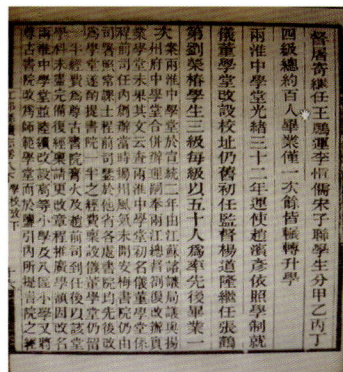

· 张人骏《奏折》

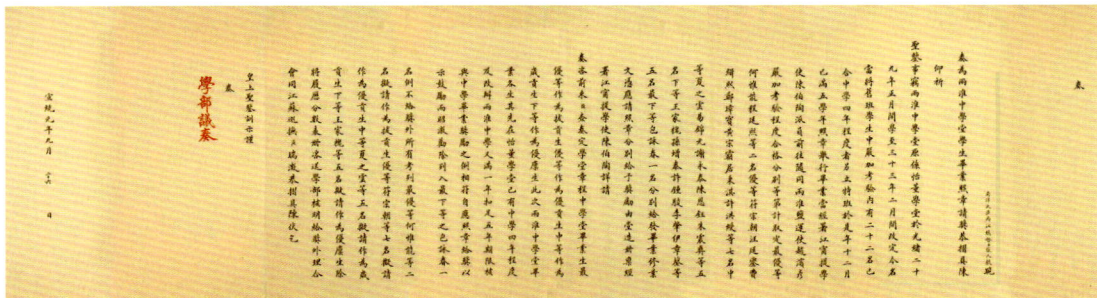

《奏为两淮中学堂学生毕业照章请奖事》

南洋大臣两江总督臣张人骏跪

奏为两淮中学堂学生毕业照章请奖恭折具陈

　　仰祈

　　圣鉴事，窃两淮中学堂原系怡董学堂，于光绪二十九年正月开学，至三十三年二月间改定今名。当将旧班学生中严加考验，内有二十二名已合中学四年程度者另立特班，于是年十二月已满五学年，照章举行毕业。当经署江宁提学使陈伯陶派员前往，随同两淮盐运使赵滨彦严加考验，程度合格，分别等第。计取定最优等：何惟能、程廷熙等二名；优等：符宗朝、汪廷銮、费绰熙、郑璋宝、黄宗霸、居秉淇、许洪绶等七名；中等：夏之云、易锦元、谢永泰、陈恩钰、朱震彝等五名；下等：王家槐、孙增泰、许钟骏、李肇伊、章鋆等五名；最下等包咏春一名。分别给发毕业修业文凭，应请照章分别给予奖励，由堂造册禀经署江宁提学使陈伯陶详请。

　　奏咨前来臣查《钦定学堂章程》，中学堂毕业生最优等作为拔贡生，优等作为优贡生，中等作为岁贡生，下等作为优廪生。此次两淮中学堂毕业各生，其先在怡董学堂已有中学四年程度及改办两淮中学又满一年，扣足五年期限，核与中学毕业奖励之例相符，自应照章给奖，以示鼓励而昭激劝。除入最下等之包咏春一名，例不给奖外，所有考列最优等何惟能等二名，拟请作为拔贡生；优等符宗朝等七名，拟请作为优贡生；中等夏之云等五名，拟请作为岁贡生；下等王家槐等五名，拟请作为优廪生。除将履历分数表册咨送学部核明给奖外，理合会同江苏巡抚臣瑞澂恭摺具陈，伏乞。

　　皇上圣鉴训示，谨
　　　奏
　　（学部议奏）

宣统元年九月二十六日

· 张人骏像

张人骏，直隶丰润人，翰林出身，著名清流派领袖张佩纶是其族叔，与袁世凯为儿女亲家。担任两江（江西、江南合称"两江"）总督期间，辛亥革命爆发，当革命军兵临南京城下时，他急电袁世凯的北军南下，久等不至，便弃城避居一隅隐居。

【编者注】

1. 张人骏为什么要为两淮中学毕业生写这个《奏折》请奖呢？清廷迫于形势，诏准"自丙午（1906）科始，所有乡会试一律停止，各省岁科考试，亦即停止"。也就是说，"断了"一千三百年来读书人赖以做官的"功名前途"。这在当时，对全社会各阶层人士，从个人心理到现实生活是一个巨大震荡，用天翻地覆来形容绝不过分。于是，主事者体谅到这一点，相应地对读书人提出了给出路、给政策的一套补救办法，其中就有让朝廷给新式学堂的毕业生，分等次与科举出身挂钩，以此来平衡社会心理，保持社会稳定。这是张人骏上《奏折》的大背景。他作为封疆大吏，一个地方最高长官，能为后辈小生具名上奏，可算是尽责的了。当然，科举已废，还采取这种办法，颇受后人诟病。批评无疑是对的，但设立缓冲，保证废科举引起的社会震荡"软着陆"，也可谓是不得已而为之了。

2. 《清宫扬州御档选编》出版后，有人见到张人骏的《奏折》，对仪董学堂的命名与成立提出疑问。我们及时撰文予以明确回答：仪董学堂成立于光绪二十八年（壬寅，1902），毋庸置疑。《江都县续志》卷八的记载，言有据，事有征，有充分的历史可信度。至于《奏折》把"仪董学堂"写成"怡董学堂"，当时是为了避宣统皇帝爱新觉罗·溥仪的讳（名）。

【相关链接】

关于扬州中学校史中的两个问题

[文稿背景]

1. "两淮中学堂原系怡董学堂，于光绪二十九年正月开学。"
   （《清宫扬州御档选编》：张人骏《奏折》）

2. "扬州中学百岁生日应当是2003年。"
   （《扬州晚报》2010年1月2日）

3. "扬州中学校史要重写、增写。"
   （《扬州史志》2010年第一期）

　　4. "奏折中写的是'怡董学堂'，而我们一直称为'仪董学堂'。……难道是奏折写错了字？"

（《扬州史志》2010年第二期）

　　近年，《清宫扬州御档选编》出版，引起热烈反响。《扬州史志》据"御档"对扬州中学校史续有论述，读者见仁见智，意见颇相左，因此我们撰写本文想就教于时贤。

　　扬州中学的历史，确认扬州仪董学堂是源头。光绪二十八年（壬寅，1902）创立的仪董学堂，"学堂初开，中西并重"，是一所现代意义上的官立中学。此前的书院（安定书院、梅花书院）是科举产物，不当属现代教育范围。丁未二月仪董学堂改称两淮中学堂，嗣后，虽数易其名，屡迁其址，历经沧桑，而弦歌不辍，显示了她顽强的生命力。百余年来，以其教育教学卓越，代代人才辈出，蜚声四海内外。

　　《清宫扬州御档选编》中，有一篇《奏为两淮中学堂学生毕业照章请奖事》的奏折，是两江总督张人骏为两淮中学学生毕业请奖的，请求分别等第给予科举功名，如"拔贡生""优贡生""岁贡生""优廪生"等。奏折是"宣统元年（1909）九月二十六日"写的，里面有这样的话："两淮中学堂原系怡董学堂，于光绪二十九年（1903）正月开学，至三十三年二月间改定今名。"于是，有不少本校校友和关心扬州中学的朋友们，对于仪董学堂的创立、命名等产生一些疑问，自然而然就会提出质疑。我们认为，如果能联系历史真实情况来看，问题自会迎刃而解。

"仪董学堂"与"怡董学堂"

　　"两淮中学堂原系怡董学堂"，张人骏的奏折既然有了说法，白纸黑字。那么"怡董学堂"是不是"仪董学堂"呢？答案是肯定的。

　　仪董学堂，是在内忧外患严重的情势下创立的。鸦片战争以后，尤其甲午惨败，中国面临沦亡危机，唤起了一批有识之士的忧患意识。他们忧心如焚，纷纷建言献策，变法图存，国家亟需培养一代"通经济变之才"（光绪帝《明定国是》诏）。魏源提出"师夷长技以制夷"，张之洞提出"中学为体，西学为用"（《劝学篇》），王鹏运建议"开办京师大学堂"（顾树森《中国历代教育制度》），力图改变旧的教育体制。戊戌变法虽然夭折，但人心思变，咸与维新，已成趋势，扬州仪董学堂也应运而生。

　　对于仪董学堂的命名，仪董时期的校友王渥然（名翰芬，字渥然）说：仪董旧址在城内东关街，今屋宇无存，原由两淮盐运使程仪洛（字雨亭）筹定经费，呈准创设，"以汉初大儒董仲舒为江都王相，意在取法仲舒，仪洛既董理其事，而运署内先有仪董轩，为前运使方浚颐子箴营筑，故立校亦名仪董"。中华传统文化的主流是儒家思想，儒学三座高峰是孔子、董仲舒、朱熹，董仲舒为第二个里程碑。他是汉武帝器重的名臣，又做过江都王相，扬州本地还建有"董子祠"。创建学堂，培养"通经济变之才"，取法仲舒，立名

"仪董"，就当时来说，不仅名正言顺，更见其良苦用心。

而张人骏为什么把"仪董学堂"写成"怡董学堂"呢？看一看上奏折的时间"宣统元年九月二十六日"就知道了，这是为了"避讳"，避宣统皇帝——爱新觉罗·溥仪的讳，上奏折时，为表恭敬，把个"仪"字改为"怡"。当初成立仪董学堂时，宣统皇帝还没出世，"溥仪"这个御名不存在，命名用"仪"字无妨。而数年后宣统元年上奏折，宣统皇帝已赫然在位，不得不避讳"仪"而改写成"怡"。

所谓避讳，就是不直称君主或尊长的名字，凡遇到和君主或尊长的名字相同的字，则用改字、缺笔等方法来回避。例如，汉文帝名恒，"恒"改为"常"，五岳之一的恒山改称常山，或者"恒"字最后一笔不写；康熙名爱新觉罗·玄烨，"玄"改为"元"，清代出版的《千字文》"天地玄黄"改为"天地元黄"。封建时代，不知避讳被认为大逆不道，会受到严厉惩罚。据张之洞《磨勘条例摘要》记载，参加乡试、会试的人，"不谙禁例，直书庙讳、御名及先师孔子讳者，均罚停四科。凡停科者，举人停会试，贡士停殿试"。如此说来，假使当年程仪洛他们早知道，八年后有个叫"溥仪"的娃娃要当皇帝，"仪"字碰不得，说不定要用"乂董"来为学堂命名（《辞海》："乂"，"仪"的本字），敬仰大儒董仲舒的取意不变，但在字面上却避了小皇帝的"御名"。

"光绪二十八年"与"光绪二十九年"

张人骏的奏折中说到"怡董学堂，于光绪二十九年正月开学"。"光绪二十九年"是不是仪董学堂成立的年份呢？当然不是。

首先，"成立"与"开学"，并非同一概念。明显的反例，"省立扬中"1927年6月成立，10月17日才开学。当年江苏省立扬州中学校长周厚枢，在《校史》中说："本校成立于1927年6月，至同年10月17日正式开学，系由前江苏省立第八中学及第五师范两校合并而成。"仪董学堂成立于光绪二十八年（壬寅，1902），至次年正月开学实属正常，不可以把开学与成立混淆起来。

至于仪董学堂的成立，《江都县续志》卷八的记载，应该是可信的，全文如下：

"仪董学堂在东关街甘泉境。光绪二十八年，运使程仪洛以安、梅书院经费之半详请设立，系中学制。初任监督屠寄，继任王鹏运、李慎儒、宋子联。学生分甲乙丙丁四级，总约百人，毕业仅一次，余皆辗转升学。"

这个记载，文字简练，信息量丰富，时地人事交代得非常清楚。

1. 仪董学堂成立于光绪二十八年（壬寅，1902），记载明确。"光绪二十八年，运使程仪洛以安、梅书院经费之半详请设立"，谓语中心词"设立"，时间状语"光绪二十八年"，语义十分明了。再看那时历史状况：此前一年，清政府已明令将书院改为学堂。据顾树森《历代教育制度》记载："光绪二十七年（公元1901年），清政府明令全国书院改为学堂，在省城的改为大学，在府的改为中学，在州县的改为小学，当时仅有各级学校的名称，还没有正式的学校系统。"作为两淮盐运使的程仪洛，与热心改革的同仁如屠寄、王鹏运等，经过精心筹备，于光绪二十八年，用安定书院和梅花书院的一半经费设立仪董学堂，完全是顺理成章的事情，同时设立的还有扬州笃才小学堂。

2. 屠寄是仪董学堂的第一任监督（校长）。他是张之洞的旧僚属（张之洞的"抱冰堂弟子"），而此时（1902）正值张之洞署两江总督（前任刘坤一，后任魏光焘）。可知两淮盐运使程仪洛的"详请设立"，当是向两江（沪苏皖一带）总督——地方最高长官张之洞"详请"，这也是情理中的事。屠寄为历史学家、教育家。他光绪十四年（1888）即入两广总督张之洞幕府，主修《广东舆地图》，并在广雅书局与缪荃孙等整理《宋会要》稿本。光绪十八年（1892）中进士，历任翰林院庶吉士、工部主事、黑龙江舆地局总办，后来又任京师大学堂正教习、奉天大学堂总教习等职。可以说，1902年仪董学堂的设立，顺风顺水，得天时地利人和之大顺。

3. 仪董学堂第二任监督（校长）王鹏运，是光绪皇帝信赖的近臣，"因御史王鹏运的建议，开办京师大学堂（北京大学源头）"（顾树森《中国历代教育制度》）。他又是清末著名词人。介绍他的资料颇多：王鹏运字幼遐，自号半塘老人，广西临桂人，历官内阁侍读、监察御史、礼科掌印给事中。任谏官时，"以直声震天下，一时权要，弹劾殆遍。时西后（慈禧）及德宗（光绪）常驻颐和园，鹏运争之尤力，以此几罹不测之祸"（龙榆生《清季四大词人》）。他支持康有为、梁启超的变法，甚得光绪帝信任，康有为未知于光绪之前，奏章多为王鹏运代上。龙榆生说，他"光绪二十八年（壬寅，1902）南归，主扬州仪董学堂"。这说明"光绪二十八年""扬州仪董学堂"已经成立，不然，如何去"主"？又，《百度》提供的信息："光绪二十七年（辛丑，1901）夏，王鹏运弹劾慈禧而出京。《学词日记》记姚氏语：'得京察记名以简缺道员用，愤而弹劾出京。'"这就是说，至迟辛丑、壬寅之交，王鹏运已在扬州帮助筹办仪董学堂，不久，继屠寄之后主持扬州仪董学堂。

总之，《江都县续志》卷八对仪董学堂的记载，言有据，事有征，有充分的历史可信度。

仪董学堂的成立，还有不少资料可作佐证，《扬州仪董两淮同学录》即是。桂邦杰在同学录的《序》中说："扬州仪董学堂者，程雨亭都转所创建也。戊戌政变后，厉行新法，时值学堂初开，科举犹未废。光绪壬寅，都转莅两淮（"莅"，视也，指主两淮盐运司之政），嘉惠士林，就城东淮南书局故址，辟精舍，置图籍，购仪器，所订课程，中西并重，遴高才生百数十人弦诵其中，延名宿主之……"这里的"光绪壬寅"（1902），是确指仪董学堂的成立年份，而不是指程仪洛到任，因为两年前程仪洛已经到任。据《江都县续志》卷一记载：程仪洛雨亭"庚子（1900）补两淮盐运使，屡任后，锐意撙节，廓清积弊……创立仪董等学堂，严定章程，延耆硕教授其中"。仪董学堂成立于"光绪壬寅"

应该是没有问题的。桂邦杰是程仪洛的门生，仪董学堂开办时的教师，又是京师大学堂教授，面对仪董、两淮的诸多校友，不会随便说出"光绪壬寅"这个年份。这就是说，仪董学堂成立于光绪二十八年（壬寅，1902），也得到当时许多亲历者的证实，序文就是实录。

顺便说一说张人骏的奏折。张人骏这份奏折的主旨是什么？它不是叙说仪董、两淮的校史，而是为两淮学生照科举功名请奖。所以奏折的侧重点是学生何时入学，而不是学校何时成立。作为封疆大吏，为学生说话，为学生的前途着想，后人自当衷心地感谢他。但如果放到教育史上来看，此举未免不合时宜。顾树森《中国历代教育制度》记载："光绪三十一年（1905）八月，清政府看到大势所趋，决然下诏，停止科举，封建时代的科举制度从此废除了。"那一年，由袁世凯领衔，联合湖广总督张之洞、两广总督岑春煊、两江总督周馥、盛京将军赵尔巽、湖南巡抚端方等会衔奏请，立停科举，推广学校，当年八月初六日上谕批准。清政府谕令从丙午（1906）科起，停止所有乡试、会试和各省岁试。可是，在几年之后，已到了宣统元年（1909），同是总督（任两江总督）的张人骏，在思想上倒不及前任开明，还要参照科举惯例，为学生请奖，岂非背历史之潮流，这多少让人有点遗憾。

（江苏省扬州中学校长办公室、校史研究室 2010年7月10日完稿。全文刊于《扬州史志》2010年第三期）

·《扬州两淮仪董两淮同学录》书影（孙传绮、桂邦杰二序）

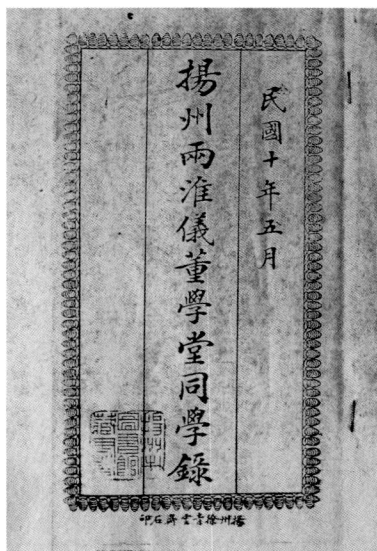

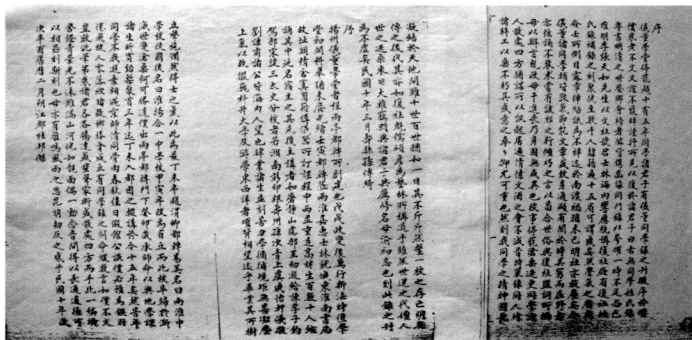

《扬州两淮仪董学堂同学录》序

桂邦杰

桂邦杰像

　　扬州仪董学堂者，程雨亭都转所创建也。戊戌政变后，厉行新法，时值学堂初开，科举犹未废。光绪壬寅，都转莅两淮，嘉惠士林，就城东淮南书局故址，辟精舍，置图籍，购仪器，所订课程，中西并重，遴高材生百数十人弦诵其中，延名宿主之。其先后主讲者，如屠静山虞部、王幼遐给谏、李子钧驾部、宋捷三太史，分校者，若湘南彭印根、寿州孙次青、上虞戚怡轩、仪征刘谦甫诸公，皆海内人望也。肄业诸生，并刻苦力学，循循规矩，无甚嚣尘上气，以故摄巍科、升大学及游学东西洋者，项背相望，迄乎毕业，其所树立，声施灿然，得士之盛，以此为最。丁未年，赵渭卿都转易其名曰两淮中学校，改国后名曰淮扬合一中学校，甲寅年改为省立，而此校卒归于澌灭，世变沧桑何可胜道。仆出雨亭都转门下，癸卯岁承师命以舆地学课诸生，听宵铅椠聚首三年，迄丁未入都，因之辍讲，于今十五年矣。然昔年同学不我遐弃，相遇京师，情同骨肉，春秋佳日，假馆公宴，仆必预焉。锻羽倦飞，故人零落，欣睹故乡胜会成立，有同学录之刻，命缀数言。如仆不文，岂敢泚笔。第感诸君各各腾达，或董声家弄，或散处四方，而手此一编，横舍镫青，景光不沫，虽隔山河，恍如睹面，偶一动念，音问得以长通，道德可以相勖。则斯刻也，毋亦有鸡鸣风雨之思，昆明劫灰之感乎？民国十年岁次辛酉旧历二月朔江都桂邦杰。

（"孙序"见《上编·第一册》）

· 两淮中学堂校友符宗朝1910清华二批赴美留学前的集体照片（14号符宗朝），其中有胡适（2排左1）、赵元任、竺可桢等。前排坐者左起：范源廉、周自齐、唐国安。

扬州府中学堂

·《江都县续志》书影

扬州府中学堂在羊巷甘泉境，光绪三十四年立。先是，郡人设立扬州学会就义仓改建会所，原议附设达德中学，由江、甘、仪三县公立，后改由府属八州县带收忙漕串票捐，每张十文，各以其半拨充中学堂经费，遂归扬州府督办，定名扬州府中学堂。初任监督陈懋林，继任刘荣椿以两淮中学堂监督兼任。学生三级，每年招收一级，每级以五十人为率，宣统三年年终毕业一次。

——《江都县续志》卷八

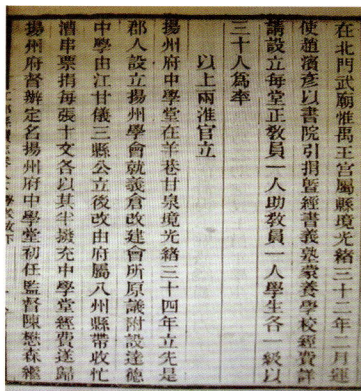

·《文物孑遗》扬州中学校史资料长编，上编第九册

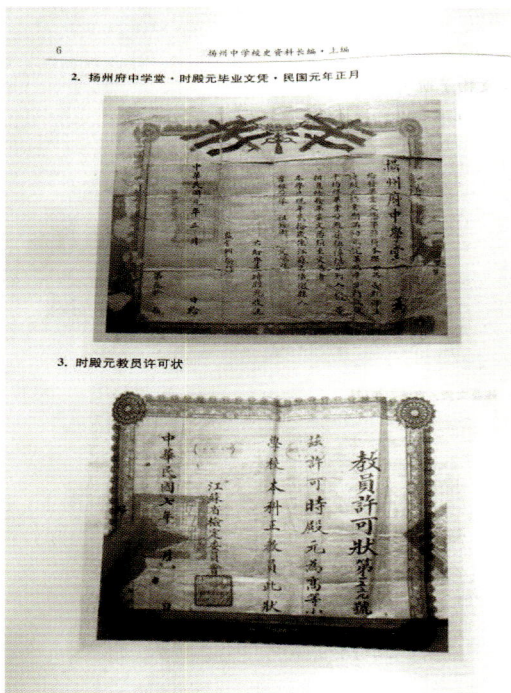

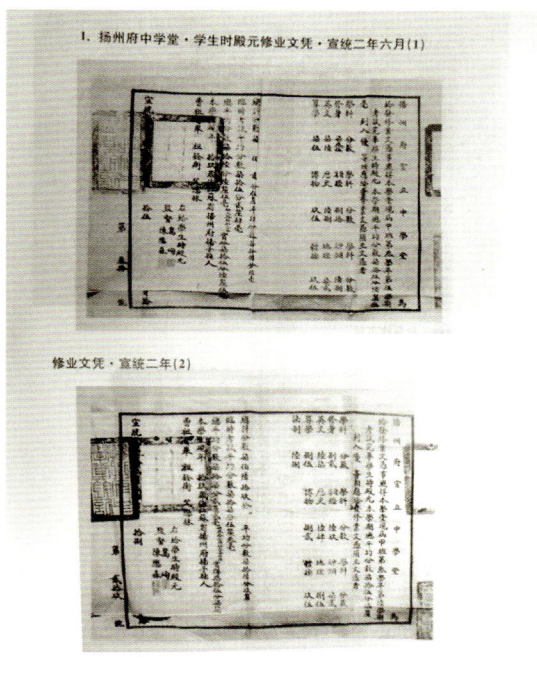

扬州府中学堂文物孑遗：时殿元修业文凭，毕业文凭及教员许可状

淮扬合一中学

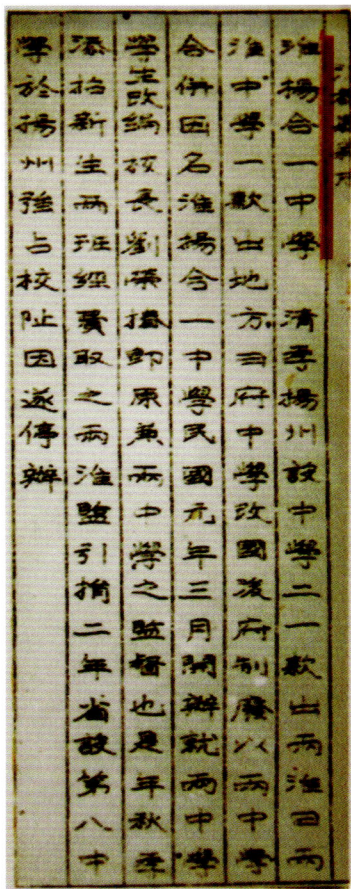

・《江都县新志》卷三书影

　　清季扬州设中学二，一款出两淮曰两淮中学，一款出地方曰府中学。改国后府制废，以两中学合并，因名淮扬合一中学。民国元年三月开办，就两中学学生改编。校长刘荣椿，即原兼两中学之监督也。是年秋季，添招新生两班，经费取之两淮盐引捐。二年，省设第八中学于扬州，强占校址，因遂停办。

——《江都县新志》卷三

・淮扬合一中学学生（八中毕业）朱增璧的演草

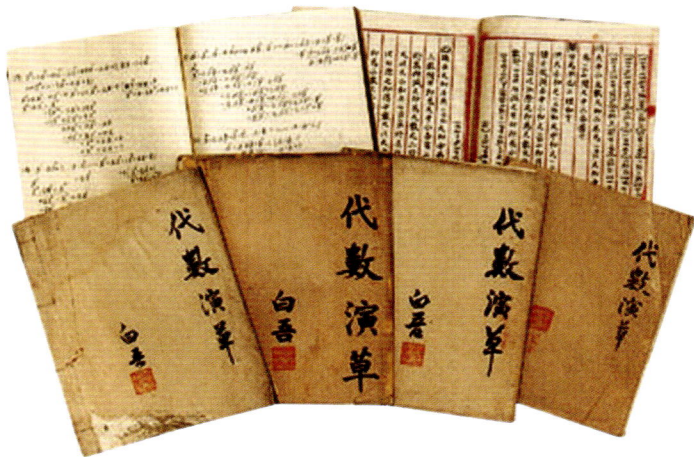

　　朱增璧，字白吾，宝应人，中学毕业后，考入国立北京高等师范博物部，历任江苏省立第十中学（铜山）、第七师范（铜山）生物学及自然教员。1927年（33岁）受聘为江苏省立扬州中学高中舍务主任兼生物专任教员。

尊古学堂和两淮师范学堂

·《江都县续志》书影

　　两淮师范学堂在左卫街，即旧梅花书院，甘泉境，光绪三十四年立。先是，书院改尊古学堂，实仍分期课士。运使赵滨彦以扬州未设师范学堂，悉取书院盐引捐款益以贡规平余改设。两淮师范系初级制，堂长由两淮中学堂监督杨道隆兼任，后改叶惟善。每年招收学生一级，每级以五十人为率，凡三级。宣统三年，年终毕业一次。

——《江都县续志》卷八

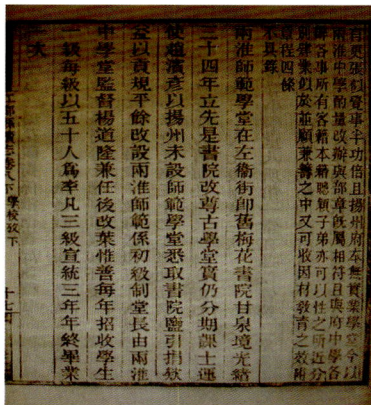

·两淮师范学堂叶惟善堂长（照片）

　　叶惟善，字诒谷，1875年生，江阴南菁高等学堂第一届第一名毕业，随即在昆山、如皋、东台等地任教。1910年回乡担任两淮师范学堂堂长，辛亥革命后，先后担任江都县督学、县署第三科长和劝学所所长。1920年就任江苏省立第八师范学校校长于海州。1922—1925年任江苏省立第八中学校长，在任病故。

——叶学皙《泽惠五师八中的叶校长》

·梅花书院门额

·《两淮师范学堂学生姓氏录》（宣统元年七月）

第二部分（1913—1927）
五师八中　熠熠生辉

辛亥革命后，黄炎培主持江苏教育，1913年制订"江苏五年教育行政计划书"，规定江苏中等学校，设师范十所，江都（扬州）排为"第五"；中学十一所，江都（扬州）排为"第八"。江苏省立第五师范学校，由两淮师范学堂改建。江苏省立第八中学，由淮扬合一中学改建。五师、八中，教育莘莘学子肩负社会责任，"人格健全""学术健全""体育兼重""自治自动"。两校是当时扬州的最高学府，革故鼎新，引领江淮风气。

关于校名

·黄炎培《八十年来》相关部分的叙述和书影

　　黄炎培《八十年来》"五年教育行政计划书"节录："我在职，做些什么事？就江苏省人力财力可能和需要，一九一三年（癸丑）订了一份《江苏教育行政五年计划书》：……（甲）师范学校。规定校数和地点：吴县第一、上海第二、无锡第三、江宁第四、江都（扬州）第五、清河第六、铜山第七、灌云第八、南通私立代用、女子师范。（乙）中学校。规定校数和地点：江宁第一、吴县第二、华亭第三、太仓第四、武进第五、丹徒第六、南通第七、江都（扬州）第八、清河第九、铜山第十、东海第十一。……一九一四年（甲寅）我辞职以后，一切未改旧观。"黄炎培在江苏都督府，先被任为教育科长，民国元年（1912）十二月，遵大总统令，任江苏教育司长，十九日到任。

江苏省立第八中学

（一）概况

·《江都县新志》"江苏省立第八中学校"书影

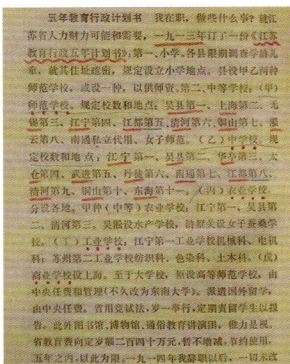

　　省立第八中学校，民国二年开办，以无校址，强占旧府中学改设之淮扬合一中学为校舍。校长谢遐龄，六年夏辞职。继任李荃，十二年夏，李亦因病辞职。继任叶惟善。是年冬，旧府署改建之新校落成，因遂迁入，以占有之校舍还之地方。十四年叶病故，省委居懋第继任。自十三年以前为旧学制，学生毕业十次。十三年以后改用新学制，至十五年止，初中毕业二次，高中毕业一次。每年经费约二万五千余元。十六年秋季停办。

——《江都县新志》卷三

·周厚枢毕业于省立八中。毕业证书照片

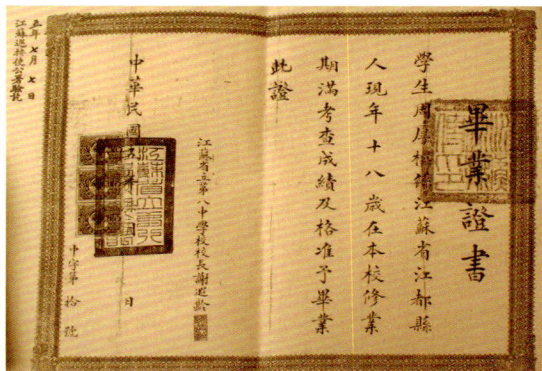

（二）校址、校歌

·原址在琼花观羊巷，后迁至旧府署（包括今时代广场和紫藤园）

　　同学少年探马列，更生校长秉严慈。
　　风华长忆琼花观，千五青年取百人。

——1921年校友罗青

琼花观

全體職教員暨王戌級全體學生攝影

教职员与壬戌级同学在羊巷的合影，背景为大礼堂府署的八中教室，1927年后仍用为初中部教室。

· 八中校歌

歌词：

浩浩乎长江之涛，蜀冈之云，佳气蔚八中。人格健全，学术健全，相期自治与自动，欲求身手试豪雄，体育须兼重。人才教育今发煌，努力我八中。

任讷作八中校歌（壬戌级纪念册），歌词：

江淮文物谁增重？社会新基谁巩？吾校兴方猛，合一精神，大任肩来勇。犹觉蜀冈未耸，又念邗沟久壅。凭谁拟我八中声？滔滔南指江流永！

（三）校长

·谢遐龄（芾仪）、李荃（更生）、叶惟善（诒谷）、鲍贵藻（勤士）、居懋第（逸珊）

李荃，字更生，锐意改革，律己甚严，有"更生八不箴"，曾手书"竖起脊梁担事"横匾，悬于室内。

李荃校长

·竖起脊梁担事

·《中华民国史资料丛稿·人物传记·李更生》书影

1. "毁家办学"——毛泽东的评价

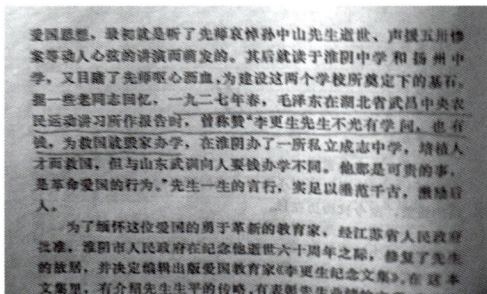

2. 《更生八不箴》

一、祭祖宗不废纸锞。

二、教子女不分厚薄。

三、遗产不必由子女继承。

四、终身不吸烟赌博。

五、私居不饮茶吃酒。

六、终身不买日货。

七、有权利无责任之事不做。

八、往来在十里以内，非紧要事或疾病时不乘车。

《李更生先生言行录》书影

3. "竖起脊梁担事"

校址由羊巷迁至旧府署。八中校舍原在羊巷，本是地方公产。八中是省校，按理是不容久有的。李校长便宴集地方士绅，研究新校舍问题，以为扬州旧府署最为适当。结果省长是照准了，可是府署内某旅驻军不让，关系复杂。省长又允咨督署催让房屋，督军始敕某旅设法迁让，但是旅长接到督署训令，非常愤怒，坚不肯让出。李校长与武人相周旋，历时两年多，不惜忍受许多痛苦，直至1924年4月，始达到迁校旧府署目的。

4. 锐意改革

① 变"单轨"为"双轨"。

② 试验按能力编级法。

③ 强调实际操作。

·柳大纲院士和王葆仁院士回忆：化学实验，高架大水桶当水塔；学生设计课题自行实验。

5. 壬戌级纪念册（李荃序）

本校七年度开始，收双级生。翌年，分组行选科制。今夏，修业届满诸生谋印纪念册。既成，属序于予。予念诸生在校弹指间耳，"生有涯，知无涯"，所谓毕业者毕其所毕，"纪念"云乎哉。顾此四稔中，诸生父兄既竭其精神财力为诸生谋矣，省署支出更逾十万，无一非出自苏人，而诸生所消费者几及三之一。今者华会初终，外交内政百端待理。诸生平日修养乃致用之权舆，吾苏所以成就诸生者，诸生又将何以报吾苏，以报吾国，则可深长思也。本校位居江淮间，我瞻四方鲁难未已，诸生前途责任綦重，异日致力社会，能不仅以是册为历史上报告，是在诸生矣。中华民国十一年六月。

6. 为反对卖国的"二十一条"，在办公楼走廊上树立国耻碑

"汝忘五月九日六时乎"

（四）教师

·教师著作《中学国文述教》，校史资料长编，上编第九册

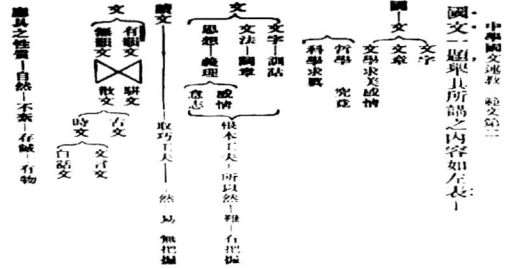

·壬戌级纪念册中的教师留影

· **壬戌级纪念册中老师的题诗**

题诗一

张煦侯

春色满城阒，流光掷人急。亦知岁不居，无那别可惜。
嗟予久行役，三载广陵客。江淮君子都，论文渐秘赜。
征车初驻时，友生何悦怿。抵掌每移晷，开卷赏奇辟。
岁阑滞归舟，独庭听虚寂。掀帘群彦来，笑语破寥夕。
诸子复清远，新篇刊乙乙。造论惊时贤，铅椠乃忘释。
甲科相见迟，辛酉嫩寒日。治史探幽眇，吐词密以栗。
宛宛双龙翔，功修判文实。一堂五十余，新契久弥适。
衡纪无淹度，俯仰变陈迹。别路阻江湖，高衢骋云翮。
斯世久榛莽，斩伐诸子责。国故响长湮，新知孰奋力。
哀哉神州花，蛇豕睨吾侧。长路纡其艰，愁心填膈臆。
在孔贵不让，救时思禹稷。愿乘大愿船，鼓以凌风翼。
相忆岂有涯，把卷见颜色。珍重百年身，临歧无恻恻。

题诗二

董伯度

其一

几年踪迹问江鸥，草绿平山放棹游。
最爱东风留客住，梅花香过李花稠。

其二

从来学力比登山，辛苦何须半道还。
万里白云天外路，少年休放马蹄闲。

其三

莽莽乾坤独侧身，偶留鸿爪纪前因。
临歧一语殷勤赠，检点征衣莫染尘。

·部分教师简介

桂邦杰——仪董学堂教习，京师大学堂舆地教授。

朱自清——1916届校友，北京大学哲学系毕业，任八中教学主任，后为清华大学文学系主任，著名作家、学者。

徐　谟——北洋大学高材生，后为外交部次长，海牙国际法庭大法官。

董伯度——南洋大学第一名，李荃校长曾跪请其母让他继续执教。

张哲观——复旦大学高材生。

厉志云——《英汉大词典》编撰者。

胡焕庸——地理教师，后为华东师范大学一级教授。李克强总理曾经提到过的"胡焕庸线"（经济地理学术名词），就是他的学术成果。

扬州中学是著名中学之一，二十年代初期我在扬中任教三年，我用"日新又新"自我提高的方法，争取达到"教学相长"互相促进的目的，这是我毕生从事教育工作唯一成功之路。现在我把这一经验奉献给扬中和扬中校友，供大家参考，并请大家指正。

华东师范大学地理学人口所教授、博士生导师

胡焕庸

1991年十一月二十日于上海

时为本人九十诞辰，年老眼花手抖，恕我草率不恭

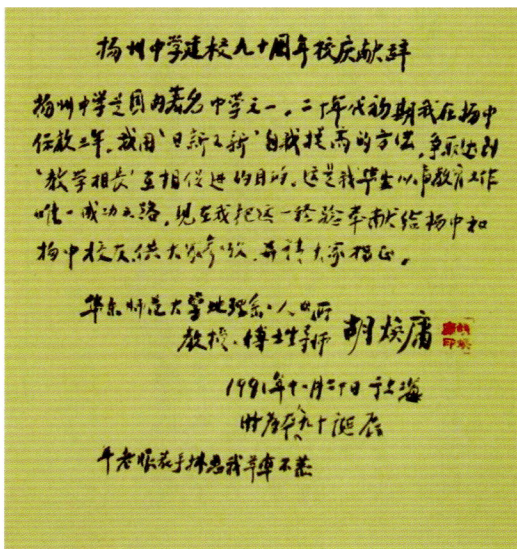

扬州中学建校九十周年校庆献辞照片

【相关链接】

教员个个卖力

八中校友　陈广沅

我们那时的教师们很多是有名的先生。国文教员焦汝霖，胖子，声如洪钟，说话豪爽，学生坐着不敢动。大家呼他焦大肉，我就怕他。历史教员江子云，记性好，每讲一故

事，辄背诵《资治通鉴》，如小孩子背诵《三字经》，而他的历史故事特多，说起来，滔滔不绝，有时下课铃响，他还接着讲下去。那时上下课都由校工持铃在课堂门口来往摇动。摇得多了，他才卷书下课。每次上他一课都学会历史上几句名言，我还记得他说的："何物老妪，生此宁馨儿？""华亭鹤唳，可复闻乎？""日出而作，日落而息，帝力于我何有哉！"等等。这也是我每晨晚读《资治通鉴》的原动力。同学、同事都以"江大圣人"呼之。英文教员徐相如是前教员徐公美所荐，据说是他的弟弟。他捧着书念着，用中文讲着。讲的时候，两手将书上下摔动，同时头就跟着上下颠动，显出很吃力的样子。据说是上海圣约翰大学毕业的。不久还有一位英文教员徐谟，教得很好。我没有上过徐谟先生的课，他后来考取外交部的差事，一直做中国外交官，做到海牙万国法庭的法官，这是我们中学教员中造诣最高的。算学教员李方谟，据说是日本留学生。他讲起书来两眼望天，学生就叫他"朝天龙"（一种好金鱼的名称）。他先教代数，后教几何，教得好，讲得非常吃力。后来四年级来了一位陈怀书（容甫）先生教三角，十分精明，走路翩翩的，有十分信心似的。讲几何、讲三角都极其轻松而说明清楚，毫不费力，据说他是上海南洋公学的毕业生。我对他十分敬仰，自己以为倘做数理教员就非像他这样不可。地理教员是顾光英，他用自编的讲义，文字非常美丽，说江海国防，山川竞秀，都以生动的笔法描写。上课时头斜着，喉咙有点沙哑，有他引人入胜的一套。手工图画教员鲍星南，这人最有趣，教图画时，用粉笔在黑板上画一笔，说一句"这样一笔"，随即后退一步，看一看，再画一笔，又说一句"这样一笔"。几次退步，几次进步，走着走着，一幅山水就形成了。看得好玩而感觉容易，可自己画起来就不成样。手工也是他教。音乐教员林小圆，诨名叫林大拳头，会武术。教音乐时手弹风琴唱《春游》，如"春雨如雾又如烟，菜花黄更鲜……蝴蝶莫乱飞，与你送春归！"唱得抑扬顿挫，听得十分入耳。到了全体合唱时，嘈杂满堂，他就大声疾呼，大骂一顿，叫学生唱的声音不许高过他的琴音，这才唱得有些意味。但他常缺课，据说他贫甚，每每饔飧不继，仍然古吟不辍云。体育教员有两位都是江南请来的。一位是常州一带的人，名张时寅，教军训，先教立正稍息，柔软操，然后教枪操，接着就是连教练，排教练，非常严格，就像兵大爷下操一样。有一次正在一整排开正步向前进时，我的鞋子掉了，我就着单袜照旧向前走。到停步之后，他就十分严肃地说明我刚才落鞋不顾是合乎军训要求的，夸奖了一番。大概那时民国成立，军阀四方割据，正在用兵之际，所以兵操十分认真。隔一天就是拳术，这位先生是苏州人，我总以为打拳的非北方人不可，对这位吴侬软语的先生有点不大相信。他先教八段锦，他打了一个整套示范，然后分段教导，用一、二、三、四法教团体打拳，大家也打得不错。后来越打越复杂，刀枪剑戟他都教，又教盘杠子，打网球及100码赛跑，每天功课够忙的，只有一早一晚打八段锦、盘杠子。

（五）学生

·曹起溍，扬州第一个党支部（中共扬州八中支部）书记

曹起溍，1927届校友。1925年，恽代英到扬州开展革命工作，发展党员，介绍曹起溍参加中国共产党，帮助建立扬州最早的党组织——中共扬州八中支部，曹起溍担任党支部书记。

【相关链接】

"中共扬州八中支部"的建立

经过："代英同志回上海后不久，中共江浙区委派人来扬州，发展党员，帮助建立了扬州第一个党支部——中共扬州八中支部，曹起溍任支部书记。"

背景："一九二五年'五卅'运动在上海发生后，扬州工人、学生、商人、市民等各界群众纷纷起来声援。江苏省立第八中学学生会的负责人和骨干余冠英、曹起溍、王寿荃、骆孟开等，积极参加组织'五卅'后援会、募捐队、宣传队、话剧队，深入工厂、街市、农村，广泛宣传革命道理，促进了马克思列宁主义在扬州的传播，推动了扬州工人运动的发展，使扬州和全国一样，掀起了反帝反封建斗争的高潮。同年秋天，无产阶级革命家、青年运动的著名领袖恽代英，来到扬州，指导学生运动（在五师风雨操场作《师范生和饭碗问题》的演讲——编者）。在扬州工人运动和马克思列宁主义相结合的基础上，他介绍经过革命斗争考验的先进青年曹起溍等人加入了伟大的中国共产党。"

——摘录自范崇山《党领导的扬州早期革命斗争》（范崇山70年代末80年代初走访撰稿时，有几位当事人都还健在）

·余冠英，1926届校友，中国社会科学院文学研究所原副所长。当年是"五卅"爱国运动中的学生骨干，八中学生会的负责人之一。

母校扬州中学九十周年校庆

> 伐柯有则
> 饮水思源

余冠英
一九九二年十月
时年八十有六

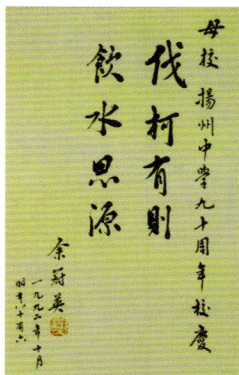

题词

（《诗经》"伐柯伐柯，其则不远"。柯：斧柄。则：法则，榜样。——编者）

· 学生活动照片

壬戌（1922）级学生编辑的纪念册

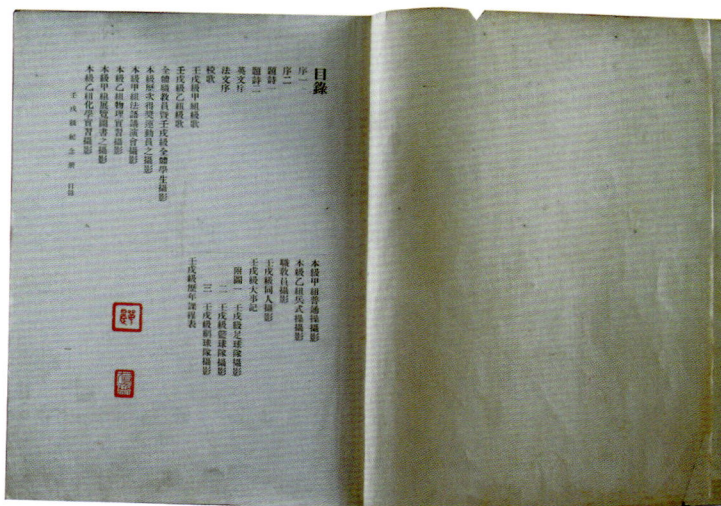

壬戌级纪念册目录

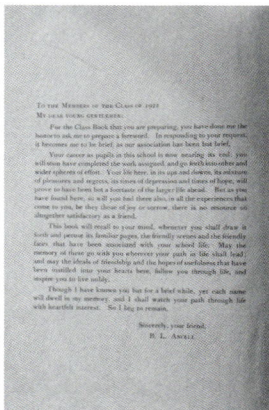

纪念册英文序

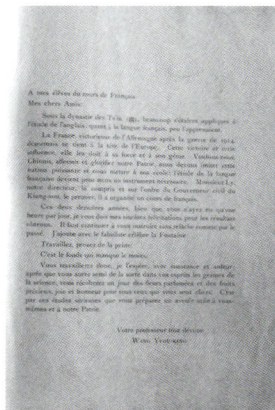

纪念册法文序

物理实验

图书展览

化学实验

法语演讲

普通操

兵式操

历次得奖的运动员

八中全体同学欢送赴宁参加联合运动会同学摄影

壬戌级篮球运动员

足球运动员

壬戌级网球运动员

江苏省立第五师范学校

（一）概况

· 《江都县新志》"江苏省立第五师范学校"书影

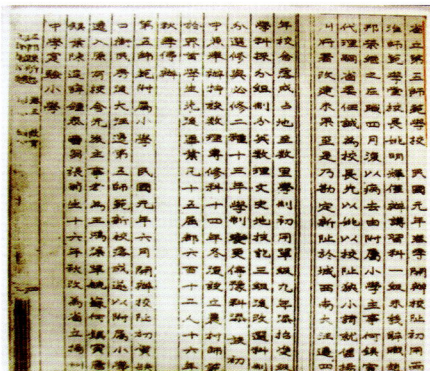

　　江苏省立第五师范学校，民国元年春季开办，校址初用两淮师范学堂。校长姚明辉，仅办讲习科一级，未几辞职；赵邦荣继之，在职四月，复以病去，由附属小学主事何镇寅代理；嗣省委任诚为校长。先是，姚以校址狭小，请就旧扬州府署改建，未果，至是乃勘定新址于城西南大汪边，四年，校舍落成，占地至数里。学制初用单级，九年，添招双级，学科采分组制，分英数理、文史地、技能三组，后改选科制，分选修与必修二种。十三年，学制变更，停豫科，添设初中，兼举办特设数理专修科。十四年冬，复设立乡村师范于界首。学生先后毕业凡十五届，都六百十二人，十六年秋季停办。

　　第五师范附属小学，民国元年六月开办，校址初赁缺口街民房，后大汪边第五师范新校落成，遂以附属小学迁入原有校舍。先后主事者为王鸿藻、单毓苏、何镇寅、唐镇业、陈达、薛钟泰、曹刍、张菊生。十六年秋改为省立扬州中学实验小学。

　　县立师范讲习所，民国三年设立，所收学生由市乡保送，所长焦汝霖。初办乙种，继办甲种，学生俱五十人，各毕业一次。五年，奉省令归第五师范代办，遂停止。

——《江都县新志》卷三

（二）校址、校门、校训、校徽、校歌

·原址在缺口街梅花书院，后迁至大汪边城墙下，辟草莱，建学校（即今扬州中学校址）

梅花书院原址

原址走廊

· 大汪边五师校门和校训

诚敬公恕，勤朴勇毅

· 大汪边五师早期建筑遗迹——南楼及口字楼照片

大汪边南楼

口字楼前门外景之一

口字楼外景之二

口字楼内景

·高邮界首乡村师范分校原址示意图

界首乡师校舍示意图

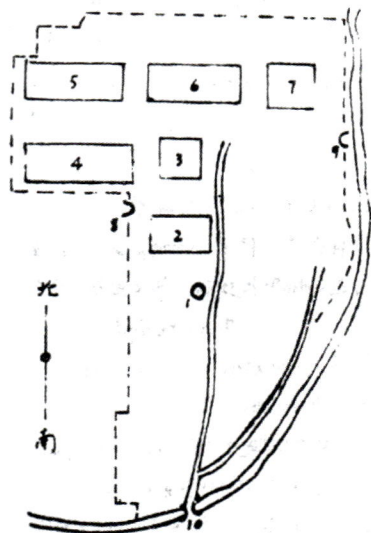

1 春秋亭　　6 尚智院
2 幼幼院　　7 吾师院
3 听涛院　　8 大门
4 南濠院　　9 白门
5 卧雪院　　10 惠农桥

·五师校徽、校歌

五　師　校　歌

梅花開處蜀崗高　師範第五校　三育端師表
八字詔吾曹　誠敬公恕勤樸勇毅　努力求深造
江淮萬里遙　無量兒童待甄陶

梅花开处蜀冈高，师范第五校。三育端师表，八字诏吾曹。诚敬、公恕、勤朴、勇毅，努力求深造。江淮万里遥，无量儿童待甄陶。

（三）校长

·首任校长为姚明辉。1913夏，任诚（字孟闲）接任校长。

任诚，字孟闲，著名教育家。他爱校如家，曾手书格言："整饬家庭者，当视家庭如学校；努力教育者，当视学校如家庭。"

① 扩校，由梅花书院迁至大汪边，开辟草莱，建设新式学校。

② 师范建制完备，除设师范本科外，又设数理专修科、附设初中、增设界首乡村师范及分校附小二所（界首乡师平面示意图）。

③ 试行文、理、艺选习制度。

任诚校长

·五师预科讲义《文字源流》，校史资料长编，上编第九册

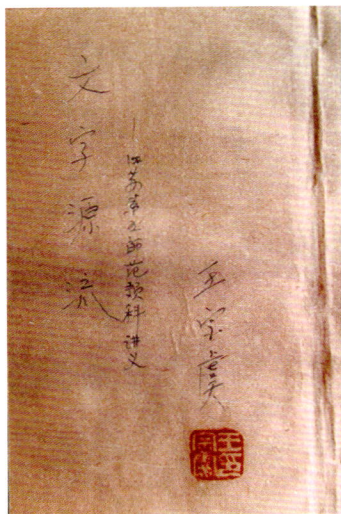

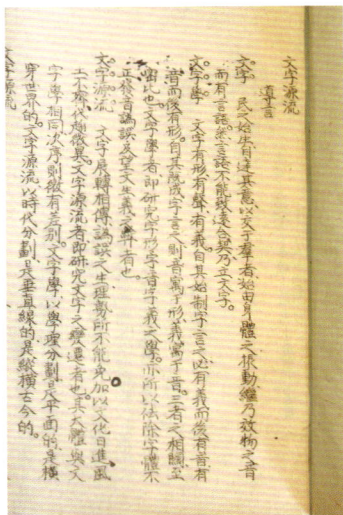

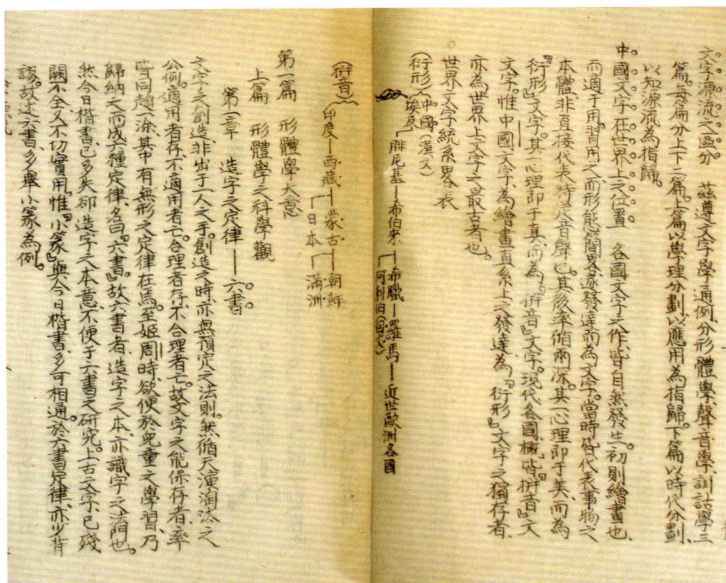

④ 注重实验设备建设，当时号称"仅次于东南大学"。

实验室照片

· 任校长出国考察照片（前排左2）

（四）教师

名师如画家吕凤子、小说家李涵秋、词学专家任二北、国学名师鲍贵藻和吴涤楼（兼任教八中，原副总理李岚清的外公）等。

·资深国文教师鲍贵藻（勤士，芹士）先生讲述“国学”：阅读经典，占据精神上的制高点

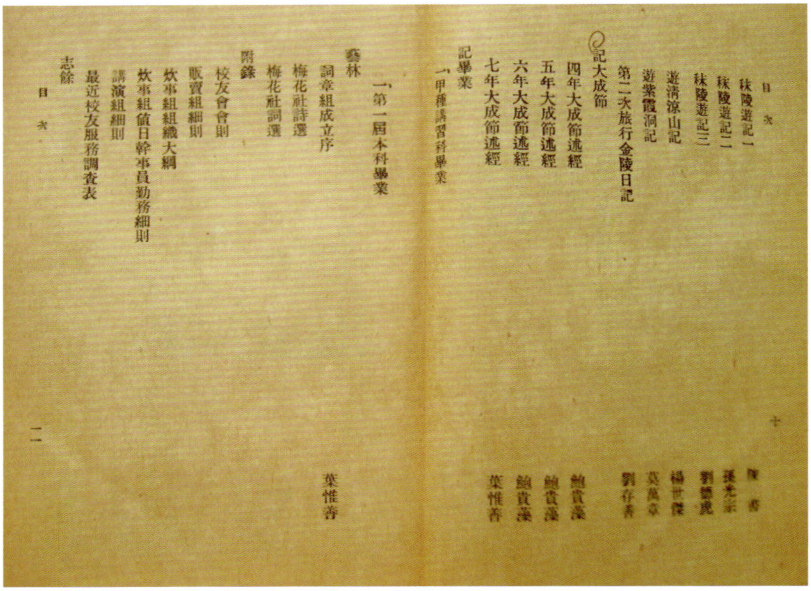
目次
秣陵遊記一 陳 香
秣陵遊記二 孫光宗
秣陵遊記三 劉嚮虎
遊清涼山記 楊世傑
遊紫霞洞記 莫萬章
第二次旅行金陵日記 劉存善
記大成節
四年大成節述經 鮑貴藻
五年大成節述經 鮑貴藻
六年大成節述經 鮑貴藻
七年大成節述經 葉惟善
記畢業
一、甲種講習科畢業
一、第一屆本科畢業 葉惟善
藝林
詞章組成立序
梅花社詩選
梅花社詞選
附錄
校友會會則
販賣組細則
炊事組組織大綱
炊事組值日幹事員勤務細則
講演組細則
最近校友服務調查表
志餘
目次 二

五师杂志的记载

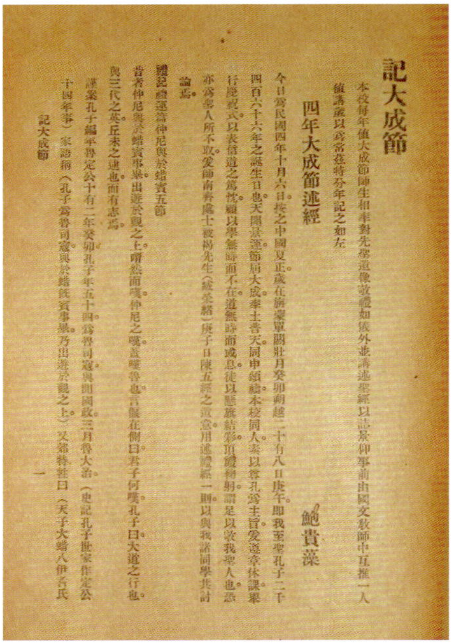
記大成節
本校每年值大成節師生相率對先聖遺像致禮如儀外並講述聖經以誌景仰事前由國文教師中互推一人值講歲以爲常茲特分年記之如左
四年大成節述經 鮑貴藻
今日爲民國四年十月六日。按之中國夏正。歲在旃蒙單閼壯月癸卯朔越二十有八日庚午。即我至聖孔子二千四百六十六年之誕生日也。天開景運。節屆大成。率土普天。同申頌禱。本校同人。委以尊孔爲主旨。爰遵章休課舉行慶祝式。以表信道之篤忱。竊以學無時而不在。道無時而或息。徒以懸旗結彩。頂禮稱觴。謂足以致敬我聖人也。恐亦爲聖人所不取。爰師南齊處士被褐先生（紱亮緒）庚子日陳五經之義。意用述禮經一則。以與我諸同學共討論焉。
禮記禮運篇仲尼與於蜡賓五節
昔者仲尼與於蜡賓。事畢。出遊於觀之上。喟然而嘆。仲尼之嘆。蓋嘆魯也。言偃在側曰。君子何嘆。孔子曰。大道之行也。與三代之英。丘未之逮也。而有志焉。
謹案孔子編年魯定公十有二年癸卯孔子年五十四。爲魯司寇與聞國政。三月魯大治（史記孔子世家作定公十四年事）家語稱（孔子爲魯司寇與於蜡既賓事畢。乃出遊於觀之上）又郊特牲曰（天子大蜡八伊耆氏
記大成節 一

五师杂志的记载

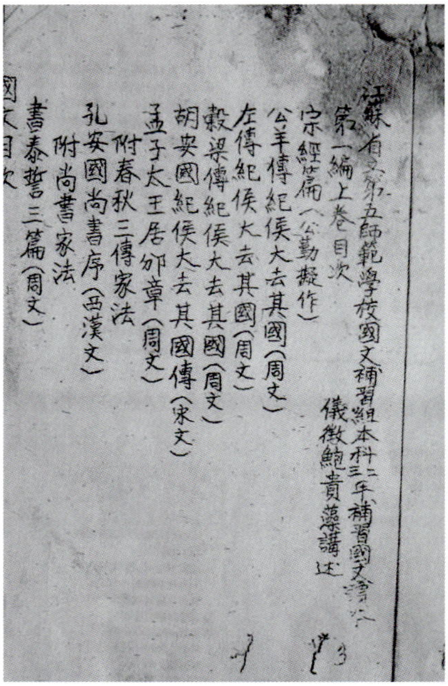
江蘇省立第五師範學校國文補習組本科二、三年補習國文讀本
儀徵鮑貴藻講述
第一編上卷目次
宗經篇（公勤擬作）
公羊傳紀侯大去其國（周文）
左傳紀侯大去其國（周文）
穀梁傳紀侯大去其國（周文）
胡安國紀侯大去其國傳（宋文）
孟子太王居邠章（周文）
附春秋三傳家法
孔安國尚書序（西漢文）
附尚書家法
書泰誓三篇（周文）
國文目次

鲍老师的编著

·画家吕凤子及其作品（在《校友会杂志》中）

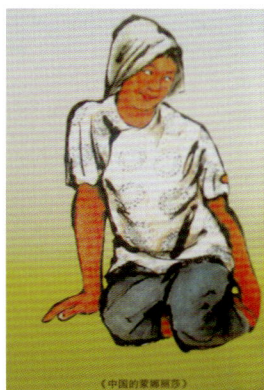

《中国的采桑妇女》

自画像

·小说家李涵秋《广陵潮》书影

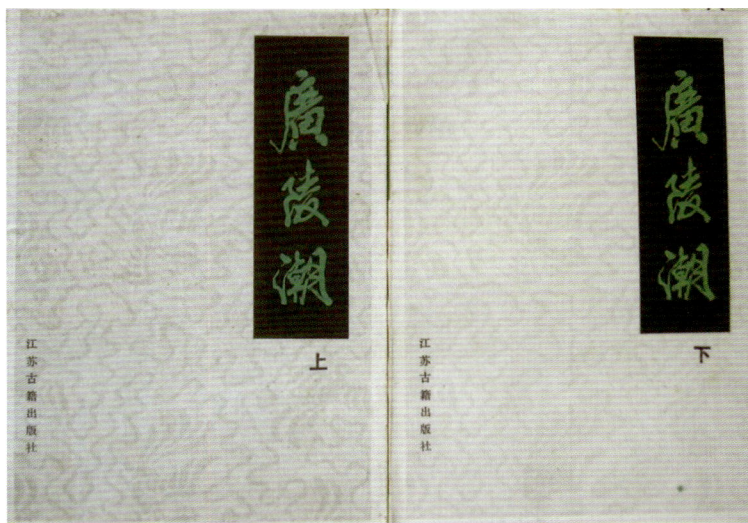

·著名词学家任二北（任中敏）

任中敏照片

任中敏先生书《题李阳冰玉筯篆辞》

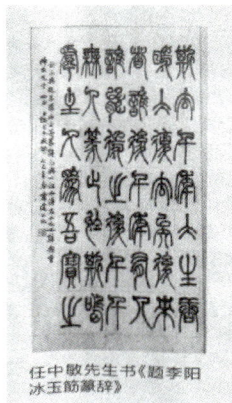

篆书手迹（《南方日报》）

（五）学生

· 吴定良（中央研究院首批院士）的作业《金坛乡土调查报告》（部分）

学生画作（吕凤子评点）

学生手工

学生篆刻（吕凤子点评）

· 学生活动照片

· 口字楼前，五师1924届校友合影

· 1918年全校师生合影

·《江苏省立第五师范学校校友会杂志》封面、序及目次

五师杂志封面

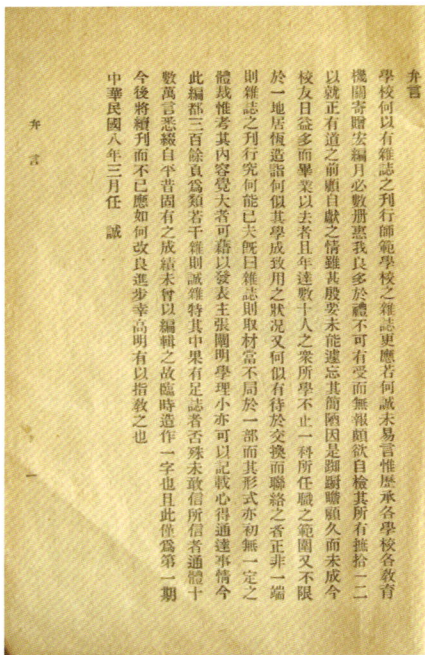

任诚序

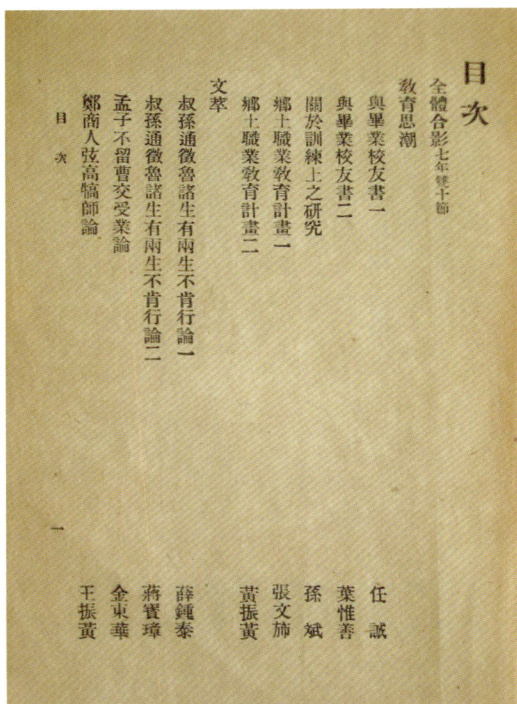

目次

· 《江苏省立第五师范学校校友会杂志》封面、序及目次

五师杂志封面

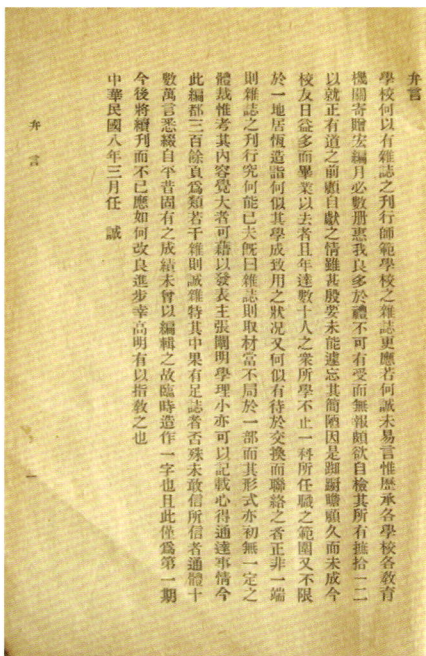

任诚序

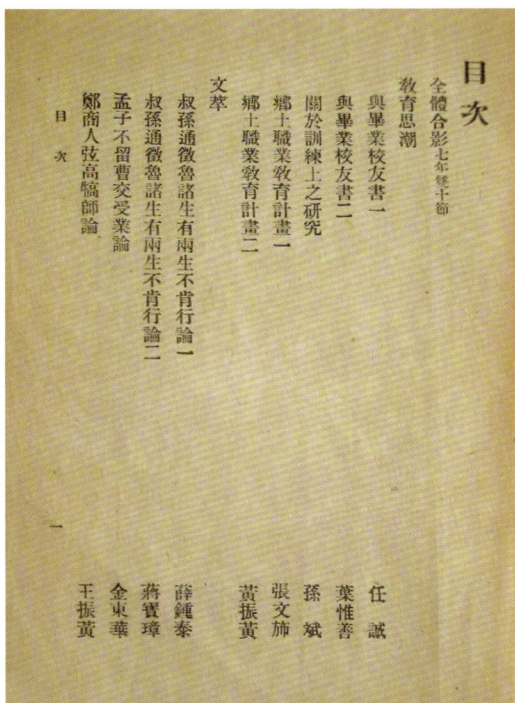

目次

第三部分（1927—1937）
十年办学　蜚声海内

　　1927年6月，五师和八中改组合并为江苏省立扬州中学。迟至北伐龙潭大捷后，10月17日才开学（此日定为校庆纪念日）。学校设置，除普通科外，兼设工科和师范，实系综合性质；校舍统合两院（大汪边、旧府署）与界首乡师，规模空前宏大。办学"首重精神建设，亦重物质基础"。名师专家荟萃，教育教学卓越。科学陶冶，人格感化，"正直向上，热于求知"（胡乔木语），树人十年，声名鹊噪，有"南扬中，北南开"之誉。

（一）校址与规模

·老校门

1930年代扬中大门

二道门

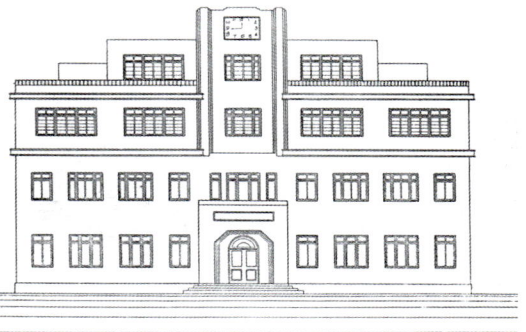

树人堂

此堂包括科学馆及大会堂

樹人堂分室一覽表

科室名	學 館													大會堂				
	物理實驗室	化學實驗室	事業儲藏室	理科儲藏教室	教員閱覽室	教員研究室	生物實驗室	史地陳列室	學生研究室	史地教室	工科製圖室	氣象台	鐘樓	平台	會堂	化裝室	會堂	靈影機間 平屋頂
屋數	1	1	14	2	2	23	3	3	3	4	4	5	5	1	1	2	2	3
間數			2	2	2			2				6			2		1	
每間架琴數	60	60		100			60	100		100	60			1100	30	600		1000

校歌，徐公美词，王宗虞曲（原载1928年《一年来之扬中》）

江苏省立扬州中学校歌

襟江带海，从古数扬州，今更作人文渊薮。看黉宫近接，讲舍遥分，知负笈尽多俊秀，更幼儿淑女兼收，宏造就。问光芒何似？刚好有二分明月，高涌海东头。

【编者注】

1. "襟（jīn）江带海，从古数（shǔ）扬州，今更作人文渊薮（yuān sǒu）。"这是讲本校的区位和优势。"襟"，指衣服胸前部分；"带"，衣带，围绕的意思。古扬州，东围黄海，南面长江。"人文渊薮"。渊薮，本指生长着很多草的湖泽，常用来指人物聚集的地方。

2. "看黉（hóng）宫近接，讲舍遥分，知负笈（jí）尽多俊秀，更幼儿淑女兼收，宏造就。""黉"，古代学校；"负笈"，背着书箱。这第二句讲本校的规模和目标。校园广大，高中部在"大汪边"（包括矗立着树人堂的本部和扬大医学院宿舍一带），初中部在"旧府署"（包括现在的时代广场和紫藤园全部）。"大汪边"和"旧府署"，中间隔一条马路，因此说"讲舍遥分"。

3. "问光芒何似？刚好有二分明月，高涌海东头。"这是讲期望和信心。这里活用了唐诗"天下三分明月夜，二分无赖是扬州"的诗意。

· 学校两院平面图（原载《十周纪念刊》）

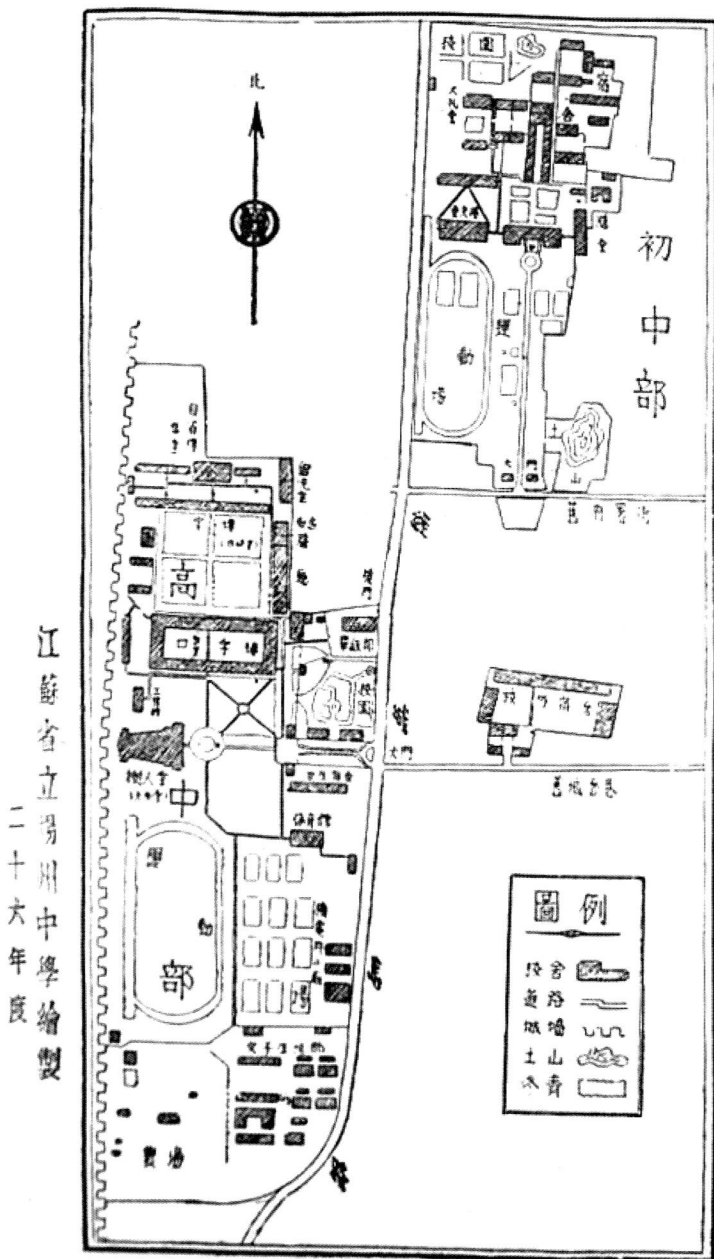

本校校舍平面图

· **建制规模一览表（综合性质）**

    a 高中部

      普通科（双轨）

      师范科（1932年停招）

      土木工程科（1935年又与同济大学合办"德文班"，毕业后直升同济）

      机电工程科

    b 初中部（三轨）

    c 女子生活部及幼稚园

    d 扬州中学附小

    e 界首乡村师范及分校附小二所

· **高中部（大汪边）**

1930年代的口字楼

· **初中部（旧府署）**

初中部大门

重光楼远景

初中部重光楼

·女子生活部

女子生活部大门

女子部内景

·界首乡村师范

乡师园艺实习

乡师农事实习

·原扬中实小大门照片

（二）校名更迭

·江苏省立扬州中学（1927.6）

·第四中山大学区立扬州中学（1927.8）

·江苏大学区立扬州中学（1928.2）

·中央大学区立扬州中学（1928.6）

·江苏省立扬州中学（1929.9—1937.11）

（三）校长

· **周厚枢校长任命书**

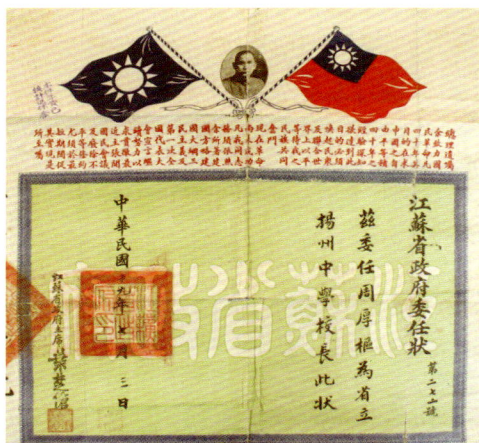

周厚枢校长

教育理念："青年为国家之命脉"，"教育为国家之根茎"；"学校首重精神建设，亦重物质基础。物质设备与精神训练，如车之两轮，鸟之两翼，相需为用，相辅而成"。

· **周校长为《普三乙毕业纪念刊》题词**

·周校长的教授资格证书（就任校长前，已任广东大学、中州大学、东南大学教授）

教授證書

第一三二六號

姓名 周孚楗　性別 男

年齡 四十五歲　籍貫 江蘇江都

該員經本部依大學及獨立學院教員資格審查暫行規程審查認為合於教授資格此證

中華民國三十三年五月一日

教育部部長 陳立夫

·周厚枢与民国元老于右任合影

《国殇》

于右任

葬我于高山之上兮，望我故乡；

故乡不可见兮，永不能忘。

葬我于高山之上兮，望我大陆；

大陆不可见兮，只有痛哭。

天苍苍，野茫茫，

山之上，国有殇。

·"志业长昭"——蒋中正挽幛

志业长昭

蒋中正

厚枢同志 千古

· 纪念集封面

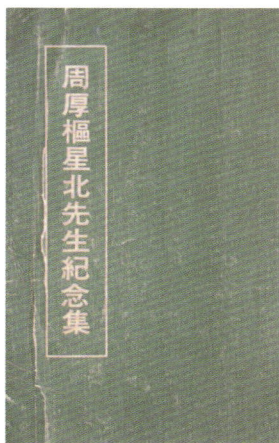

1960年代台湾校友会编印

【相关链接】

周厚枢传略

　　周厚枢，字星北，1899年生，扬州人。早年毕业于省立第八中学，国立南京高等师范数理化科，后考取南洋兄弟烟草公司奖学金留学美国，初进路易斯安那州大学专习制糖工程，续入麻省理工学院化工科，获硕士学位。回国后，历任广东大学、中州大学、东南大学教授。

　　1927年6月，周厚枢任江苏省立扬州中学校长。他认为，学校建设，首重精神，然物质为精神之所寄托，二者如车之两轮，鸟之两翼，相需为用，相辅而成。在物质建设方面，先后兴建科学馆（树人堂）、工程馆、风雨操场（体育馆）、女子生活部校舍及可容千人的自修室和学生宿舍等。图书实验仪器及其他一切教学用具，无不力求充实，有些直接购自美国、德国。物质建设的原则：一是节省日常办公费用，以购置设备；二是所增设备以坚实适用为宜，不尚浮华。精神训练方面：1. 科学陶冶。高初中一切科学教学，均注重学生自行实验、实物观察和问题讨论，培养学生实地试验、客观研究的习惯和实事求是的态度。2. 试验革新。大胆探索试验，如能力分组教学，广设选修科目，开展课外活动，添设土木工科、机电工科、德文班和女子生活学级等，为学生开辟多种发展途径。3. 人格感化。首创导师制，把学生分成若干小组，选学生素所崇拜的老师，与之朝夕相处，摸索个性，因材施教，做潜移默化的工作。4. 军事训练。初中以童子军为中心，高中以军训为中心，培养学生严正肃穆的生活面貌，沉着应变的态度。他治校谨严，讲究实效。行政上有较完善的组织机构，有明确的职务细则。人事精简，职责分明，工作效率较高。处理校务，必先审查需要，然后订定计划，切实执行。督率下属办事，绝对授权，只问成果，细节不愿与闻。讨厌当面鞠躬如也而背后恣行肆意的作风。办学特别重视师资，要求教师德才兼备，足为学生表率。千方百计聘请优良教师，高其薪俸，安其寓所，且礼遇有加。常轮流约请三五教师到家中小聚，于浅斟慢酌中畅所欲言，诸多兴革，于此奠其始基。对青年教师多所奖掖，相信人必有所长，必有潜力。在教师间倡导以道德相砥砺，以学术相切磋，彼此联系，和谐合作。如此数年，扬中声誉卓著。

1937年扬州濒临沦陷，他率部分师生先在武汉，任江苏省旅川联合中学校长，后入川任国立第二中学（初称国立四川临时中学、国立四川中学）校长。抗战胜利，台湾光复，他以制糖专家资格被派往台湾经营糖厂。1967年病逝于虎尾寓所，终年68岁。在台校友会先后编辑《周厚枢星北先生纪念集》和《江苏省立扬州中学六十年校庆纪念》集（下图），并筹集周厚枢奖学金，以为纪念。

——《中国名校优良传统丛书·扬州中学》，中国大百科全书出版社，原载《扬中校友通讯》第六期

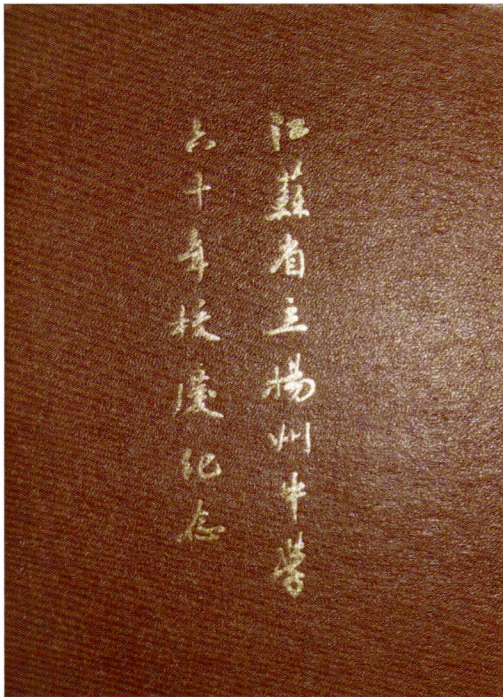

《江苏省立扬州中学六十周年校庆纪念》

站立者为台北校友会会长赵耀东（台"铁头部长"）

台北校友会百年校庆祝寿团旗

（四）名师荟萃，师德高尚，学术精湛，风格多样

教师之间重情谊，以道德相砥砺，以学术相切磋，彼此联络，和谐合作。

·汪桂荣（静斋）

汪静斋，为人谦逊，学术精湛，经验宏富，学生敬之爱之，称他"汪大菩萨"。他自称其教学是"牛肉汁的灌输"，特别注重"基本缩结"，此非博览而精熟的老师不能为之。著名论文《中学算学教学的理论和实际》（民国二十五年《江苏教育》第五卷第九期）是他国际视野、历史眼光、前沿意识和务实态度的突出体现。校友黄纬禄院士回忆说：我们在参加江苏省毕业会考之前，汪静斋先生曾用一节课的时间把三年中所教过的三角、几何、代数、解析几何等内容，提纲挈领地复习一遍，同学们对此无不佩服得五体投地。

【相关链接】

十年来高中算学教学经验谈（节录）

汪桂荣

本校成立已十年，鄙人在本校担任高中算学亦十年。在此十年中周校长对于科学教育异常重视，对于课程编制日渐改进，对于图书设备日渐充实，因此鄙人在教学方面颇为便利。加以投考扬中之同学大都志在理工，故对于算学之兴趣异常浓厚，对于算学之研究异常努力，故在此十年中虽因大学考试之逐渐提高程度，高中算学教学无一刻不在紧张状态中。但因学校当局之重视，同学方面之努力，故在教学方面亦无一刻不在愉快状态中……

最近鄙人曾参加本省教育厅中学师范各科教学研究会，对于中学算学教学理论和实际，曾草一详细论文，关于各国在最近三十年中对于中学算学教学改进之情形，以及中学算学教学应遵守的几个原则，均有详细之说明……

因叙述鄙人最近十年在扬中高中部担任算学教学之经验，不得不将十年前鄙人情形略加说明。鄙人本在南京高等师范研究机械工程，因工程之基础在算学，师范之精神在教育，故鄙人在求学时代对于算学与教育即感兴趣。毕业后在母校附中担任工科教员两年，当时对于机械计划，及工厂管理，颇感兴趣。两年后工科同学毕业，学校方面改农工商职业科制度为普通科制度，鄙人乃改任为算学教员。当时附中主任廖茂如先生对于中等教育改进颇多，并发行《中等教育》杂志，鄙人乃从事于中学算学教学之研究，并试用混合算学教本。深觉混合算学有种种优点，乃草中等学校采用混合算学之商榷一文，登《中等教育》第一卷第一期。其后附中试行能力分组，乃研究算学诊断测验，测验结果报告登《中等教育》第二期，并与廖先生合编中学算学测验两套，由商务印书馆发行。不久全国有新学制运动，廖先生首先主张三三制。关于附中新学制课程种种会议，鄙人均加入研究。江苏省教育会所编之新学制课程纲要，其中高中平面三角及高等代数，即由鄙人起草。附中试行新学制时，初中实行能力分组采用混合算学，高中实行分科选课制采用分本算学。当时鄙人除担任高初中算学外，更担任种种工程选科，如应用力学、热力学、电工学、工厂常识、几何画、工程画等。关于中学算学教学之研究，有《平面几何教学法》登《中华教育界》，《初等代数教学法》登《新教育》。此外有：《中学算学教学之革新》《中学算学教学之两大改进》《初中具体几何学》《美国初中算学课程》《高中混合算学课程》《中学算学教学之自学辅导法》等，均登《中等教育》。因实行选科制，对于教育指导及职业指导异常重视，鄙人对此亦曾详细研究，并担任实际工作，一切详见《中学职业指导》一文，登《施行新学制后之东大附中》及《中等教育》。此外种种讲演：如《同初一新生谈算学》《选科指导第一课》《职业指导之重要》《谈科学》《告有志于研究理工者》《中学生研究算学目的》《算学家之精神》等文均登《附中周刊》，及《申报》副刊《教育与人生》中。附中自实行新学制后，无论课程及教材均逐渐改进。关于学教方法除实行能力分组及启发式教学外，并在初中一年级试行道尔敦制一年。鄙人亦参加任初一算学，用段玉华先生编《新学制初中混合算学》第一、二册，终日在实验室时间较长，收集参考教材备学生自行研究，并评阅课卷，遇有问题可随时举行个别指导，学生遇有困难，自己努力研究，或者参考书，或与同学切磋，至万不得已时则来求教，稍加启发，学生豁然贯通。当时愉快情形，异常活泼，师生间之感情异常浓厚。但因算学方面比较困难，故指定课程时解释稍详，不日亦常对小团体举行启发式之讲解。道尔敦制之优点在学生能自由工作，适应个性，功课之指定使学者明白为什么要学，学些什么，且均自动研究，至不得已时方来求教，此与教者强迫性质不同。在附中任课时，使鄙人最不能忘怀者，即在个人进修机会之多，研究机会之广，到大学旁听既极自由，图书馆阅览亦极便利，无论课程编制教材选择，教学方法均能逐渐改进。至附中停办后，鄙人乃来本校任教高中算学。

本校开办之始，乃合前第八中学及第五师范两校而成，两校对于算学均极重视。本校开始时一切课程均遵守中央大学区中学课程标准，高中分文理科，理科算学每周三小时，高一上平面三角，下立体几何，高二上下高等代数，高三上下解析几何。当时因平面几何有未完者，乃于二年级中补完。三角用葛氏原文，几何用温施二氏原文，高等代数用霍氏原文，解析几何用施盖尼三氏原文；文科用中文本，三年级免修解析几何。第一年中完全为整理时期，谈不到建设。当时鄙人曾草中学算学教学计划，登本校校刊，对于课程、教材、教法稍加规定。因同学对于算学研究异常努力，故第一年中央大学区各中学成绩展览会，本校之算学练习簿得极优之奖评。第二年中则稍事建设，鄙人曾草中学算学各科教学目标一文，登本校周刊，对于教材、教法，作进一步之规定，教学情形亦稍有条理，除书中教材详细讨论外，补充笔记甚多，学者亦至感兴趣。第二届理科同学之考交大者十四名中取十三名，百分比冠全国中学校，此为本校最可纪念者也。在第三届中鄙人除担任其大部分算学外，更担任平面测量、几何画、高等物理、科学史、工程概论等选科，在同一班中任课之多，为鄙人教学史上所最可纪念者也。当时除正课中补充教材甚多外，对课外研究会之组织，亦极有兴趣。除教师讲演外，同学自行研究，对于译著整理工作亦甚多，对于杂志中著名算学论文抄印极多，在课外研究中可称最发达之一年，此亦可纪念者也。就当时情形观之，理科算学除必修外尚有球三角、微积分等选科，同学研究至有兴趣，而亦颇努力，教学方面至为顺利，完全在至愉快中作教学生活，此为鄙人想起来最感兴趣之一点。本校三周纪念时，鄙人曾草《三年来本校之算学教学》一文，对于教学方针，定为注重自动，注重透彻，知识能力并重，理论实用并重四点。

……

——《十周纪念刊》民国二十六年

· 徐公美

徐公美老师国学渊博，早年留学东瀛，是过去江苏省教育界名宿。说者谓汪（静斋）、徐（公美）两老师之教学，有类于李广、程不识之将兵（宽严有方，各尽其妙）。

徐公美在校刊《抗日专号》上发表的《满江红·抗日雪耻歌》：

歌词：

"蕞尔岛夷，竟无理侵凌上国。自甲午，王师败衄，大施蛮毒。箕子遗封随泽斩，台湾故老吞声哭。到于今三省好山河，供鱼肉。

思往事，铭心曲。数新恨，填胸腹！请长缨，待与尔战场角逐。徵侧横尸交址定，郅支授首匈奴服。更全收三岛入舆图，仇方复。"

【编者注】

1.箕子：名胥余，商纣叔父，封于箕（今山西太谷东北），为子爵。纣王拒谏，剖比干心，"箕子惧，乃佯狂为奴，纣又囚之"（《史记·殷本纪》），周武王克商，释其囚，访以天道，作《洪范》。

2.长缨：语出《汉书·终军传》："军自请，愿受长缨，必羁南越王而致之阙下。"

3.徵侧：典出《后汉书·马援列传》："交址女子徵侧及女弟徵贰反"，"寇略岭外六十余城，侧自立为王。于是玺书拜援伏波将军"，马援率军讨伐，"斩徵侧、徵贰，传首洛阳"。

4.郅支：典出《汉书·匈奴传》。郅支骨都侯单于，名呼屠吾斯，匈奴呼韩邪单于兄。元帝时，因呼韩邪单于为汉廷所拥护，郅支怨汉不肯助己，辱杀汉使者。于是西域"都护甘延寿，与副陈汤，发兵即康居，诛斩郅支"。

·张煦侯（张震南、张须）

张煦侯老师教授国文，往往能随手拈来，都成妙谛。他所教的师范一年级，多大运河一带学生，暑期将届，选诗九首，隐寓一路归程（其目为：王士祯《别广陵》、鲁一同《雨泊湾头》、厉鹗《召伯埭》、张问陶《过界首》、吴伟业《高邮道中》、查慎行《宝应雨泊》、张謇《从孙观察奉差淮安纪行》、沈德潜《泊舟版闸》、万寿祺《清江浦》），用以赠别，于生活交际中培植学生的文学修养，可谓别开生面。此皆积之有素，故能取之裕如，非仓卒间所能办也。

张老师说："为学主智，积理为亟。""学文之事，致力于平时者有二，曰识字，曰积理；收功于临事者有二，曰行文，曰演说；学生所读之书为二，曰精读书，曰略读书。"他以为"精读书中，《左传》《史记》《孟子》《庄子》四书，总不可少。盖《左》《史》为述事之典型，《孟》《庄》乃说理之模范；且《左》《孟》平正，可以植其根本，《史》《庄》奇矫，可以观其变化。熟此四书，基础斯立"。他认为国文教学"自动重于讲授，专书重于单篇，札记重于课作"。

·黄泰（阶平）

黄泰，著名算学教师，编著有《初中代数》上下册（正中书局）、《高中立体几何学》（民智书局）、《高中解析几何学》（中华书局）等多种课本。他教学循循善诱，编了学习算学（数学当时的名称）的"三字经"："学算学，下决心，有毅力，能成功。务忠实，勿侥幸。认真做，勿敷衍，习惯成，到处显。能预习，为上策，细听讲，不疏忽。疑须问，守秩序，下课时，要镇静。先看书，再演题，勤练习，勿迟疑。按时缴，勿取巧，抱佛脚，最潦倒。相讨论，勿抄袭，多参考，增阅历。遇心得，记笔记，当保存，日后阅。重整洁，少错误，精作图，正思考。计算题，要精确，理解题，有线索。用符号，代语言，重简明，须周详。遇名数，注单位，得答数，须校验。既合法，且整洁，既正确，又敏捷。都成功，早毕业。"

黄泰老师说："不要以为算学是天资好的人的专利品。

我们现在所学的算学，不是什么深奥的道理，不过是大众所必备的实用工具。初高中大家普习的算学，已经整理得适度的简单，没有一个人不能学，没有一个人不能学好。"

·纪子仙、朱宗英、万彝香、王伯源、汪二丘、方剑岑、侯湘石、朱白吾、吴遐伯等老师各具教学特色，他们的人品、学术，有口皆碑。英语聘美国人傅师德执教，德语聘奥地利人许迪奈执教。

德语老师许迪奈，许老师一直服务到国立二中时期。

【相关链接】

江苏省立扬州中学国文教师主要论著举例（1937）

著者	著作
鲍勤士	《小知不足斋文存》
徐伯和	《国学入门》
王侃如	《文始疏证》《读子随笔》《姜白石词笺》《万古愁曲笺》《陶斋杂著》
汪二丘	《经学概况》《四书杂识》《史记杂议》《汉书杂议》《补三国志表》《补郝经续后汉书年表》《文学浅说》《万古愁曲注》《弈活》
范耕研	《中学国文述教》《吕氏春秋补注》《墨辩疏证》《文字略》《江都焦理堂先生年表》
薛无竞	《国学纲要》《中国史纲要》《高中本国史答题》
张煦侯	《高中国文述教》《师范国文述教》《国史通略》《通志总序笺》《王家营志》《淮阴风土记》
朱奇石	《标点符号表解》《唐末古文名家评传》
羊达之	《文学史纲要》
陈啸青	《文心雕龙通诠上编》《初中国文背诵选》《中国历代文体之变迁》

·集体合编高中、初中国文全套12册（南京书局）

江苏省立扬州中学算学教师编著的算学课本举例（1937）

书名	著者	出版处
《初中算术》	汪桂荣、余信符	正中书局
《初中代数学》	黄　泰、戴维清	正中书局
《初中实验几何学》	汪桂荣	正中书局
《初中理解几何学》	万颐祥	正中书局
《初中数值三角》	汪桂荣	正中书局
《高中三角学》	汪桂荣	民智书局
《高中平面几何学》	汪桂荣	钟山书局
《高中立体几何学》	黄　泰	民智书局
《高中解析几何学》	黄　泰	中华书局

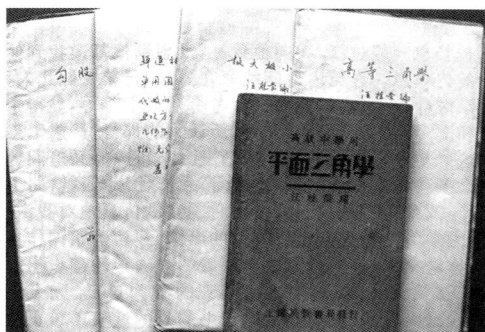

实物照片

·**服务五年之教职员合影**

·**1928年全校师生合影（"一周纪念刊"）**

·**1929年扬州中学的女教师**

·**1930年学生与李崇祜老师合影**

· **1933年全体教职员合影**

· **1937年教职员合影**

· **服务十年之教职员合影**

民國廿三年揚中教師歡送陸靜孫、李宜甫赴英留影

江蘇省立揚州中學全體教職員慶祝二十四年教師節合影紀念

（五）教育教学经验

1. 突出树人宗旨，努力服务社会

· 《树人堂记》

树人堂记

扬州中学校长 周厚枢

民国十六年夏，厚枢始荷省檄主扬州中学事。校分两院以教，生徒近千人，堂斋寝膳不周于用。营膳之事为亟，而经费有定程，下支上报，毫厘不相假。则相其不系度支者蓄藏之，日计不足，岁则有赢。茌事二年，遂成学生宿舍及教职员会所若干间，总诸增建费二万余金。顾厚枢不自揆，以为进两院之众而庭教之，不可无大会堂，倡形数质力之学而即以救国，不可无科学馆。二者吾校讲业之所急也，虽力未逮，固将继此而从事焉。自十八年为始，积两载所积存者裁及万金，招匠估算最劣者犹三万强。虽请于省府撤旧城睥睨之砖以益之，而二万金终无由出。当是时，主者既格于预算，亟请而终不许，万金之积日以耗绝，而版筑既兴，万万无废辍理；圬镘之夫色倨口呶，几无宁日。于是，议于同人，开高初中预备班，举报名等费以入之。诸师更损俸以相补苴。诸生则结游艺会募捐于外，以为些许。三者将盈数矣，而旧所规划，坐增建露台钟室及左右厢之属，所益之费又复逾万属。金价腾踊，物价亦增，承办者度不可取赢，或相携而俱去，则兼招他匠为之。竭搏节之能，终如毛发。比年乃以岁之三月，请补助之费于教育厅长沅陵周公，公深照其情，力言于省教育经费委员会，颁六千金，乃溃于成大，共支白金四万七千七百余元。上距经始之日已一年有奇，其间周折繁多之数，皆厚枢始计所不及也。工既竣，征于同人，而命之曰树人堂，将勒石以示来者。厚枢数年之间，际府库之贫，矢拙谅之志，时难年饥又相煎逼，重赖在事诸君子，或分馆谷以供其乏，或殚心力以董其役。师生协谋于下，长官矜劝于上，讫于今日，重台峻起，广厦四阿，弦诵流声，俊乂在门，百岁以往，倘亦有梗楠杞梓者出于其间，固厚枢之所钦迟，然克相讫成者，不可忘也。落成之日，爰书斯事之本末而为之记。

民国二十一年十月十七日撰

·1930年代的树人堂与标准高度台

树人堂落成

· **1930年代树人堂上鸟瞰校园**

树人堂前标准高度台

· **树人堂大门·门联**

慎思明辨，格物致知

【编者注】

门联集纳《大学》《中庸》名句，暗寓"树人"宗旨，有弦外之音、韵外之致。

上联出自《中庸》："博学之，审问之，慎思之，明辨之，笃行之。"（广泛学习，仔细研究，深入思考，严格分辨，切实执行）"致中和，天地位焉，万物育焉。"（达到中和，天地各居于其应当的位置，万物就会生长发育）

下联出自《大学》："大学之道，在明明德，在亲民，在止于至善。"（大学之道，在于发扬高尚的品德，在于革除旧习，勉做新人，在于使人不断努力，以便达到善的最高境界）"致知在格物。"（获得知识在于探究事物的道理）

王阳明的"格物致知"说，更有启发性。

门联研究，有待深入。

2. 首重精神建设，亦重物质基础

（1）精神建设方面

① 科学陶冶

一切科学教学，悉注重自行实验、实物观察及问题研讨，养成客观研究之习惯和虚心实做之精神。

化学实验

生物实验

物理实验

生物标本室

史地图表模型室

·仪器室和制图室一角【工科一组照片】

仪器室

制图

大地测量

大港测量

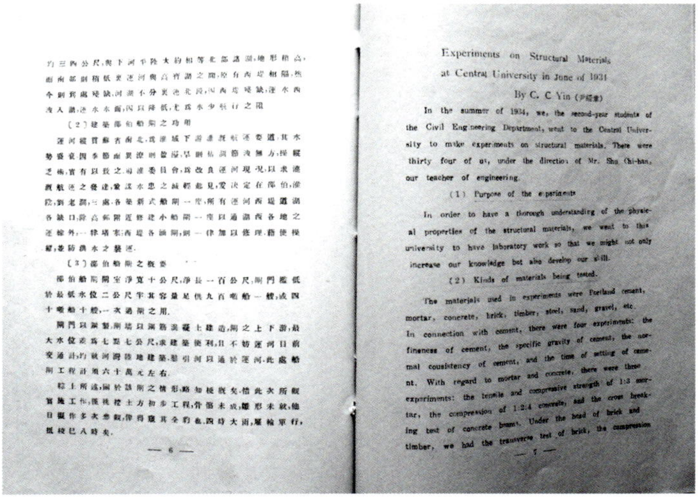

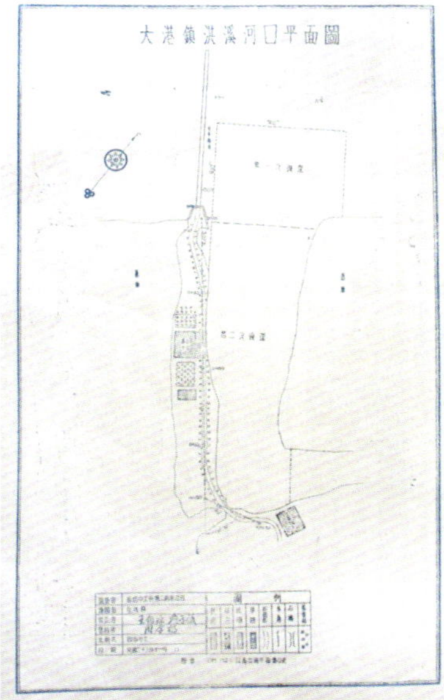

大港测量报告（中文、英文）

② 军事训练

提倡军事教育，养成学生时时紧张、事事不苟，及沉着应变之态度，弘毅有为，献身民族。

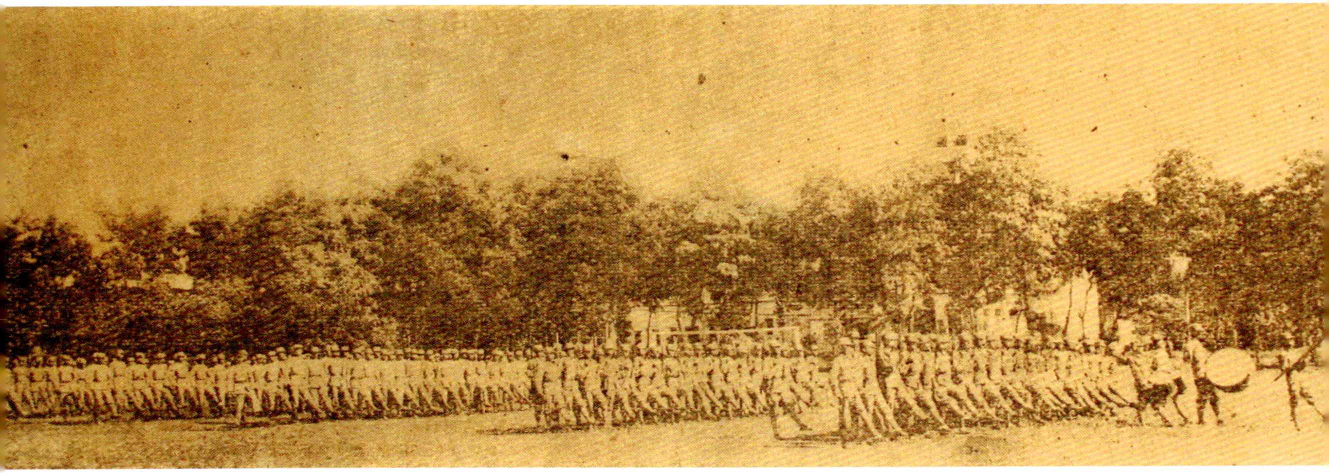

暑期军事训练

学生军阅兵典礼

③ 实验研究

育人当随时代，适应社会需求。本校埋头实做，不尚纸面空谈，如职业科与普通科合设、女子生活教育、科学教学方法之改进等等问题，无不殚精竭虑，孜孜以求。

——周厚枢

·江苏省立扬州中学 女子生活部

训练实况

陈果夫题

二十六年四月

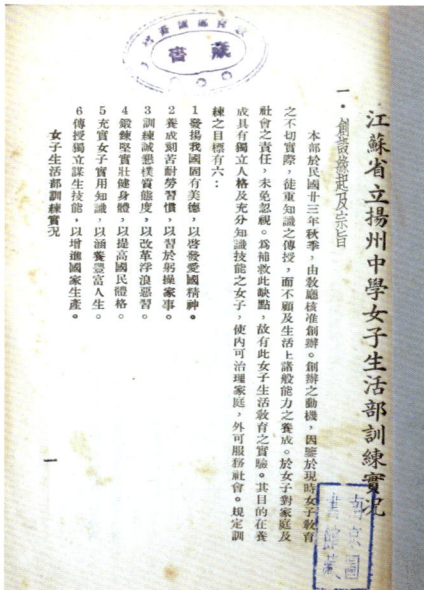

《训练实况》内页

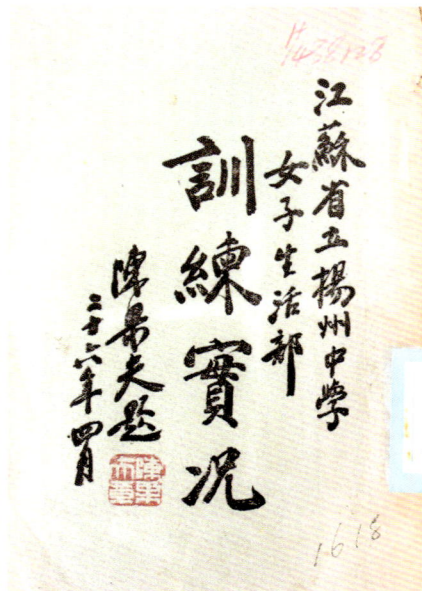

封面

训练目标有六：

1. 发扬我国固有美德，以发展爱国精神。
2. 养成刻苦耐劳习惯，以习于躬操家事。
3. 训练诚恳朴实态度，以改革浮浪恶习。
4. 锻炼坚实壮健身体，以提高国民体格。
5. 充实女子实用知识，以涵养丰富人生。
6. 传授独立谋生技能，以增进国家生产。

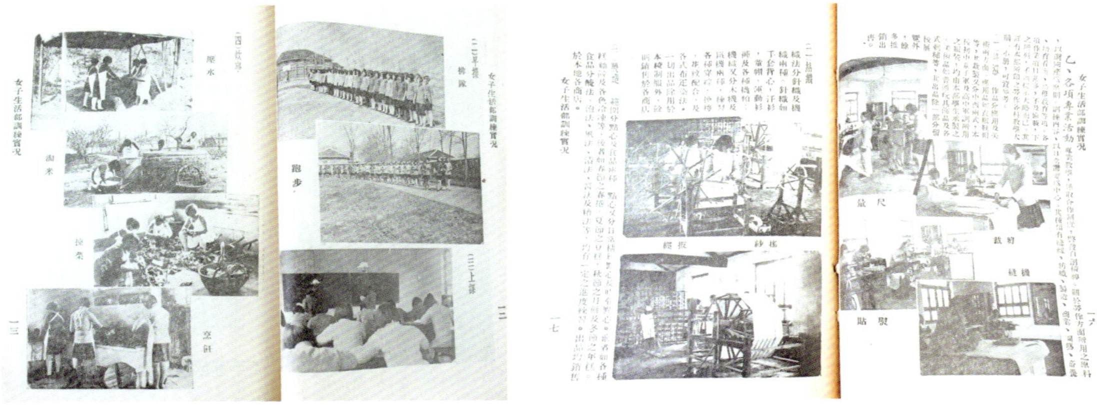

《训练实况》内页

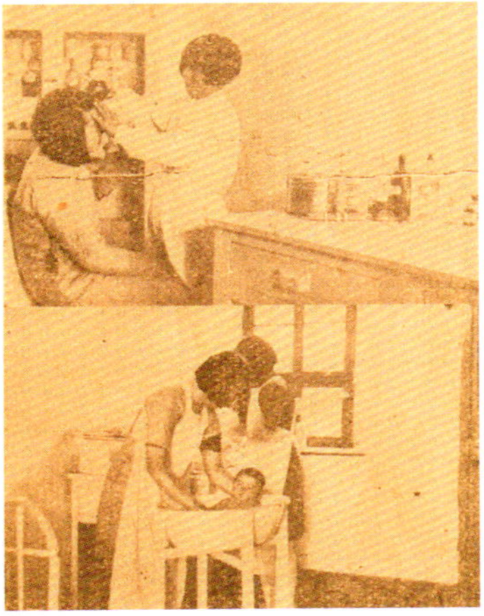

针织摇衫

检查蜂群　　　　　　　　　　　　烹饪

④ 人格感化

本校首创教训合一导师制。聘仁教师以道德高尚为第一义。教师之间，以道德相砥砺，以学术相切磋。与学生朝夕相处，如家人父子然。默化潜移，变更气质，于是重品格、喜研究、尚服务之学风，亦于无形中养成。

十年来本校各部教导概况

高中部教训军合一实施概况

陈兆鹏

教导概况

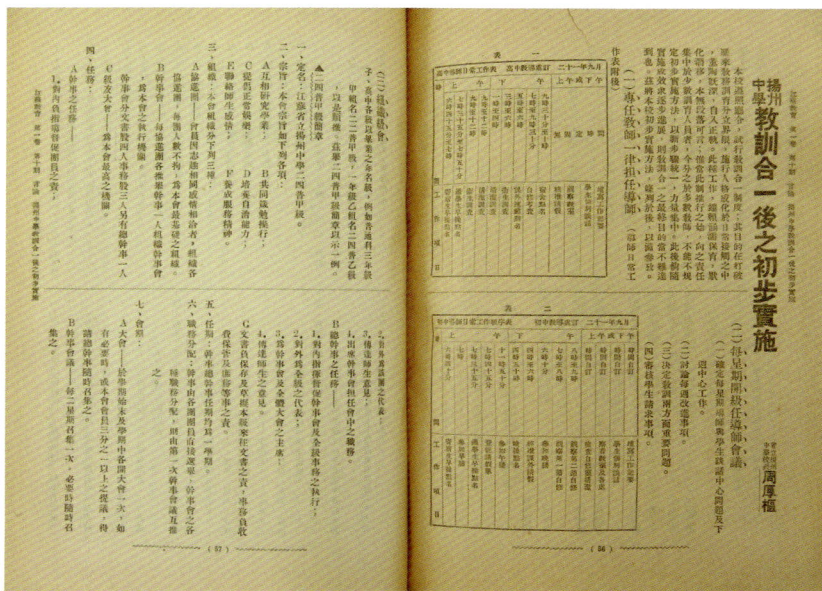

实施"教训合一"

⑤ 体育锻炼

体育设施设备，应有尽有。学生除每天早操跑步及晚操外，尚有国术练习及各项运动。卫生方面，有专任医师及护士，并与省医院作技术器材之合作。故注重体育与卫生，多年来已成全校之风气。

省网球冠军

廿四级排球冠军

女子国术

树林中的初中运动器械

（2）物质建设方面

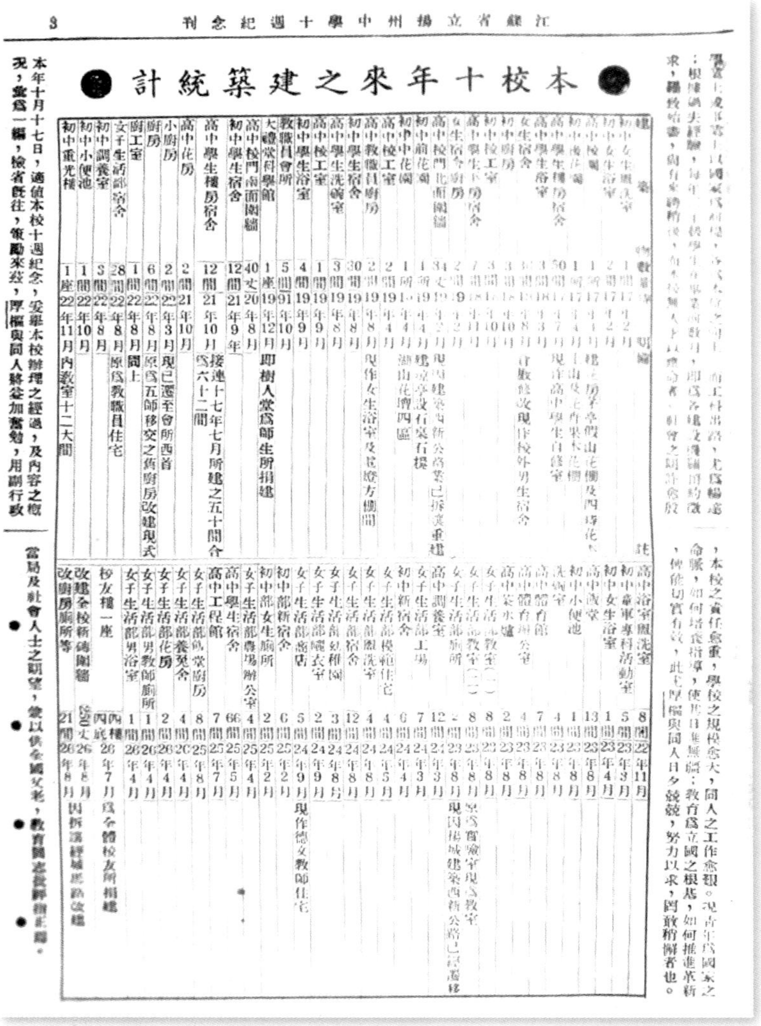

十年建筑统计

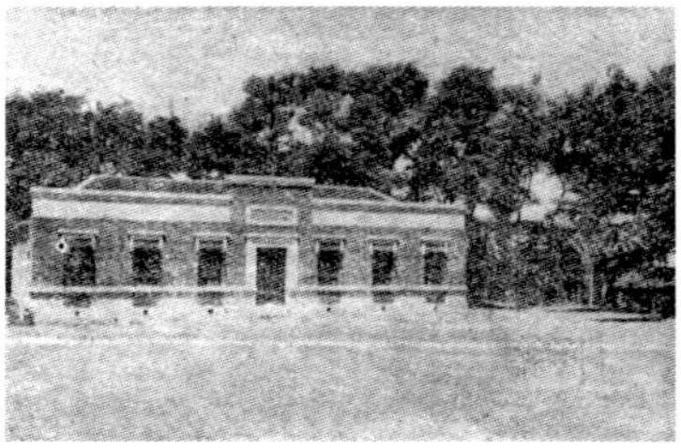

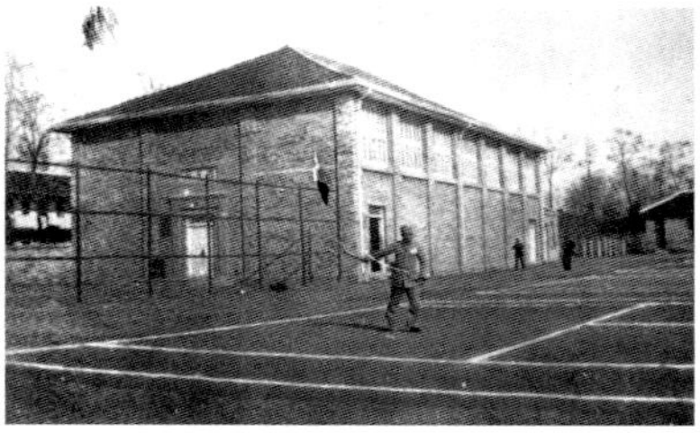

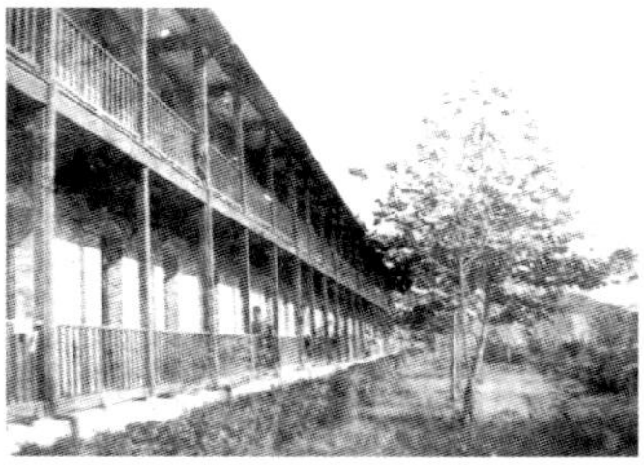

工程馆

高中体育馆，1934年建成，沿用到八九十年代

高中部一字楼
（1928年先建成50间，1934年西接12间，共62间）

一字楼长廊

自省楼——宿舍楼，1936年建成，共66间

3. 高门槛高起点，严要求育英才

① 招生好中选优（以1936年、1937年为例）

据《扬中校刊》统计：

1936年　报考3257人，录取332人。

1937年　报考4015人，录取425人。

② 从本校实际出发，自主安排"数理化"学程，从高从严：

数学，必修（文、理组合上），

补修（指定理组）。

理化，第一学年　必修化学，

第二学年　必修物理，

第三学年　物理复习、化学复习（必修），

高等物理、高等化学（指定选修）。

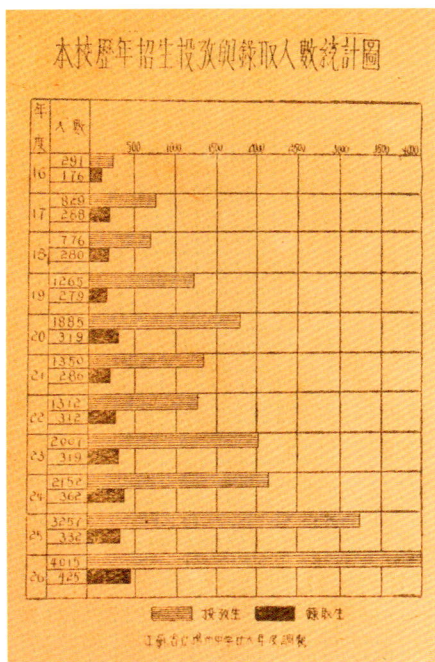

本校历年招生投考与录取人数统计图

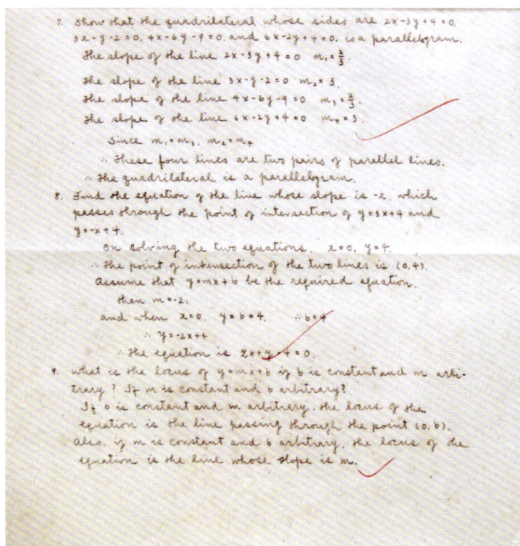

数学书面作业之一　　　　　　　　　　　数学书面作业之二

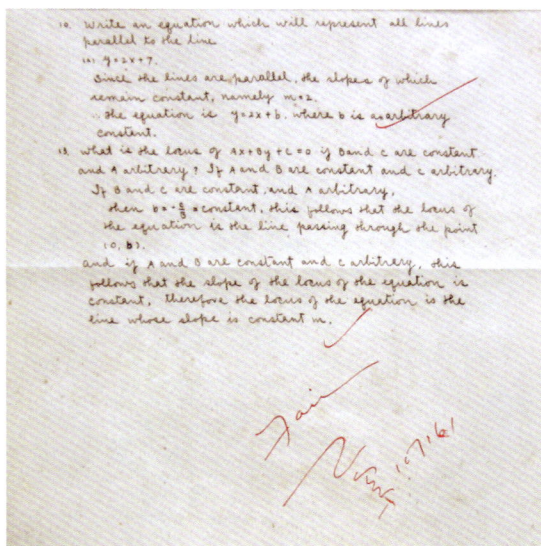

③ 讲究教材

数理化，多采用外文"原版教材"；有的"原版教材"经本校老师整理后才使用，如英文版《范氏大代数》。

为更切合本校学生实际，老师们自编教材。

初中算学课本

学程	书名	著者	出版处
算术	初中算术	汪桂荣、余信符	正中书局
代数	初中代数学	黄泰、戴维清	正中书局
实验几何	初中实验几何学	汪桂荣	正中书局
理解几何	初中理解几何学	万颐祥	正中书局
数值三角	初中数值三角	汪桂荣	正中书局

高中普通科算学课本

学程	书名	译著者	出版处
平三角	高中三角学	汪桂荣	民智书局
平面几何	高中平面几何学	汪桂荣	钟山书局
立体几何	高中立体几何学	黄泰	民智书局
代数	College Algebra	Fine	
解析几何	Eleme Iwtsot Ana.Geo.	Smithi Gale	

高中德文班算学课本

学程	书名	译著者	出版处
平三角	高中三角学	汪桂荣	民智书局
平面几何	讲义	黄泰	
立体几何	高中立体几何学	黄泰	民智书局
代数	College Algebra	Fine	
解析几何	Eleme Iwtsot Ana.Geo.	Smithi Gale	

高中工科算学课本

学程	书名	译著者	出版处
平三角	高中三角学	汪桂荣	民智书局
平面几何	（复习初中几何）		
立体几何	高中立体几何学	黄泰	民智书局
代数	汉译赫克氏大代数		北平算学丛刊社
解析几何	高中解析几何学	黄泰	中华书局
微积大意	Ditferentinl and litegsol Col	Osborne	
最小二乘式	讲义	王伯源	

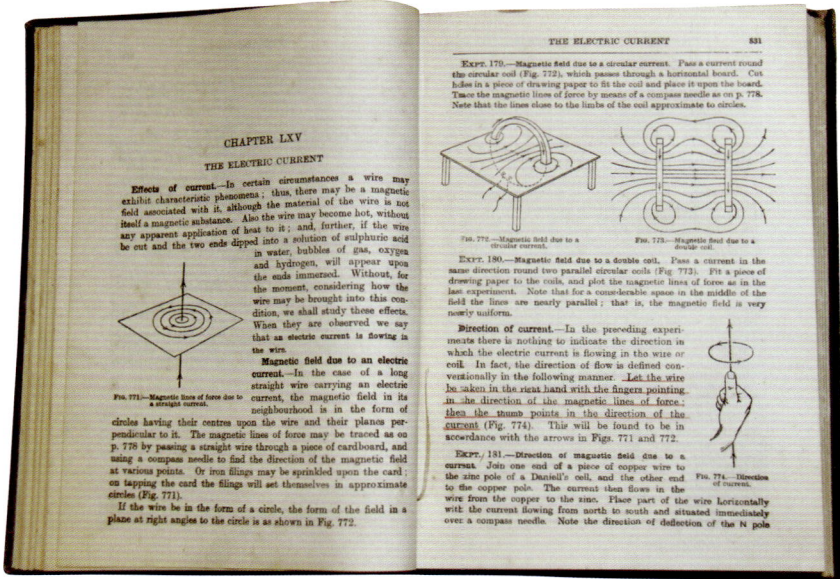

高二用《磁电力学》内页

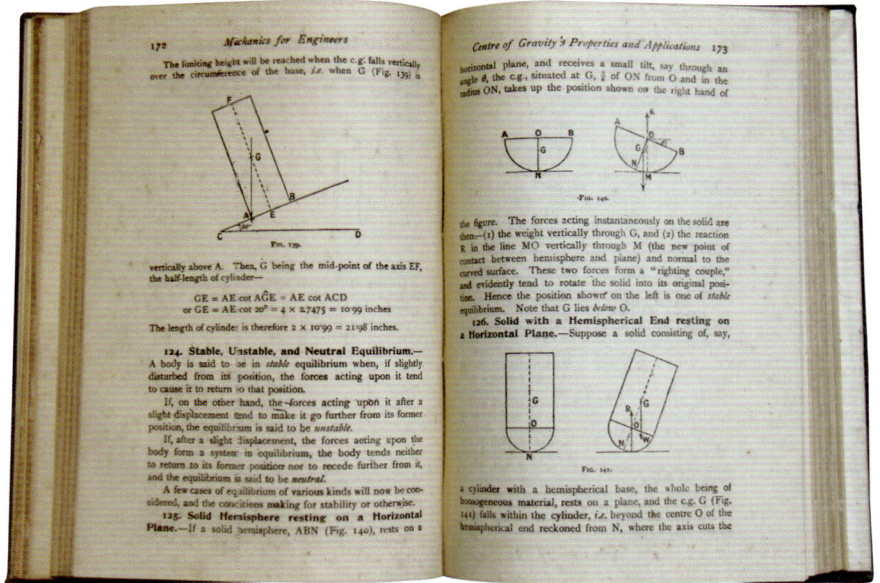

高三用《工程力学》内页

④ 考查，目的明确，次数频繁，纪律严格。

　　a/临时考

　　（试题与习题相仿，检查有无抄袭之弊。）

　　b/段考

　　（试题注意诊断性，专在"基本缩结"上使其熟练。）

　　c/月考、期中、期末考

　　（试题多带综合性，测验学生能否灵活运用知识。）

　　d/复习考

　　（寒暑假后的考查，旨在温故而知新。）

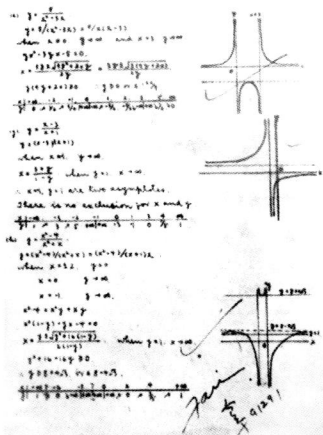

学行考查　　　　　　　　　　作业考查

当年会考本校得省第一、第三、第五名者：杨承祉、程高楣、王杭甲

4. 注重课外活动，强调自治自动

① "研究会"的组织和活动（见《扬中校刊》及"专号"）

学生课外组织，纯以学生自动为原则，教师仅处于指导监护之地位。在学生方面，有执行委员联合会之组织；在教师方面，有指导委员会之组织。其组织之研究会，列举如下：

1. 文艺研究会；2. 英语研究会；3. 社会科学研究会；4. 初等教育研究会；5. 数理研究会；6. 演说研究会；7. 东三省问题研究会；8. 日本研究会；9. 史地研究会；10. 西画研究会；11. 戏剧研究会；12. 国术研究会；13. 国乐研究会；14. 西乐研究会；15. 京曲研究会；16. 昆曲研究会；17. 国画研究会；18. 摄影研究会；19. 园艺研究会；20. 篆刻研究会；21. 文字宣传会；22. 乡村宣传会。

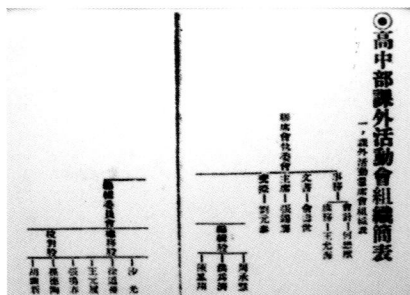

课外活动联席会组织表

各级学生代表

学生干事

各级导师

【相关链接】

高中部学生课外活动各会工作报告摘要

本学期学生课外活动各项研究工作颇为努力，因大考期近，于前周分别结束各会，均有说实之工作报告，由联会转交指委会审检，兹采摘要略如次。

1. 党义 指导员讲演三次：张蕴石先生讲政治革命和经济革命的区别；万彝香先生讲革命的真意义；吴沧粟先生讲什么叫做党。由会员自力研究，口头报告者三题：一为国民革命与中国国民党；二为国民党的革命方略；三为中山先生之革命与马克思之社会革命之比较讨论。笔述者一次，题目为本党采用的民主集权制的真意义。

2. 民众教育 该会组织分两部，一研究部，二实验部。研究部研究民教之理论与实施方法，开讨论会三次；实验部办理实验民众学校一所，收学生百二十人，分两级上课，共计十周，由会员分任教学与管理，计合格毕业学生六十余人，由会发给证书并加入欢送会举行游艺表演。

3. 教育 指导员讲演三次，委员参观江都各小学二次，测验团自5月7日起分组赴江都城区各小学实习，常识测验至6月7日告竣，先后测验23校，受试儿童862人，成绩均有统计。

4. 生物 采集昆虫类三十余种，爬虫类、两栖类各数种，植物方面凡五百余种，除羊齿类较多外，有十余种罕见之植物尚未能确定学名，拟送请科学社研究所采各物均制成标本陈列生物标本室，此外参观蚕桑模范学校一次。

5. 文艺 指导员讲演二次，选印研究与资料十一篇，会员阅书笔记三种，文艺作品数十篇。

6. 史地 讨论会三次，讲演会二次，选印材料五种。

7. 数学 选印代数及几何学史略二篇为研究资料，指导员讲演二次，讲稿由会员笔记，印出，会员自力研究之成绩有张连元编集之倍数性质，王恩口、吴征铠等合译之《算学速算方法》等书。

8. 理化 选印交大物理习题六百余条，由指导员选定研究课，会员分任研究者十余种，会员张鸣雷、段士珍、许志恒实习表演科学游艺一次。

9. 国际问题 开讲演会二次：研究国际问题之方法和要点；最近太平洋问题和国际间之形势。选印材料一种。

10. 英语 开大会五次，演说三次，选印参考资料数篇。

11. 国语演说 练习会三次，指导员讲演一次，参加纪念日及清洁筑路等宣传三次。

12. 国乐 练习会六次，选印材料六十三曲，表演三次。

13. 西乐 集会练习间周一次，选合唱材料五种。

14. 昆曲 集会练习每周二次，参加表演二次。

15. 国画　实习二十次，中西画作品三十七件，除送列中等学校艺术成绩展览会，被选留十件外余列本校成绩室。

16. 摄影　指导员讲演一次，会员分组实习，每周一次，成绩经指导员选列成绩室者十余件。

17. 戏剧　选印剧本三个，允送毕业同学大会表演一次。

18. 科学游戏　实习每周一次，由指导员示范选置材料数种，欢送毕业同学大会表演一次。

原载《扬州中学校刊》第39期（半月刊）

民国十八年七月一日出版

② 《扬州中学校刊》的编辑、出版（中华邮政挂号特许全国发行）

《扬州中学校刊》是师生合办的刊物，1927年创刊。初为旬刊、半月刊，后改为月刊，通过"中华邮政特准挂号"全国发行，至1937年，共出版103期。此外，不定期出版各种专号，如《抗日专号》《水灾专号》《教学专号》《社会科学专号》等等。自民国十六年起，出版"一周""三周""五周""十周"总结性的纪念刊4期（记校庆的时间，当时未从仪董学堂算起）。

（南京图书馆尚存早期的《扬中校刊》旬刊半月刊）

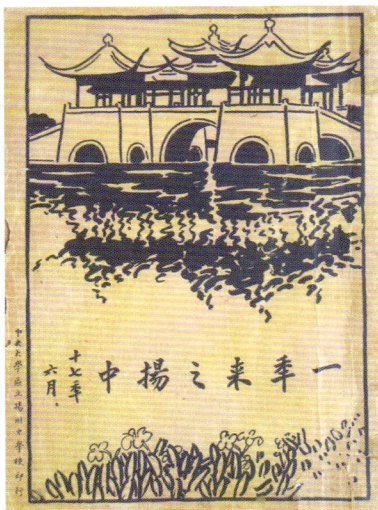

· 部分扬州中学校刊

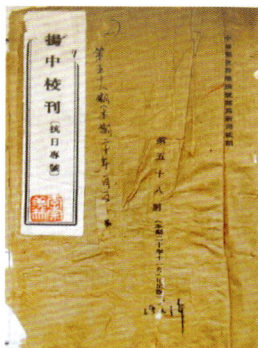

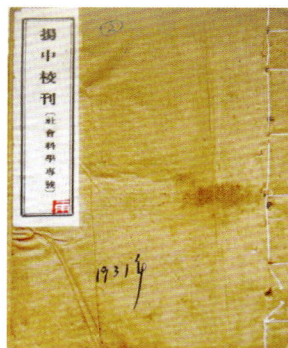

抗日专号　　　　　　社会科学专号

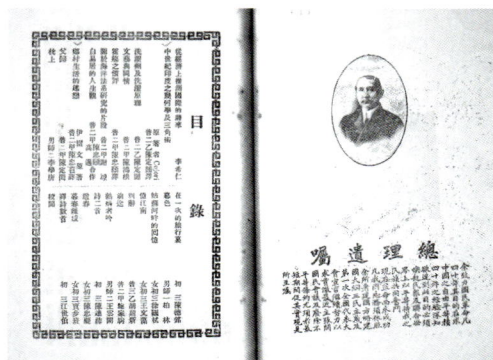

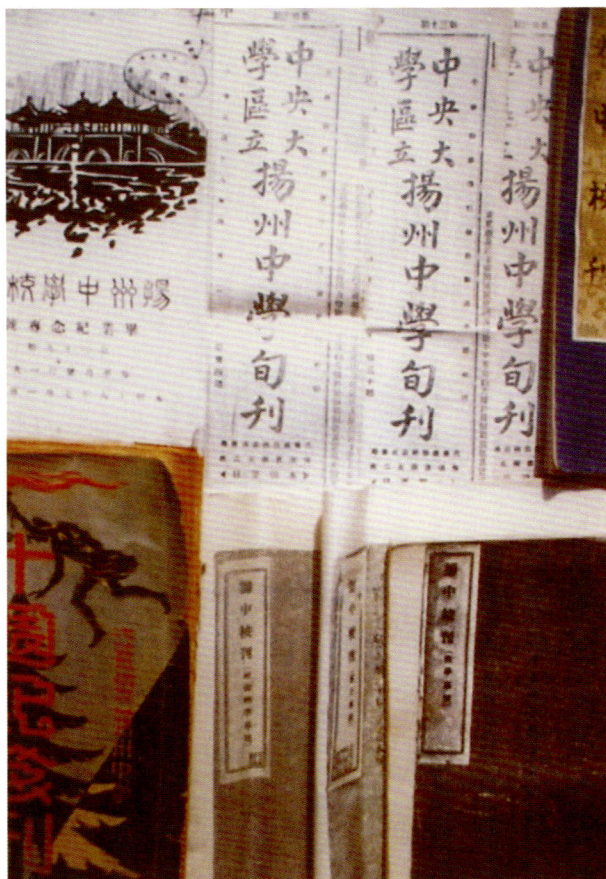

毕庆芳（毕季龙，曾任联合国副秘书长）
1998年回母校

《扬州中学校刊》55期“校闻”载毕庆芳当选为学生会主席。

他发表于校刊上的诗文：

揚州中學校刊

定五月十一日課後舉行表演會一次節目甚多極一時之盛

㊇添築球場　二院東端原尚有瓦礫一堆該地極大形式亦頗不美本學期已設法遷移並於該地上添築網球場一塊不日即可滾平應用矣

㊈學生一律着制服　久經實施芳勤訓練平日服裝自以着制服為宜特先布告各生從事準備自四月廿九日起即一律穿着制服或童子軍服精神更見煥發云

㊉自修室清潔之進步　學生在校除上課及運動以外以居自修室時為最多故自修室之環境佈置亦最重要茲為促進學生實行自治起見先從自修室清潔做起逐日調查逐週發表評定優劣排列等第現已日漸改進有不少之優美讀書環境矣

童子軍團消息

㊀年星核准頒發　本校童子軍團曾於三月五日填就年星請領表呈請縣理事會轉呈司令部審核頒發以便轉給合格團員佩帶現已蒙核准頒發凡曾經宣誓後滿足一年之團員均可領取佩帶但有數人因所填姓名及號數與原登記表不符尚須重行填報再經核准方能領到

㊁初級徽章核准頒發　該團團員修畢初級課程經團長考試及格者計有二百六十三人早經填就初級課程合格報告表呈請縣理事會轉呈司令部審核頒發在案頃已核准發下初級徽章一百六十三枚團部擬於五月內舉行第二屆宣誓典禮同時發給該項徽章云

㊂出席省運動會服務　該團對於公衆服務素甚注重苟有機會無不樂於參加前年省運動會該團出席服務會場秩序井然大博教育界及新聞界讚許并由該會獎給大銀盾一座以誌功勛本屆省運動會於五月一日在鎮江開始舉行該團又被邀請特組織六小隊前往服務其參加全省大露營選手除少數鼓號隊人員外均不選派以便留團充分準備露營工作云

㊃行政成績運省陳列　本省第一次童子軍行政成

五六

績展覽會定於五月十四日在鎮江省立民衆教育館舉行該團已將各項出品整理完竣計圖表照片書報模型工作報告等共有一百〇六件業於前日運省陳列矣

學生自治會消息

㊀第一次代表大會　第一次代表大會於三月廿八日由全體大會臨時主席居秉蓉召集開會周校長及黨部指導員亦均蒞場到代表四十一人當推定畢慶芳為臨時主席并即選舉幹事結果畢慶芳廿七票段以復廿票于文藻廿票孫本旺十九票葉學音十八票胡源湘十七票耿耿十七票張仁耀十六票華業印十六票當選王為俊十六票吳之傑十四票陳仲香十三票當選為候補幹事

㊁第一次幹事會　幹事會於三月三十日舉行第一次會議由畢慶芳主席議決事如後

1.選舉結果

常務幹事　畢慶芳
文書股主任　孫本旺
事務股主任　于文藻
學術股主任　耿耿
體育股主任　葉學音
游藝股主任　段以復

2.呈請縣指委會及縣政府備案
3.推定常務幹事文書股主任及胡源湘君起草代表大會幹事會各股會社章程草案
4.各股得酌量聘請幹事協助辦理會務
5.對本校運動會優勝者酌贈獎品
6.劉鑄圖記

第一院課外活動消息

㊀執委聯席會議　三月廿五日在一院課外活動辦公室舉行議決案如後

1.聯席會議章程仍照舊
2.選舉職員

主席　吳兆杰
文書　畢慶芳
交際　李克勤
事務　成潤年　焦亞男

3.常會每三週一次
4.請求學校津貼各會紙
5.各會應存聯席會議事五分學期終了裝訂成冊

揚州中學校刊　五七

孟子哲學之中心問題　畢慶芳

這位戰國時的大哲學家，同時也是中國很少見的一位大哲學家，自然毋須我來介紹。他的哲學，也毋須我來饒舌。他整個的哲學，大概讀過孟子的人都可以看到。他關於心性行為哲學，教學方法，政治哲學，同時學說的批評，對古人的尚論等等，都有很精闢的發揮。他的學問底淵博，見解底卓越，理論底明晰，實在是難能可貴。眞的，他所談到的很多，但他的出發點究竟在那裏呢？換句話說，他底哲學的中心在那裏呢？這很值得我們研究一下。現在且摘錄孟子裏面的幾句話在下面

「孟子道性善，言必稱堯舜。……惻隱之心，人皆有之，羞惡之心人皆有之，恭敬之心人皆有之，是非之心人皆有之；惻隱之心仁也，羞惡之心義也，恭敬之心禮也，是非之心智也；仁義禮智，非由外鑠我也，我固有之也，弗思耳矣，故曰「求則得之」「捨則失之」」

「人皆有不忍人之心。……所以謂人皆有不忍人之心者，今人乍見孺子，將入於井，皆有怵惕惻隱之心，非所以內交於孺子之父母也，非所以要譽於鄉黨朋友也，非惡其聲而然也。」

「人皆有所不忍，達之於其所忍，仁也。人皆有所不為，達之於其所為，義也。人能充無欲害人之心，而仁不可勝用也。人能充無欲穿踰之心，而義不可勝用也。」

「至於心獨無所同然乎？心之所同然者，何也？謂「理」也，「義」也。聖人先得我心所同然耳。」

「仁人心也」

「人之所以異於禽獸者幾希。庶民去之，君子存之。舜明於庶物，察於人倫。由仁義行，非行仁義也。」

「人性之善也，猶水之就下也。人無有不善，水無有不下。……」

揚州中學校刊

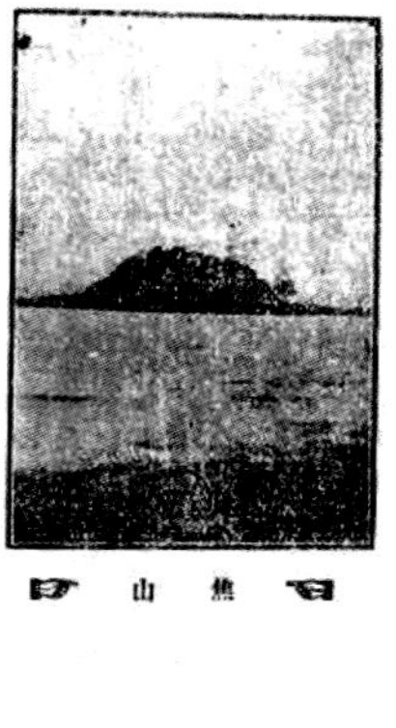

焦山

毕庆芳谈孟子哲学

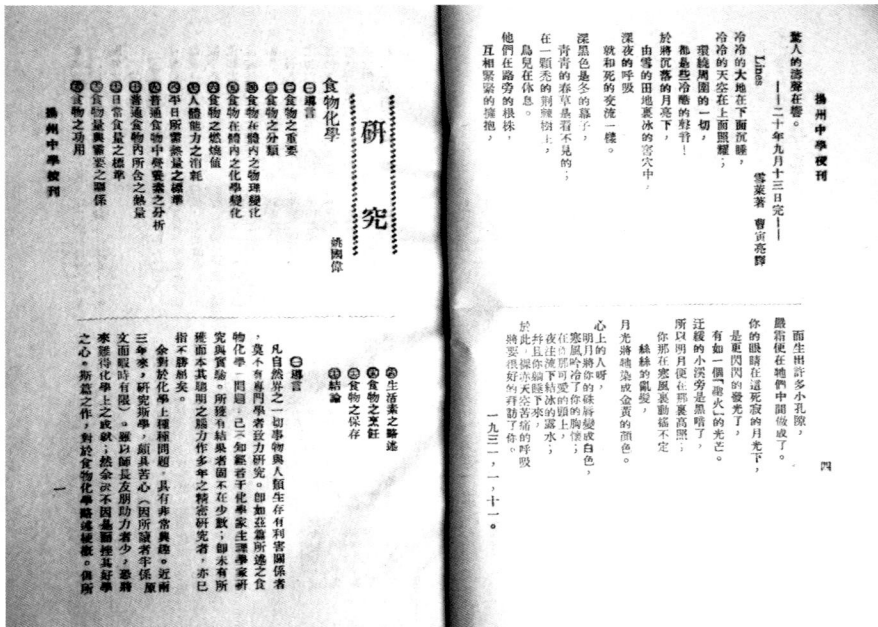

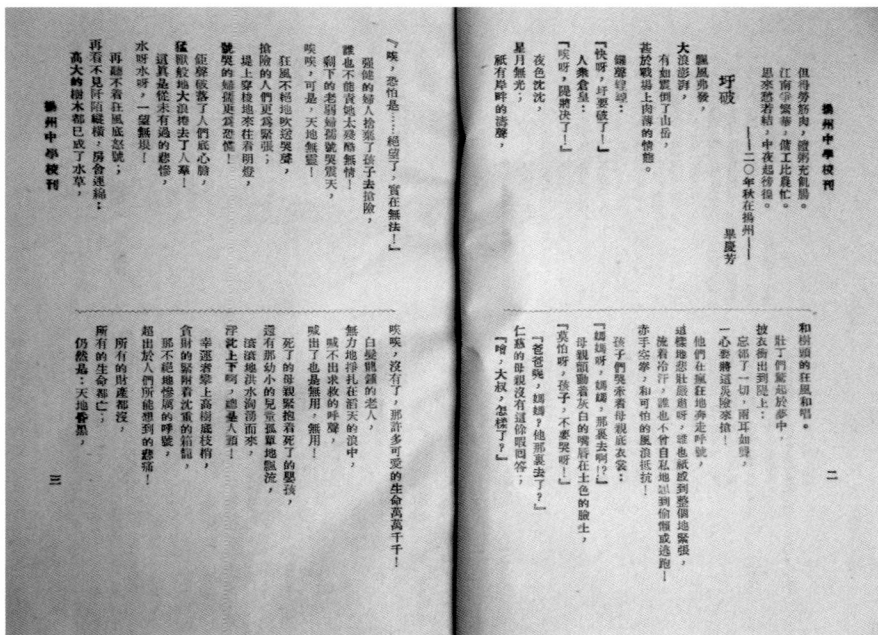

毕庆芳的诗篇《圩破》（校刊《水灾专号》）

·毕庆芳（毕季龙）《为义勇军说几句话》（校刊第59期）

·胡鼎新（胡乔木）在校刊上发表了不少文章，如《近代文艺观测》《淮扬方音概论》（连载）等。（另见专栏）

③ 假日及其他课外活动

旅游

炊事委员会

师生整治校园

师生校园劳动

舞蹈

图书馆一角

民国十九年二院同乐会节目单

5. 推动自主革新，潜心学术研究

当时的《江苏教育》，是扬州中学老师进行教育和教学研究的主要阵地之一。这个月刊，民国二十一年（1932）创刊，每年按月出刊，每十二期合为一卷，到民国二十五年（1936）共出版五卷。其中多有扬州中学老师的文稿，或关于扬州中学的报道，由此可窥见辉煌成果之一斑。

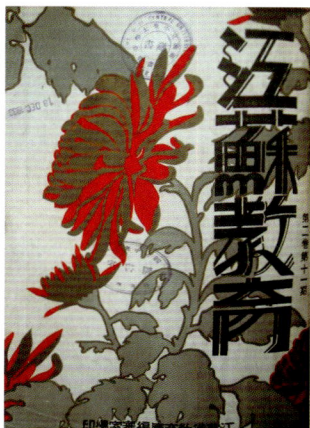

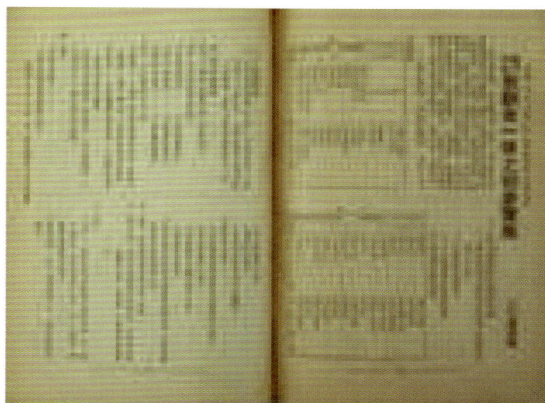

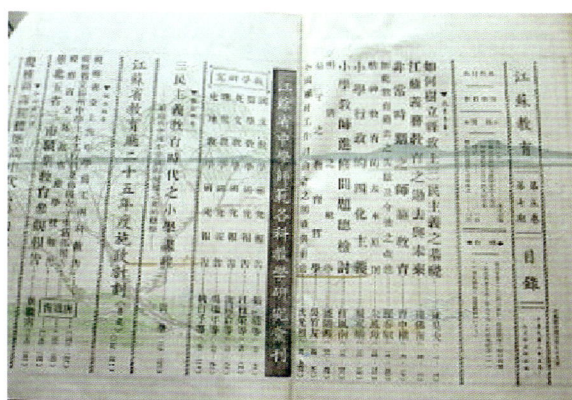

【相关链接】

旧《江苏教育》中的扬州中学史料

从南京师范大学教育学院资料中心、复旦大学图书馆、华东师范大学图书馆等处馆藏的五卷《江苏教育》中，辑录的有关目录如下：

第一卷　民国二十一年（1932）

　　第一期（创刊号）　第103—128页

　　　　·江苏省立扬州中学鸟瞰（月刊编者）

　　　　·苏扬中实小之一瞥（月刊编者）

　　第二期　第23—26页

　　　　·学校经济管理和公开的问题（周厚枢）

　　第三、四合期

　　　　·辅导地方教育之一得（周厚枢）

　　第五期

　　　　·现代中国大学教育之病态（李宗义）

　　第六期　第50—57页

　　　　·国难后初中数理化师资应有的准备（周厚枢）

　　第十期

　　　　·扬州中学教训合一后之初步实施（周厚枢）

第二卷　民国二十二年（1933）

　　第五期　第12—19页

　　　　·江苏省立扬州中学土木工程组实施概况（周星北）

　　第十期　第1—21页

　　　　·教训合乙试行经过（周厚枢）

　　第十一期　第13—27页

　　　　·教训合乙试行经过　江苏省立扬州中学初中部报告（周厚枢）

第三卷　民国二十三年（1934）

　　第一、二合期

　　　　·理想的江苏教育（其中之"十"）（周厚枢）

　　第五、六合期　（国文教学专号）

　　　　·怎样教高中国文？（张　须）第61—67页

·提高中学生国文程度的先决问题（苏林一）

·高中国文科读书问题（洪北平）

·小学国语教学法通论（扬中实小实验研究主任　徐阶平）

第七期（算学教学专号）

·七年来高中算学课程之递嬗（黄泰）　第65—76页

·高中平面几何教学法（汪桂荣）　第74—87页

·立体几何教学法（汪桂荣）　第88—93页

第十一期（外语教学专号）

·高中英语教学上的几个实际问题（张雅焜）

·中学英语教学之商榷（姚尔玉）

第十二期

·高初中化学学科教学概论（方剑岑）

第四卷　民国二十四年（1935）

第一、二期　第239—242页　第252—261页

·江苏省立实验小学视察报告

——省立扬州中学实验小学（省督学　唐道海）

·介绍一个新兴的女子生活学校（周厚枢）

第七期　第28—31页

·买书藏书与读书（洪北平）

第八期

·对于中学教育之观感（汪桂荣）

·高中普通科文理分组问题之整理意见（周厚枢）

·高中教训军初中教训童合一初步草案（周厚枢）

·变更高中毕业会考及集中军训制度之理由与办法（周厚枢）

·服务教育人员叙勋与进修问题（周厚枢　袁维裕）

·读梅教授等修正中学算学课程建议书后（汪桂荣）

·循环制教学之意见（汪桂荣）

第十期

·高中三年级国文教材补充问题（张煦侯）

第五卷　民国二十五年（1936）

第一、二期合刊
- ·非常时期之国文教学（张煦侯）
- · 非常时期之中等化学教育（方剑岑）
- ·怎样编制初中算术教本（汪桂荣）
- ·视察扬州中学成绩展览会报告（本刊编者）

第三期　第53—55页
- ·精神教育与天才生（张煦侯）

第七期　第147—150页
- ·视察省立扬州中学土木工程科及初级女子生活部报告（唐道海）
- ·国文教学研究报告（张　须）
- ·算学教学研究报告（汪桂荣 等）

第八期　第1—8页
- ·现代青年应有之德性（周厚枢）
- ·怎样求学和怎样做人（汪桂荣）第30—35页

第九期　第46—49页　第84—104页
- ·张巡的精神生活（张煦侯）
- ·中学算学教学的理论和实际（汪桂荣）

第十期　第18—21页
- ·陆秀夫之精神生活（洪北平）

第十一期
- ·江苏省立各中学师范初中部成绩展览述评：扬州中学初中部

（督学　唐道海）

（六）制度健全，管理科学

·行政总则，教学总则，学生生活指导。【见校史长编，上编第十一册】

·本校《十周纪念刊》组织系统表等图表举例

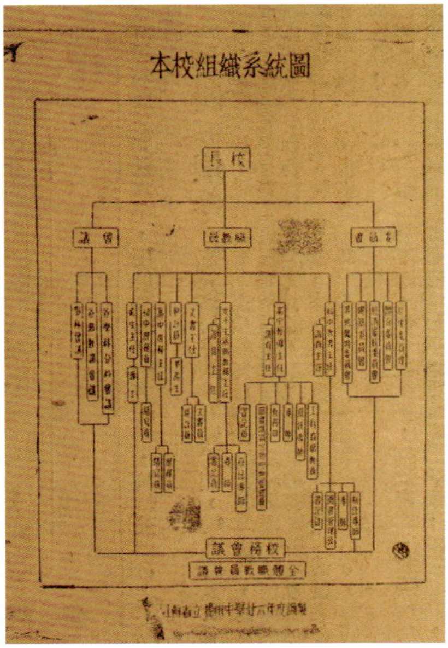

组织系统图

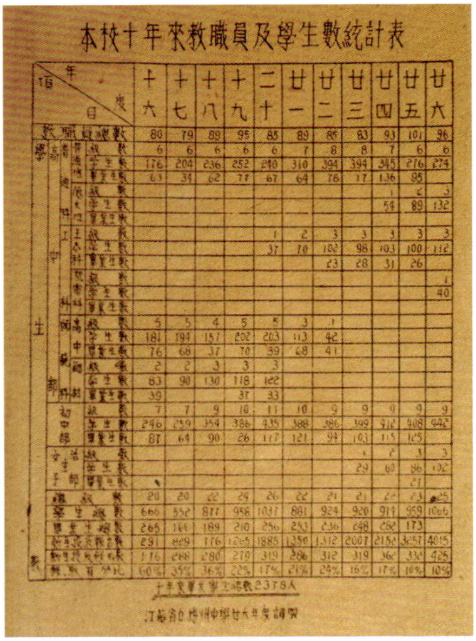

教职员和学生统计表

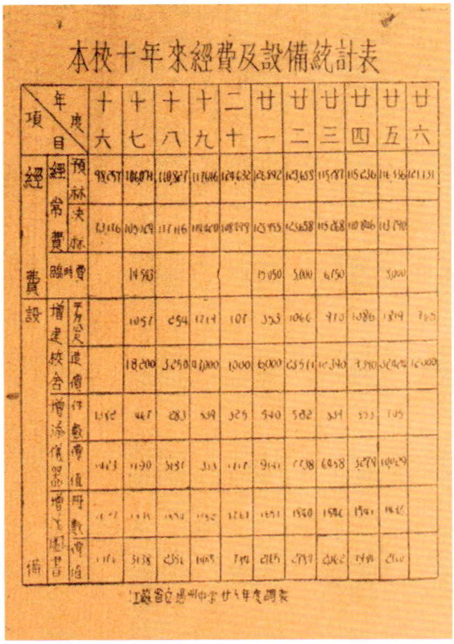

经费、设备统计

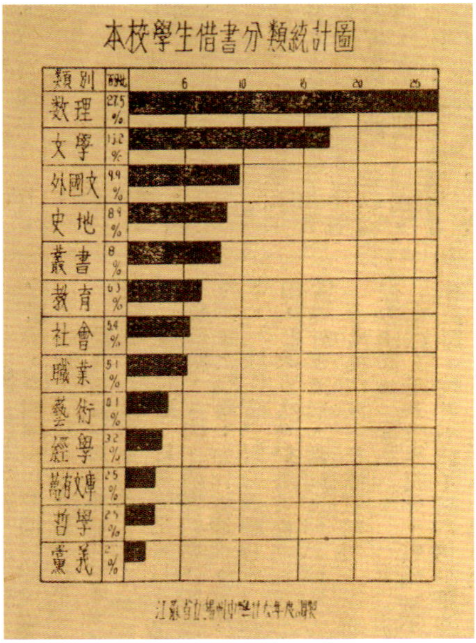

学生借书分类统计

校长及各部主任任期表

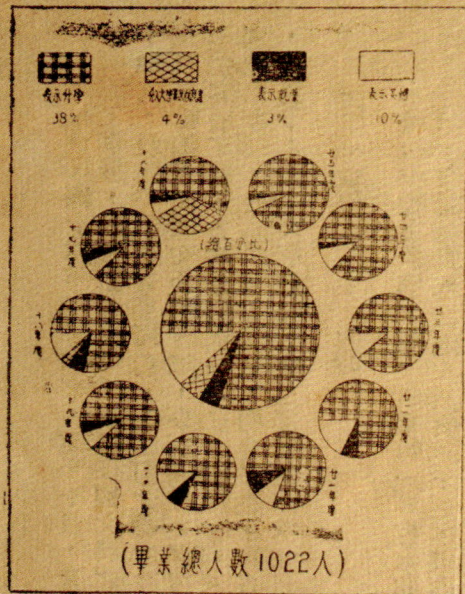

历届初中毕业生出路统计

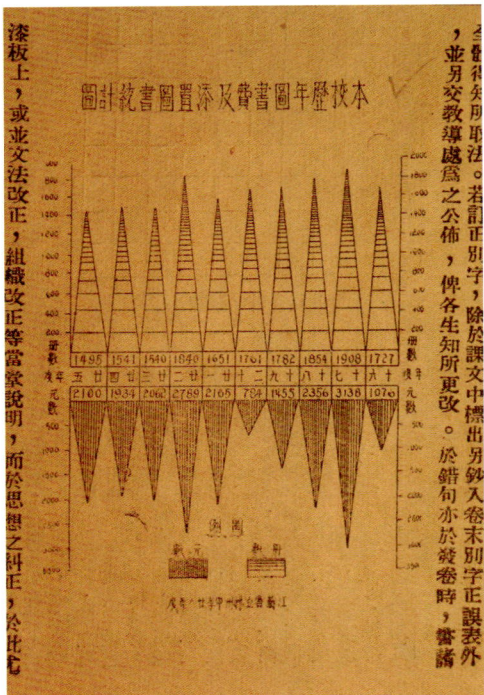

添置图书统计

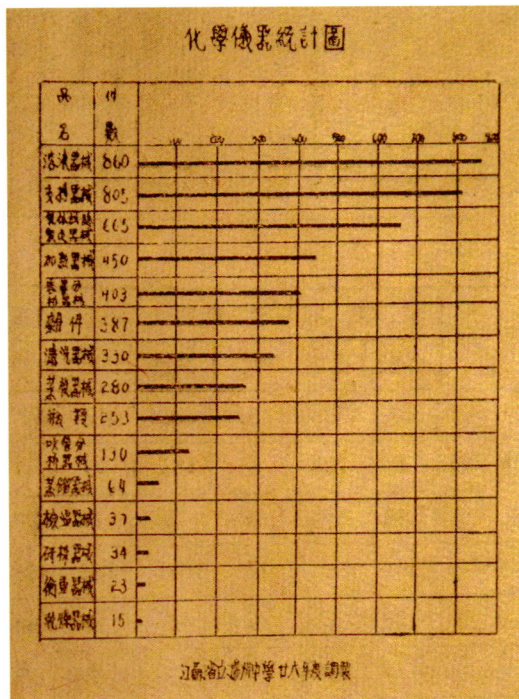

化学仪器统计

（七）爱国活动和革命活动

抗日专号封面

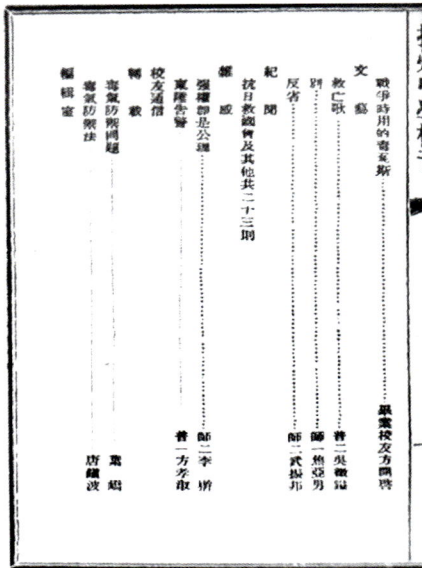

抗日专号

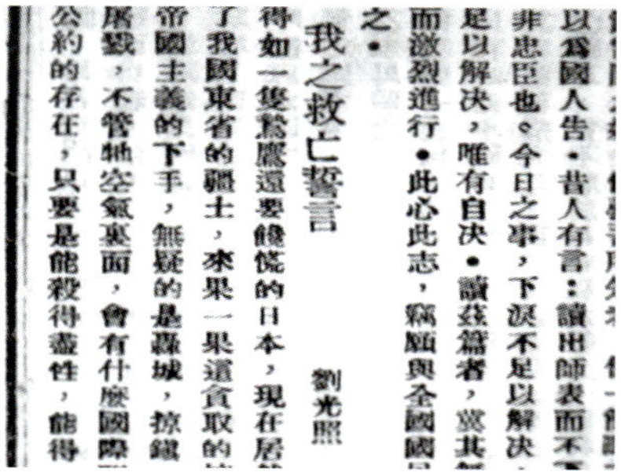

以爲國人告。昔人有言：讀出師表而不……非忠臣也。今日之事，下淚不足以解決，……是以解決，唯有自決。讀兹篇者，冀其……而激烈進行。此心此志，竊願與全國國……之。

我之救亡誓言

劉光照

得如一隻鷙鷹還要饑慌的日本，現在居……了我國東省的疆土，來果一果還貪取的……帝國主義的下手，無疑的是轟城，掠鐵……屠戮，不管牠空氣裏面，會有什麼國際……公約的存在，只要是能殺得盡性，能得……

《我之救亡誓言》

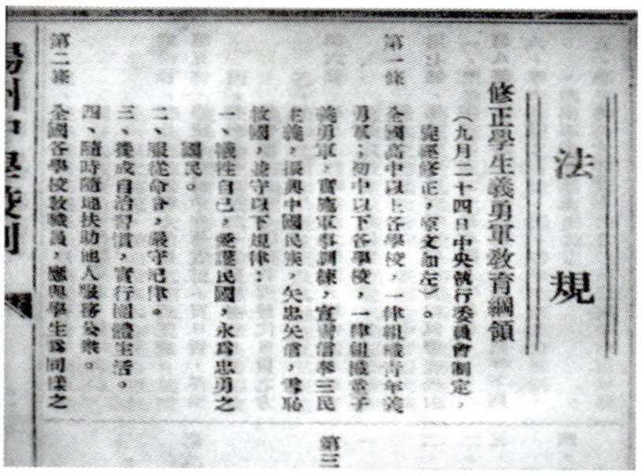

法 規

修正學生義勇軍教育綱領

（九月二十四日中央執行委員會制定，呈經修正，原文如左）。

第一條 全國高中以上各學校，一律組織青年義勇軍；初中以下各學校，一律組織童子義勇軍，實施軍事訓練，宣傳信奉三民主義，振興中國民族，矢忠矢當，雪恥救國，遵守以下規律：

一、犧牲自己，愛護民國，永爲忠勇之國民。

二、服從命令，嚴守紀律。

三、養成自治習慣，實行團體生活。

四、隨時隨地扶助他人服務公衆。

第二條 全國各學校教職員，應與學生共同遵之……

學生义勇军教育纲领

· 吴征镒的长诗《救亡歌》

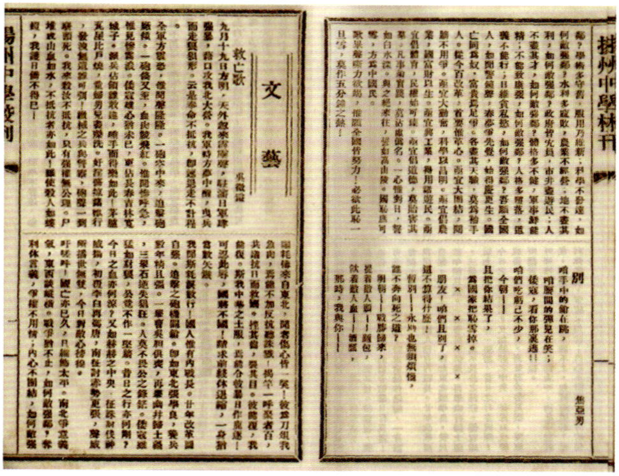

揚州中學校刊

文藝

救亡歌

揚州中學校刊

诗篇书影

· 义勇军（照片）

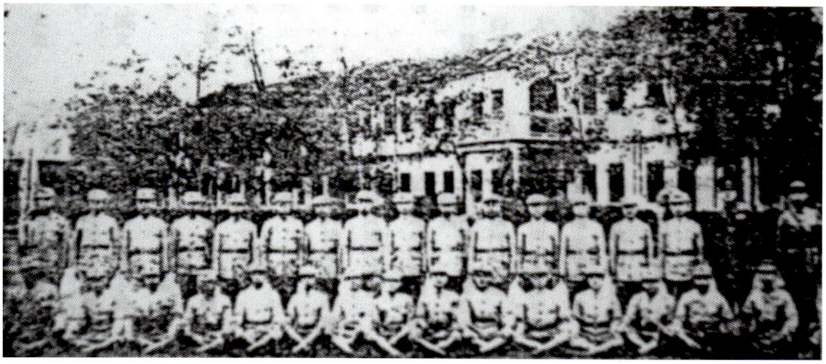

教职员义勇军之阵容

·童子军国际代表

·江上青

纪念馆

　　江上青，1928年9月从南通中学转入扬州中学，经常与早期党员曹起溍联络，从事地下党组织的学生活动，1929年被捕入狱半年。1936年和顾民元、于在春、王石城、江树峰等编辑《写作与阅读》，1937年和陈素等创办《抗敌周刊》，继续开展革命爱国宣传活动。1939年不幸牺牲于抗敌前线泗洪。

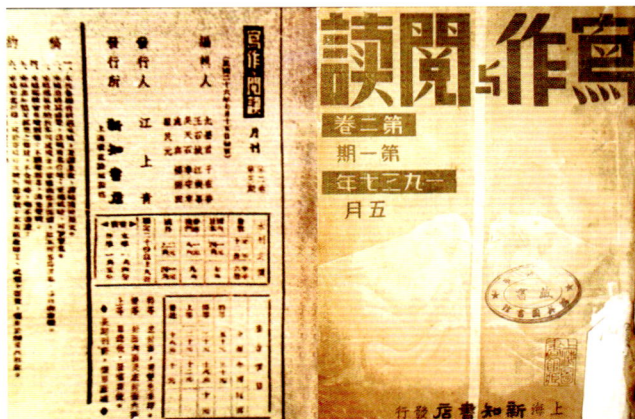

《写作与阅读》封面

·共青团的地下活动

难忘的日子

——1930年扬州中学共青团的片断回忆

温济泽

考进扬州中学，是我难忘的日子；离开母校，也是我难忘的日子。

我是1930年8月考进扬州中学高中部的。原在淮阴中学初中部读书，因为从事共青团地下活动暴露，被开除，只好离别家乡，到南方投考高中。在为出路而彷徨的时候，扬州中学录取了我，这时我的兴奋和感激之情是难以形容的。

扬州中学是全省也是全国负有盛名的学校。进了学校一看，果然名不虚传。教师学识深厚，教导有方，教学十分注重基础知识的能力的培养。特别引起我的兴趣的是化学课，经常做实验，每个组都有一套仪器。生物学课，做实验时，每人一套仪器，包括一架显微镜。这在当时其他学校是少见的。英语语音学，上课时每人都要带镜子，照着口形练习。还有一门家事课，学习缝纫、烹调、做饭等。我对学习非常认真努力，当时我已深深地懂得：一个团员，必须做到学习好、品行好，在同学中有威信，才能够开展团的活动。

我进校以后，知道扬州中学初中部有个团支部，高中部也有个团支部，但都在不久以前被破坏了。县委给我的任务是重建团支部，担任支书。这时，私立扬州中学高中的一个团员王宗书也编入我们的支部。另外，我受命慎重而积极地发展团员。我和班上的同学普遍接近，在谈学习之余，谈些国家大事和社会问题，逐渐发现了两个发展对象。遗憾的是没有来得及发展，我就被迫离校了。在校期间，我参加过散传单等活动。双十节那天晚上，全县各界举行提灯游行，我们沿途散发了不少传单。我还参加过县委召开的一次秘密会议，到会的有三十多人，大多是学生，也有工人，其中有个人力车夫。县委经常同我联系的是王福临同志。还有一位从苏联回来的同志，也到学校来找过我，谈过一些在苏联的见闻，还谈过他一次在西伯利亚冰天雪地中吃鹿肉的事，他的名字我记不起来了。

我在母校只读了三个多月。有一天下午，正在做化学实验，突然，初中部主任陆静荪急急忙忙地来找我，问我是不是用了假名字（我在淮阴中学叫温济直，考扬州中学时改名温冀达），告诉我淮阴来了通缉令，有二三十个军警到初中部抓我，未找到，正在到高中部来，要我赶快跑。我刚走出实验室的门，碰见体育老师王小商，他指着大门那边对我说："有人来抓你了，快从后门走吧！"我就这样脱了险。到今天回想起这件事，我对陆静荪、王小商两位先生仍深深地怀着敬意和感激之情。

我离开了心爱的母校，第二年初，考进上海复旦大学附中高中部，在复旦附中建立了团支部，任支部书记，以后又曾担任复旦大学共青团支部书记。

——《中国名校丛书·江苏省扬州中学》人民教育出版社

原载1985年6月《扬中校友通讯》第7期

【注】温济泽，"文革"后，曾任中科院研究生院院长。

· 周厚枢校长《校史》一文，原载《十周纪念刊》

庄严雄伟之树人堂　十九年度建

校史 　周厚枢

本校成立于民国十六年六月，至同年十月十七日正式开学，系由前江苏省立第八中学及第五师范两校合并而成。当改组之初，校名原为江苏省立扬州中学，是年八月，本省试行大学区制，本校改称大学，奉令改名为第四中山大学扬州中学；十七年二月，大学更名，本校又奉令改称江苏大学扬州中学；同年六月，又因大学更名，奉令改为中央大学区立扬州中学；十八年夏，中央明令禁止试行大学区制，苏省复设教育厅，本校于同年九月，奉厅令改称江苏省立扬州中学，以迄于今。本校全部组织，初分为高初中及乡师，高中分普通、师范二科，普通科分文、理二组，师范科分文、理、艺术三组；初中除男生外，复鉴于江北女子教育之幼稚，特设女生班次，是为女子部；乡师系由前第五师范农村分校改组，设于高邮之界首镇。其后迭经研究，关于组织上多所改进，普通科依教育部之规定，文理不分，但选习科目，仍可各异其趣；师范科注重全能发展，不复有显然之分组；女生始则仅在初中单设班次，十七年度上学期，以应江北教育上之需要，于高中设女子师范班，并于同年度下学期，在初中招生时，男女兼收，试行男女合级制；十八年度师范科及十九年度普通科，亦均男女合级，自是遂为定制。二十一年乡村师范独立，同年奉厅令以中师分设，停招师范科，改招土木工科，二十三年，为改善女子教育以明增进女子持家及服务之能力，创设女子生活部，二十四年，与同济大学合作添设普通科德文班，学生毕业后可直升同济大学肄业，二十六年，又添设高中机械电机工科，同年，初中停招女生，而将女子生活部学科程度略事提高与初中相等，俾生活部毕业学生得与初中毕业生同能达升学程度之标准。综计现有班次：高中普通科双轨六级，德文班单轨三级，土木工科三级，机电工科一级；初中三轨九级，女子生活部单轨三级，共二十五级。二十六年十月十七日，为本校十周纪念日，爰简述校史，以弁专刊。

第四部分（1937—1949）
战火频仍　弦歌不辍

　　1937年，扬城沦陷，星散四方。一仍本校优良传统，先后在武汉、重庆合川、泰州、上海和本城等地复校，周校长带领部分师生入川，并主持国立二中。正如江泽民所说，"激励民族自尊和爱国热情"，时刻准备着，做"复兴民族的种子"（周厚枢语）。在本城的，一度改称苏北公立扬州中学；在泰州的，有一部分又迁往上海，俗称"泰校"（一院）；原在上海的俗称"沪校"（二院）；泰州留下的部分称"苏北分校"，不久正名，辗转乡间，坚持上课，艰苦备尝。抗战胜利后，总体复原，直至扬州解放。

（一）抗战时期的江苏省立扬州中学（1937—1945）

星散四方，弦歌不辍

·复校地点分布

武汉、合川、泰州、上海、扬州

1. 国立第二中学(1937—1945)

国立二中，是在江苏省旅川联合中学（1937）、国立四川临时中学、国立四川中学的基础上建立的。抗战胜利后落脚常熟，为常熟中学的源头。

·校长

周厚枢（1937—1939）　　　　孙为霆（1939—1940）　　　　严立扬（1940—1946）

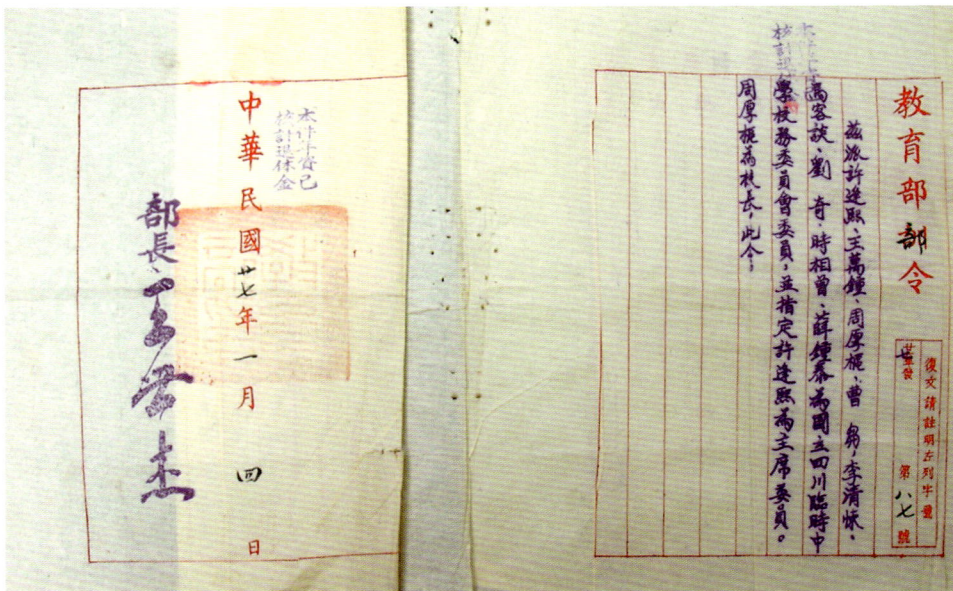

（原扬中秘书）

周厚枢校长的任命书

·《川中校刊》封面及"开学训词"（周厚枢《高中部开学训词》，中有特写"诸位是复兴民族的种子"）

开学训词

·更名文件

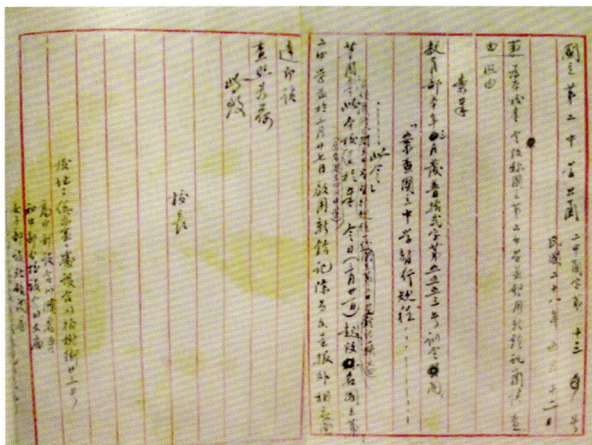

国立第二中学高中部旧址——重庆合川濮岩寺

国立第二中学校徽

旧址濮岩寺今貌

国立二中三十年代老照片

国立二中初中部

重庆国立第二中学纪念亭（合川区人民公园内）

· **国立第二中学校史碑**

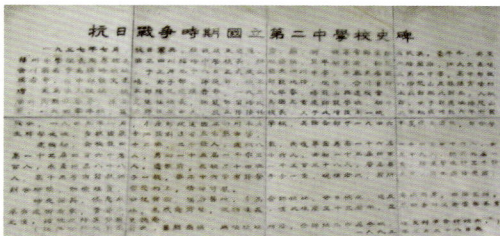

国立第二中学校歌

抗日战争时期国立第二中学校史碑

1937年7月，抗日军兴。旋战线东延，沪、宁、苏、浙、皖等省师生纷集武汉。是年冬，委原扬州中学校长周厚枢为国立四川临时中学校长，办校接纳。翌年初年，渝勘定北碚关庙、江北文星场、合川濮岩寺为临时校址，于3月28日正式成立国立四川中学，年底更名国立第二中学。高中部设濮岩寺，初中部设文星场，女子部、师范部、校本部设北碚。同年，合川官绅以蟠龙山及县体育场相赠，定为永久校址，校本部随之迁濮岩寺。1939年春，蟠龙山兴建校舍，水产部在此创立。入秋，周升长国立技专，孙为霆继任校长，师范部留碚改为国立重庆师范学校，初中部、女子部迁址蟠龙山麓。1940年秋，孙应聘执教中大，严立扬接任校长，又于此增设高一院，次年秋复增设六年一贯制实验班。1943年1月，水产部改建国立四川水产学校，其余各部于1946年夏复员迁散。部分学生转学他校，多数随严去江苏创建省立常熟中学。

建校初，全校设42班，2000余人。建校八载，先后毕业男高16届1446人，女高13届465人，男初15届1036人，女初13届439人，师范2届100人，水产4届88人。迁散前，在校34班1538人。历届毕业、肄业学生计5000余人。集13省市籍教师于一校，荟26省市籍学子于一堂，规模宏大，前所未有。师生团结爱国，刻苦研读，勤俭朴实，奋发向上，精神可风。

时光荏苒，倏忽半世纪有余。濮岩旧地，今为合师新址。昔日校友，遍及海峡两岸，四洋五洲，卓有建树者众，蜚声中外。为感念前贤，激励后昆，并感谢合川父老当年养育之情，值此校庆55周年，诸校友特集资镌史志念。

（经与合师校长侯崇光、姜麟商议，两校校址相沿，合师继二中为母校，碑文刊于合师校内）

——碑址现在2010年新成立的重庆工商大学派斯学院内

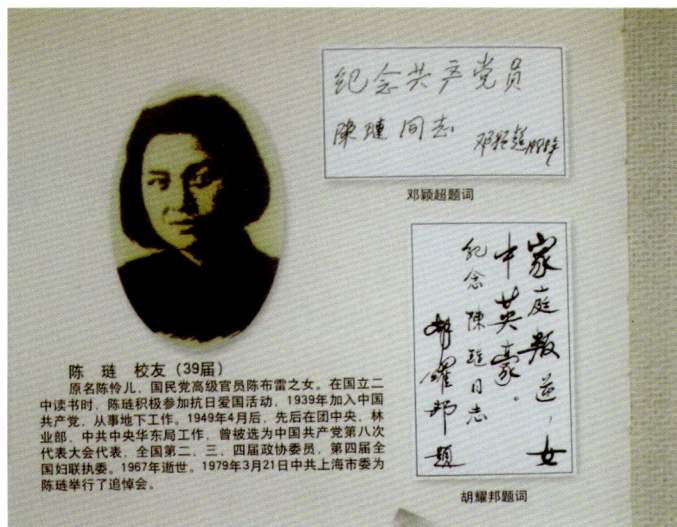

纪念共产党员
陈琏同志　邓颖超题词

邓颖超题词

家庭教养
中英豪女
纪念陈琏同志
胡耀邦题

胡耀邦题词

陈琏　校友（39届）
原名陈怜儿，国民党高级官员陈布雷之女。在国立二中读书时，陈琏积极参加抗日爱国活动，1939年加入中国共产党，从事地下工作。1949年4月后，先后在团中央、林业部、中共中央华东局工作，曾被选为中国共产党第八次代表大会代表，全国第二、三、四届政协委员，第四届全国妇联执委。1967年逝世。1979年3月21日中共上海市委为陈琏举行了追悼会。

国立二中39届校友、地下工作者陈琏同志(蒋介石的幕僚长陈布雷之女)

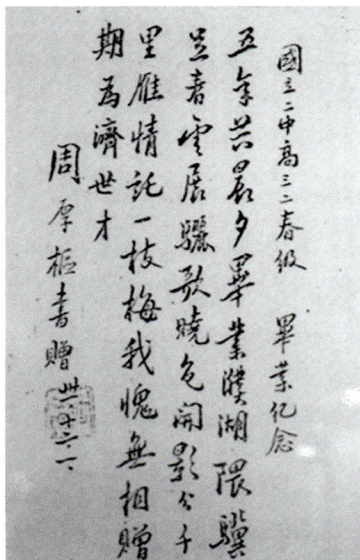

国立二中高三二春级　毕业纪念

五年兴居夕翠集濮湖限疆
呈喜雷展骄秋晓色阔影公子
里雁情托一技梅我愧无相赠
期为济世才

周厚枢书赠世年二十

周厚枢题词

·【《人民教育》评论】2017年《人民教育》第十七期，如此评价："当时的国立二中几成中学界的西南联大。"

《人民教育》封面主题

　　2. 江苏省立扬州中学(一部分迁上海后，一度称苏北分校)（1938—1945）

·逃避战火，居无定所（播迁示意图：泰州—小纪—坂堉—孙家庄—塘头）

· 1938年借泰州明德中学复校的旧址

明德中学旧址

1938年10月在泰州教师校友合影

·坂埨移风寺遗址———一片田野

坂埨

坂埨小镇

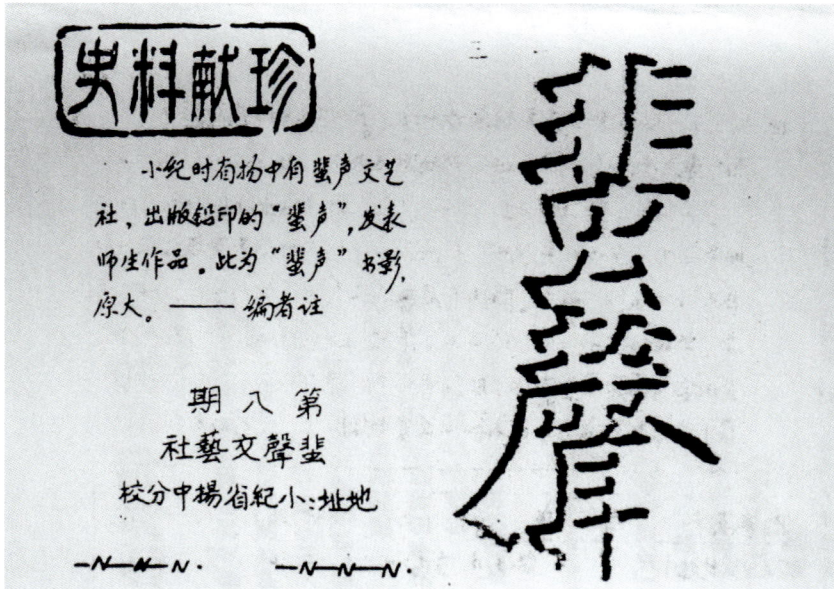

省扬中分校（小纪）"蜚声"文艺社

3. 江苏省立扬州中学（二院，俗称沪校）（1938—1942）

· 校址（上海南京东路慈淑大楼即东海大楼6—7两层）

慈淑大楼（东海大楼）

黄泰校长

· 资深国文教师鲍贵藻（勤士，芹士）先生

鲍贵藻老师，早年留学日本，参加同盟会，德高望重，自民国初年起，任教五师、八中、省立扬中、抗战时的沪校、解放前后的扬中，历经扬州中学多个历史时期未曾间断，是服务扬中最久的一位老师。

【相关链接】

怀念恩师鲍老先生

袁 鹰

浅灰色夹袍外罩玄色马褂，苍髯飘拂，步履稳健，神态安详，这是六十余年前我进入扬州中学沪校读高中一年级时给我们上第一课的国文老师鲍勤士先生给我留下的深刻印象。他手捧讲义、粉笔，以仙风道骨的丰姿走进教室，刚在讲台前站定，就使我们这班刚刚踏进高中课堂的小青年肃然起敬。过去初中老师也有许多是穿长衫的，但在长衫外面加一件马褂，却是绝无仅有，这在车水马龙繁华的上海南京路上也尤为难得。那是他已年逾古稀，是中年教师群中的长者，我们学生不由得都在称"先生"之前加一个"老"字，尊称鲍老先生。

抗日战争爆发后，江苏省立扬州中学的部分教师到上海租界"孤岛"创立沪校，在南京路慈淑大楼（原名大陆商场，今名东海大楼）借十几间办公室作课堂。全体师生约二百人，初中部和高中部分别在上下午上课。我们从中国国货公司旁边的侧门上楼，因为在六层楼以上，倒也听不到马路上的喧嚣市声，保持闹市弦歌的相对清静。

能在一代宿儒鲍勤士老先生门下受教，实在是我们这一代"孤岛"青年的幸运。鲍老先生1867年（清同治六年）出生江苏仪征中医家庭，自幼聪颖，十六岁即中秀才，被乡里称为神童。长大后留学日本，毕业于东京弘文学院师范科和博物专修科；1906年在日本加入同盟会，辛亥革命后同盟会改组为国民党，他担任江苏省议会副议长。1913年国民党代理事长宋教仁在上海被袁世凯派人刺杀，鲍勤士先生愤然动议弹劾江苏省警察厅长（当时上海属江苏省），触怒了权贵反遭诬蔑排斥。又因响应孙中山先生护法运动，拒绝军阀钱财贿赂，目睹官场黑暗，不愿同流合污，于是离开政坛，献身教育事业，以育人为终身志愿。1925年后，先后在江苏省立第八中学、仪征十二圩扬子初级中学、江苏省立第五师范、江苏省立栖霞乡村师范、省立徐州师范和省立扬州中学等校任教，其中在有的学校还担任校长，直到抗战爆发，扬州、仪征相继沦于敌手，才到上海执教于省立扬州中学沪校。

我们学生对鲍老先生过去从政治学的经历和业绩一无所知，只是从国文课上感受他的学养和为人。老先生给我们的第一个印象就是谦逊冲和。记得他上的第一课好像是荀子的《劝学篇》。讲课以前，先说了一段话，大意是：你们在初中时代大约都读过一些唐宋名文，比如陶渊明的《桃花源记》、韩愈的《师说》、欧阳修的《醉翁亭记》、苏轼的《赤壁赋》等篇，那些当然都是千古传诵的名文，应该熟读背诵的（他特别强调好文章要背诵熟记）。现在你们进入高中，我要给你们讲一些稍微深一点，说一点道理的好文章，不仅对作文，而且对做人都有益处的好文章。有些文章不光是用心背诵，还要用脑子多思考，有的文章辞藻并不漂亮，但是道理深，希望你们认真学，认真想，才能获益无穷。六十年后我回忆鲍老先生这番话，同原来词句可能有出入，但意思不会错，我一直记住，后来当过几年中学语文教师，也是遵照老先生的教诲去做。

那时上海的中学国文老师，一般都不用现成课本，而选用北新书局或者开明书店的活叶文选作为教材，暑期他从书店提供的篇目中，选定三四十篇左右，交给书店，到开学时书店就按选定的文章装订成书，送到学校发给学生，既实用又方便。鲍老先生却从不用书店现成的篇目，全部是自选范文，由学校教务处职员刻钢板油印装订。我们每学期拿到这种课本，别有一种情趣。老先生是一位鸿儒，却并不排斥百家，作为一位有多年国文教学经验的老教师，他在教材中有计划按部就班地让学生接触诸子百家和古典文学多方面的范文。他讲授《论语》《孟子》章节，也选讲《庄子》《荀子》，他讲授《诗经》和《古诗十九首》，也选讲唐宋五代词。既讲授王勃《滕文阁序》、杜牧《阿房宫赋》这种内容繁复、汪洋恣肆的长文，也讲授韩愈《杂说》、周敦颐《爱莲说》这样简约精炼和意味隽永的小品。他不仅传授古文基础知识，还借一些优秀文章阐述人生真谛。比如他讲《庄子·养生主》，"指穷于为薪，火传也，不知其尽也"那几句，就深入浅出地讲了物质不灭的朴素原理。他讲司马迁《报任少卿书》，对"盖文王拘而演《周易》，仲尼厄而作《春秋》，屈原放逐，乃赋《离骚》，左丘失明，厥有《国语》，孙子膑脚，兵法修列，不韦迁蜀，世传《吕览》，韩非囚秦，《说难》《孤愤》，《诗》三百篇，大抵贤圣发愤之所为作也……"那一段名文反复诠释，教导我们不要被目前艰难困苦的环境所击倒，而要发愤图强、立定大志，可惜我们对文中列举的古代圣贤并不很熟悉，因而理解不深不透，有负老师的苦心。又如讲南朝丘迟《与陈伯之书》中"暮春三月，江南草长，杂花生树，群莺乱飞，见故国之旗鼓，感平生于畴昔……"那几句千古名句，一唱三叹，流露了浓重的兴亡之感和家国之思，我们这些战乱中长大的青少年倒是能理解的，不过感受肯定不如老先生深切。

每两周做一次作文，老先生出作文题，并不严格，但是常讲讲"起承转合"的文章作法，而且鼓动学生自由发挥，各尽所能，然后就选一些例句，在课堂上简要评点，让大家都受到启迪。有一位姓闵的同学喜爱六朝骈文，一次作文开头写了这么几句："夫桃花艳面，随流水以飘零；柳叶修眉，历东风而憔悴……"鲍老先生大约不赞成这类华丽辞句，却并不轻率指责，只是要他多读些《别赋》《恨赋》《小园赋》一类有真情实感的作品。我曾从旧书摊上买到两本南宋词，就在作文时依样画葫芦试作了几首《蝶恋花》，写的无非是并不存在的春愁秋感，有点无病呻吟，老先生认为我模仿晏殊、秦观的词风不甚可取，就要我多读些苏东坡、辛弃疾的作品。他的话对我们都有影响，实际上是引导我们走上学词赋的正道，不要在开始就误入歧途。鲍老先生是国学大师，博学善文，诗词歌赋、碑铭序跋都很擅长，一生著作甚丰，有《小知不足斋文存·诗存》《文字学》《文体通释》《国学概论》《国学必读》等论著，但是当时我们都不知道。

高中二年级的国文课，鲍老先生教了一年半三个学期（有一学期是于在春先生授课），内容大都已忘怀了，只是上面这些事还能记得，细想一下，也是属于韩愈《师说》里所说"师者，所以传道、授业、解惑"的三个方面。

1941年太平洋战争爆发，日寇进入上海租界，学校改名"慈淑补习馆"，鲍老先生临危受命，又维持了一个学期后停办，老先生就离开上海去苏北抗日根据地继续办学。抗日战争胜利后第二年暑假，我去扬州省亲，曾经去大汪边扬中母校校址。在教师宿舍，意外地遇到鲍老先生。四年未见，老先生精神矍铄，说到上海慈淑大楼往事，也仍然记得很清楚，我用扬州口音自报姓名，老先生凝思几秒，忽然微笑说："记得记得。跟孙立强同班，写过几首词。"我真有点吃惊，连忙起立鞠躬说："先生记性真好！"我问起他的亲戚后辈孙立强，老先生不无黯然地说："他到内地读大学去了，还没有回来。"那次拜见后，就再也没有见过老先生的面，也未听到他的音讯。后来知道他在解放后退休回到仪征故里，曾任仪征县人民代表会议代表、常委会委员，苏北政治协商会议文化教育委员会委员。朝鲜战争爆发后，1952年12月20日，在仪征县各界人民声援抗美援朝、捐献飞机大炮的群众大会上，他不顾高龄体衰，登台大声呼吁父老乡亲"有钱出钱，有力出力"。由于激愤过度，当晚力竭虚脱，抢救无效而去世，终年八十六岁。

鲍老先生在课堂上从来都是平易近人，对我们这一班几乎作为孙辈的少男少女也都是客客气气，和颜悦色。课堂上点名，遇到有人缺席，台下有一位李姓同学总爱调皮地学老先生扬州口音拖长声调大声答一句"ga—ki（家去）了！"引起哄堂笑声。老先生在讲台上也抚髯莞尔。当年同班有一位华侨女同学，胡女士，几十年不通音讯后，十年前回过上海同几位老同学会面，来北京时我去饭店看望。她和她先生在新加坡和印尼都有产业，俨然是位富婆。提到扬中旧事，特别记得鲍老先生，她说起当年远离南洋回国读书，只身住在上海一位亲戚开办的商行中，后来商行停业，她无枝可栖，艰危中幸得鲍老先生伸出援手，帮她在教室旁边安排一间小屋住下，这事在住房拥挤的上海是很不容易的。学校本身就是借慈淑大楼办公室作为校舍，并没有教职员和学生宿舍。教师中只有鲍老先生有一间小屋，学生中大约仅仅有胡女士一人借住，几十年后，她还记得鲍老先生的关心，谈话中充满感恩之情，这也足以体会老先生的人品和他在学生心中的分量。

遥望维扬，情思绵邈，缅怀先哲，师恩难忘！

（本文中有关鲍老先生生平经历，摘引自扬州中学校友高寿龄等同志撰写的《深切怀念一代师表鲍勤士先生》一文，谨此说明，并致谢意。）

4. 江苏省立扬州中学（一院，由泰州迁上海，俗称泰校）（1939—1942）

·校址（法租界，上海高乃依路21弄，今皋兰路，后迁慕尔鸣路新市场，今茂名路）

上海高乃依路21弄　　　　纪子仙校长

【相关链接】

危难中爱国热情不减的扬中"一院"和"二院"
纪士坪，1941届

1937年"七七"卢沟桥事变后，8月13日日本军国主义悍然在上海闸北发动全面入侵我国的战争，扬言三个月内灭亡中国，震惊世界。中华民族陷入危急之中。大片国土迅速沦丧，大家措手不及，不知道在抗战中如何去争取最后的胜利。1937年11月初，省扬中停课了。约十日后，周厚枢校长带领自愿赴川的小部分师生离扬。行前他把省扬中的应变事宜委托给几位教职员，其中有我父亲纪子仙。

他当时任省扬中教导副主任。同年12月14日扬州沦陷。事前我们已下乡避难。当时日军由于兵力不足只能占领通衢要道和较大的城市。在江苏省我军还控制一些小镇和不重要的城市。1938年3月父亲带着全家五口人回到故乡——大桥镇，位于扬州城东面40里。当时看到镇上失学的中学生很多，就在大桥镇办了一个短期补习班，上课老师有凌放庵、许仲苌等几位。看到学生学习很刻苦，我父亲感到，应使停课的省扬中早日复课。同年7月他决心去犹为我军控制的泰州筹划复课事宜。这件事本来有不少困难，后因租借到原美国教会主管的明德中学的校舍和课桌椅等教具而加速了复课的筹备工作，于当年秋季即开始上课。原省扬中的同学来校复学的很多，外加招收的一些新生，初中高中共有六七百名同学。任课教师基本上都是原省扬中的教师，约有五十余位。较为耳熟的老师有厉志云、陈杰夫、吴遐伯、侯湘石、方剑岑、黄应韶、王伯源、朱宗英、汪二丘、万青芝、戴企平、许仲苌和陈啸青等。复校后学生解除了失学之苦，教师们则走上了抗战救国的战斗岗位。我父亲被推举为省扬中代理校长。

是年秋末，日寇多次空袭泰州，投弹数十枚，城内人心浮动。省扬中何去何从，面临又一次抉择。一种意见认为宜撤退到泰州乡间办学。多数人的意见认为应迁往上海租界坚持抗日。学校公推纪子仙、侯湘石和方剑岑三位老师去沪具体筹划。1938年黄泰先生，以十多位省扬中老师为基础，在上海慈淑大楼七楼已开办一所扬州中学（拥有四十余名教师）。由于某种原因，由泰州来沪的省扬中老师要把学校迁沪，必须另起炉灶。1939年初，就在上海南京路大陆商场天伦绸缎局楼上租了校舍办学。1939年暑假后，省扬中在泰州城内停课了。小部分师生在朱宗英老师带领下迁泰州小纪镇上课。其余部分在我父亲主持下迁往上海市南京路新市场内租用的校舍上课。因新市场地处闹市过于喧嚣，1940年暑假后，又迁法租界住宅区高乃依路（今为皋兰路）21弄内上课，有十多间教室。大大改善了教学环境。学生发展到千人，基本上已达到原省扬中的学生数。到上海后又聘请到沪上有名的教师如倪若水、桂叔超、朱凤豪、吴鹿鸣诸先生，老先生们评价当时的教学质量不低于省扬中原有水平。学校声誉日增。在上海"孤岛"办学取得上述成绩实属不易。一方面由于校方能团结师生，发扬民主，激发大家的爱国热情，坚持清贫自守，如我们全家六口人长期居住在一间不到20平方米的居室内。一方面也与校方善于争取到学生家长和社会上热心教育事业的爱国富商的支持分不开。如果没有他们的帮助，要在法租界内高雅住宅区——高乃依路地段，领出开办学校的许可证，几乎是不可能的，因为学校是个噪音源。

经过多次协商，位于同一城市的两所同根的扬州中学最终统一为一所扬州中学。但实质上仍为两个相互独立的实体："江苏省立扬州中学本部"（俗称一院）和"江苏省立扬州中学第二院"，前者由我父亲任代理校长，后者由黄泰先生任主任。

——中国名校优良传统丛书《扬州中学》，大百科全书出版社

5. 江苏省立扬州中学（一度改称苏北公立扬州中学）（1940—1945）

·校址：扬州城内羊巷

1944年，羊巷大礼堂（前为普二同学和老师）

学校遗迹

【相关链接】

注意发挥扬州地方教育资源的作用

朱庆庥，1944届

四十年代初，我们在母校——江苏省扬州中学读书时，老师们在那民族存亡的关键时刻，不顾自身安危，引导我们学顾炎武"国家兴亡，匹夫有责"的名言，唱《义勇军进行曲》。课外，让我们选读当时的禁书《扬州十日记》，该文记述满清入关后，在扬州屠杀十日十夜和作者的亲人惨遭杀害的情况。老师告诉同学，南京大屠杀比这杀人更多，更加残酷。我们一边读着，一边哭着，深深知道国破必然家亡，覆巢之下，必无完卵，只有振兴祖国，个人才有前途。又让我们读史可法《答多尔衮书》，史公大义凛然、视死如归的民族气节，更使我们肃然起敬。学校又多次组织同学们到史公祠史可法墓去凭吊忠魂，史公祠内一副对联"数点梅花亡国泪，二分明月故臣心"，更使同学们从内心发出共同呼声："同学们，大家起来，担负起天下的兴亡……"这些爱国主义的教育，深入到每个同学的心坎里。老师们进一步启发大家："多读一日书，办事时多一分把握。"学生勤奋好学，学习热情高涨，老师就更加紧迫地安排课程与作业，两年之内，学完三年普通高中课程，还学完微积分，及一些土木工程科的专业课，如测量学、大地测量学、制图、理论力学、材料力学、工程力学等，并利用一年时间，超前学习两年大专的专业课程。那时同班同学，成绩优秀的很多，有哈先甲、邰寿颐、朱庆庥、黄水一、高嘉明、谢庠林等，尤以江泽民、杨世琦、顾永吉等同学更为突出，他们三人跳级提前进入大学读书。学校除重视基础课程外，还重视体育，经常告诫同学，要救国，要担当国家栋梁，一定要有强健的体魄。学校教育我们，同学之间要加强团结，团结就是力量。所以当时我们同学之间，真是情同手足，互相切磋学业，共同进步，直至现在，已半个世纪了，同窗同学，还是非常亲切友爱。曾记得教铁路工程学的吕佐贤老师，经常教导我们：外国人能做到的事，我们中国人也能做到；外国人不敢做的事，我们中国人也敢做。他举了詹天佑主持修建我国京张铁路（北京至张家口段）的例子，指出外国对中国人的发明，都很尊敬，现在有一部分中国人，却有自卑感，以为一切都是外国的好，甚至以用洋货为荣，好像"外国人放个屁都是香的"，真是"恬不知耻"。吕老师当时讲话的激动神情，虽时隔半个世纪，却仍历历在目，深印在心。

——中国名校优良传统丛书《扬州中学》，大百科全书出版社

（二）抗战胜利后的江苏省立扬州中学（1945—1949）

· 校址：回城后，先在羊巷，再回到大汪边。

· 校园平面图（只存大汪边"一院"，府署"二院"未收回）

· 一字楼与西边城墙

朱宗英校长

· 抗战胜利复校纪念塔及鸟瞰图

· 复校纪念塔

【编者注】

据校友回忆，抗战胜利后，流离各地的师生纷纷回到大汪边母校，见到校园满目疮痍，倍感痛心。于是倡议建复校纪念塔，立于教学楼前的交叉路口，让师生们每天经过此处都能看到，不忘八年离乱的那段岁月。

由于当年百废待举，经费匮乏，复校纪念塔造得比较简陋。塔身下方前后，各有蓝色题词，方形印章布局，庄重大气。正面（东南向）篆书"还我好音"四字，左侧楷书"中华民国三十五年立"，右下署名"朱宗英"；背面隶书"圜桥观听"四字。题词由扬州书画名家陈含光书写。原计划待经费稍稍好转后，再将朱校长撰写的复校纪念文镌刻上塔，以明示建塔意义，但次年校长易人，此举作罢。

按："还我好音"，化用《诗经·桧风·匪风》"怀之好音"和《诗经·鲁颂·泮水》"怀我好音"之句，意为：回到了原来的校园，将恢复属于我们的琅琅书声和妙曼歌声，那是多么美好的音乐啊！

"圜桥观听"，是形容教育的盛况。语出《后汉书·儒林列传第六十九上》："建武五年，乃修起太学……明帝即位，亲行其礼。……帝正坐自讲，诸儒执经问难于前，冠带缙绅之人，圜桥门而观听者盖亿万计。"据《清史稿》记载，北京国子监落成翌年春，乾隆亲临讲学，听讲的监生、官员跪满圜桥以南的中院、前院和集贤门外两侧街道，仅"圜桥观听"的学生就达3088人。所以，北京国子监琉璃牌坊上，正面额书"圜桥教泽"（意即皇帝教化隆恩，泽被学子），阴面为"学海节观"（意为学生众多，皇帝亲临视学，不得不将学生分开）。

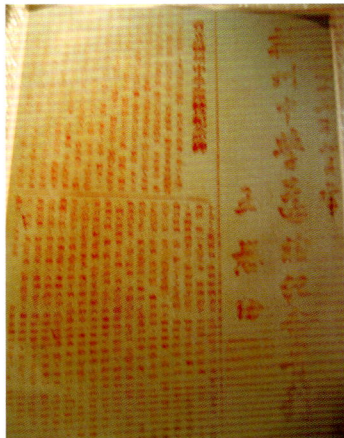

还校纪念专刊

【相关链接】

江苏省立扬州中学复校纪念文

吾校之荣誉，载在江南江北人士之口碑，及京津沪各大学之赞许者，已十有余年矣。中间以七七事起，本校同人为避难起见，相率千余学子，或迁泰，或移沪，或留淮东。校院分为三，而精神一贯，综计八年抗战期间，琐尾流离，分头讲习，虽烽火满天，泥涂中露，而决心救国，从事培才，以保持吾校十年教训之功，未敢有一息之荒怠也。今幸岛夷敀服，华国重光，同人蹑屩担簦，囊书负笈，风雨来归，虽树人堂夏屋待修，而县中校旧基可假，宗英奉檄接收，谬膺承乏。适复校后释菜之一周，乃逢本校十八周年之校庆，用敢粗陈崖略，藉表国光，明知过去之诸艰，近于孤陋；而未来之努力，责在吾徒，黾勉图功，谁甘人后？今日者，乐育群英，春风满座，辉煌上舍，聊云在霄。以雅以南，燕饮之醽歌不辍；献功献馘，虎臣之乐泮重来。国运值千载一时，校誉更一日千里，只以昔年师友，远道关山，仍希一旦归来，共策百年建树，此尤鄙人所翘首跂足者也。昔吾家紫阳公有云："古者用兵，当成于学，及其反也，释奠于学。"（语本朱子《诗经集传·鲁颂·泮水》篇第五章注）良以教育前途实关系于国家命脉也。凡我同人，其各勉旃！

江苏省立扬州中学校长涟水朱宗英

民国三十四年十月十七日

【编者注】

　　1. 琐尾流离：漂泊流离。《诗经·邶·旄丘》："琐兮尾兮，流离之子。"　2. 屩（juē）：草鞋。　3. 夏屋：大屋。　4. 释菜：古代始入学，以芹藻之属礼先师。　5. 崖略：大略。　6. 馘（guó）：被杀之敌的左耳，借以计功。　7. 释奠：大意同"释菜"，古代入学祭祀先师的一种典礼。

·《校务日志》书影

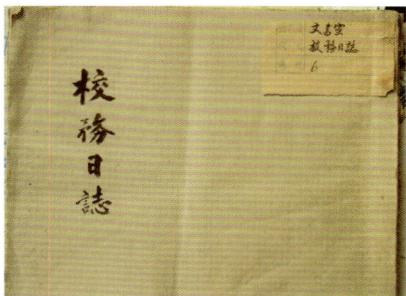

（1945.9.9—1946.1.31）

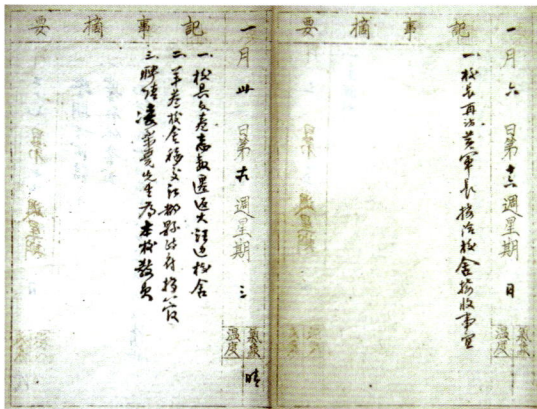

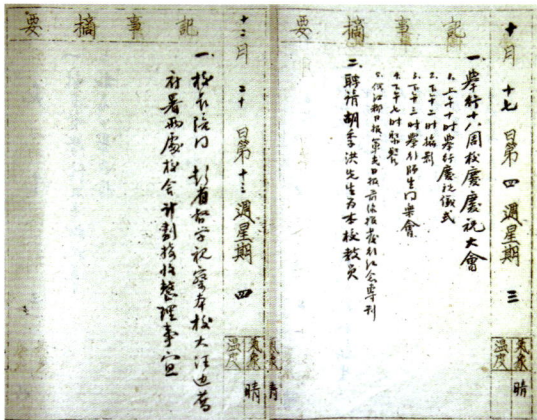

《校务日志》内页

·黄应韶老师、徐定一老师和姚少梁老师给同学的毕业题词

荣勋光弟　徐定一

自然之妙多此力焉
花里之不问憧憧
铁铁乎似初月之
生之至崖落落承张
之孔朱

石榴初吐年，会日今念的辉
烟一片归竹庭无限离情明月
晋潮去　临岐吴颧趁趁多梯
云好结邀起信貊博舍四桥
边路杨柳依漾还消翠蒲雨
调寄一斛珠　黄应韶

相逢曾记唱收京淮海聚群英
黉席谈文南廔问字往事最
分明　繁弦促管悲风起总
是不堪听今夕邗江来朝客
路千里送君行　调寄少年游

荣勋贤弟毕业纪念　姚少梁题

制图室一角

·朱砚磐同学的作业纸

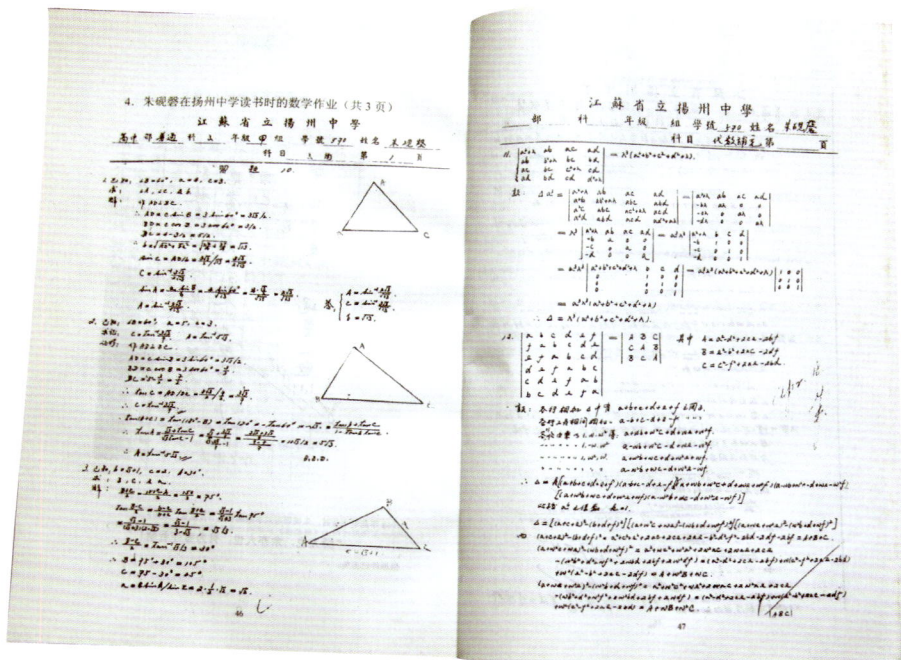

·校庆二十周年周厚枢贺电（电报稿）

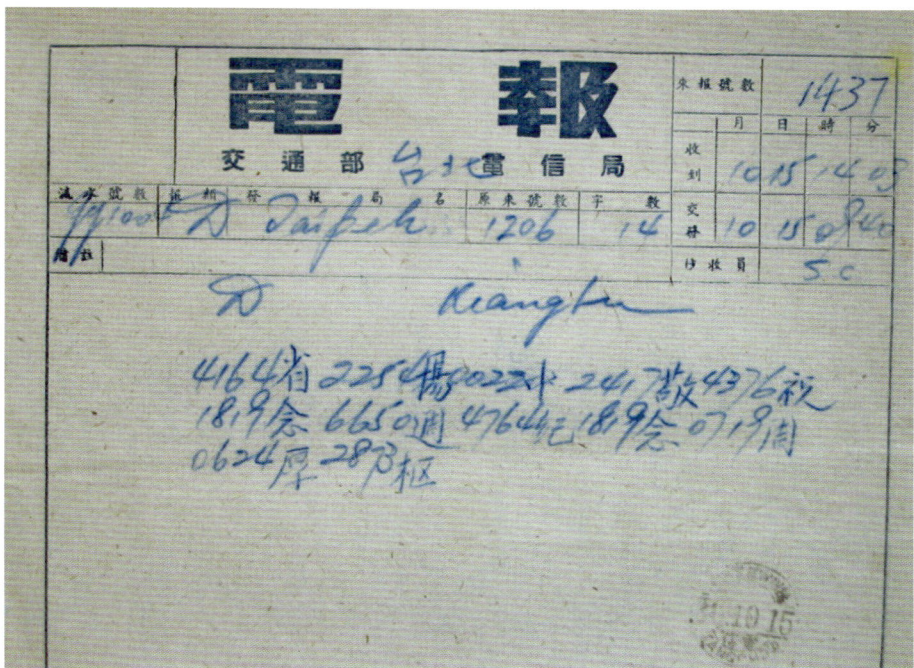

·姚少梁（步唐）先生诗 七绝三首，欣慰 怀念 寄语

姚少梁老师（40年代任教扬州中学，50年代任教泰州中学）

《赠某同学》

当年问字忆从游，岳阜朝阳眼底收。
白首重逢诚不易，令人长想海陵秋。

搜遗访故此间来，义重情深两备该。
旧梦依稀重唤起，南楼风雨几徘徊。

人文渊薮岂虚夸，传统光荣应自嘉。
寄语故巢新燕子，载将春色绣中华。

——《姚氏花萼集》1984.10，于泰州

（南楼：我校最古老的建筑之一。人文渊薮：校歌中语。泰州，原属扬州地区，扬中校友众多，精神辐射，既广且深。——编者）

·校庆20周年集体照

（左）

· 寻访苏北分校遗址小记（见校史资料长编上编，第九册）

寻访省扬中苏北分校历史遗迹小记

时间：2014年5月15日

事由：寻访江苏省立扬州中学苏北分校历史遗迹。抗战时期，省扬中部分师生，为躲避战火，曾辗转里下河一带，坚持上课。

同行者：郑万钟、蒋念祖、张铨、李友仁、陈国林。

经过：先寻小纪"都天庙"。七时半出发，小车由瘦西湖路开上启扬高速，直驶向小纪镇。都天庙在何处？下高速再问人。等下了高速不久，看见一个骑车的，"小纪镇政府？"摇头。小车前行又回转，在一碧汪洋的麦海里寻路。问"懂事的"，遇到个上年纪的，说现在的小纪镇范围大得多，老小纪镇，到修车处左转。开到派出所问问："都天庙？"两个民警也不知道。开到镇政府，问讯处也茫然，民政科该知道都天庙吧。抗战时期省扬中曾在都天庙办学，我们说明来意后，他们说老樊年纪大些会晓得，找他。几个人大门口吆喝，樊××樊××！门关着，背后不远处走来个约摸70多岁的人，头发花白。都天庙？——都天庙早没啦。小时候在里头玩过，前面有大水塘，捞鱼摸虾，游泳什么的。现在，身底下是派出所、土管所和大马路。小车再开回到派出所，旁边是土地管理所大楼，小车走的路就是他们说的大马路。于是陈银忙着拍照片。总算找到了"都天庙"。

再走访兴化坂塯。离开小纪镇，开上宁通高速，奔兴化周庄。驶过粉红杜鹃花盛开的周庄街道，右转找坂塯"移风寺"。问人，"移风寺？""你们敬香的？向前开！"开了一段，没影子，陈国林跳下车敲农家的门询问。寺在前面旷野里，孤零零的几间房。不管三七二十一，开过去。没有路，要进寺就得走已栽了瓜秧的沙堤。遇见一个浇瓜秧水的农妇，说寺里今天没人。定睛远看，矮屋山墙上三个大字"移风寺"，心里一咯噔，"移风寺"的"风"怎么变成"凤"字！不规范的黑体字占了半面墙，对着马路，倒也醒目。又问钥匙谁管？谁敬香谁开门。我们意识到，移风寺的遗址上已经新建了老太太们敬香的"移风寺"。走过去看看吧。过了沙堤，沿小路，披开两边半人高的油菜走到寺前。土黄

墙壁，红漆大门、腰门，铁将军把门。简陋粗劣，所谓寺，怕不及讲究的土地庙。寺前三间灶房，烟囱不冒烟，山墙上的"移风寺"三字用墨汁刷的。我们这一群虔诚的人，围绕寺墙转，窥视里面，想发现什么，在大门口有两块石雕（门当），寿字龙纹比较精致。这大概是移风寺的遗迹吧，多角度拍些照片带回去。毕竟到了"移风寺"，大家便高高兴兴合了影离开。

坂塯古街在水汊里，汽车开不进。小许守车，余者进街寻"坂塯粮库"。小镇古色古香，污水破船，不免萧条。窄街不短，一直向东拐个弯即是。一进铁门，豁然开朗，但空空荡荡，有点像学校放假的样子，这就是抗战时期我们扬州中学师生上课的地方！一溜房坐西朝东，尽头又一溜房坐北朝南，呈大"L"形，空出个不小的操场。细看东向房，青砖小瓦，颇有年岁；朝南的，屋顶大瓦，该是后来盖的。既然来了，就在这儿照张集体照。这时南边走出来个人，我们说明来意，他只说这里是粮库，因为交通不便，2003年废弃了。问他朝南的一溜房，大瓦何时换的。他说瓦是新的，下面半截墙是老的。问别的，不知道。看来再"榨"也榨不出油了，回头。

走回到窄街，对面来个老者。机会来了，郑万钟迎过去拉呱。老者姓田名长丰，他略带神秘地说，粮库原来是田实芳家的大宅，抗战时曾借给省扬中师生上课，解放后"冲"了，后改为粮库。解放前小镇上田、蒋、吕三个大姓，有两家澡堂，言下之意过去坂塯也有过骄人的繁华，省扬中在移风寺上课的师生也要上街来洗澡。……由老者的话可以得知，当时上课的学生还不少，一部分在"移风寺"，一部分在镇上田家的大宅里。寻访大概就是这样，有心人总会有收获的。告别老者，已饥肠辘辘，快开到泰州去吃饭。

最后看明德中学旧址。过了午时，沿街觅食，心倒不慌。熟地方，在体育场对面。上世纪80年代初，我曾到那里拍过省扬中在泰州借明德中学复校的遗迹照片。饭后，蒋念祖泰州人，过家门而不入。在他的引导下，汽车在大马路上向前开，到了体育场，放慢速度找明德中学旧址。明德中学蒸发了！怎么回事？解放初，明德中学成了驻泰部队司令部的营地，而房子还是抗战时期的老样子，只是用途变了。眼前没有老房子，于是几个人过马路挨家问。一个门卫说，这里是新的住宅小区，叫我们看前面的大石头，真的，供在翠绿的剑兰丛中，上面大笔红字"溢景园"。那里面就不去了，也算到了明德中学，拍张石头照片走路。

塘头、孙家庄，同样是苏北分校播迁中师生上过课的地方，这次来不及寻访了。回程路上，思绪万千。历史正被我们远去，徒唤奈何。然而，历史是什么？照柯林伍德的说法，历史是有思想的行动。抗战中，我们的前辈冒着生命危险，带着学生，艰苦备尝，难道是为了掏学生口袋里的钱或是什么的？想到这里，我们又感到欣慰，因为过去仍然活着，我们还在不断对校史思考着。

　　　　　　　　　　　　　　　　　　　　　　　　扬州中学校史研究室

此处原是小纪都天庙遗址

此处原是泰州明德中学遗址

省扬中借用过的坂塔田家私宅遗址

兴化坂塔移风寺遗址

第五部分（1949—1976）
方针指引　坚守传统

新中国成立以后，在那激情燃烧的岁月里，扬州中学改造成为一所新型的普通中学。初期，仍兼设工科、财经，江都县中也曾并入，经过1952年调整，纯为普通完中。定为省重点之后，切实贯彻全面发展的教育方针，敢创新，讲实效，被誉为江苏省的中学"四大名旦"（扬州中学、南师附中、苏州中学、常州中学）之一。为落实中央"八字"调整方针，从本校的历史和现状出发，大胆提出"四个为主"的口号，实验性与示范性突出。即使在十年动乱中，有时还不忘复课抓"双基"，显示了优良传统的生命力。

（一）校名更迭及校园剪影

　　苏皖边区二分区区立扬州中学—苏北扬州行政区区立扬州中学—苏北扬州中学—江苏省扬州中学。

树人堂和口字楼

1950年代拆口字楼，新建东西大楼及办公楼

一字楼东首

二十世纪六十年代前后的新教学大楼

教学大楼上看办公楼

大教室

校门

二十世纪三十至九十年代的体育馆，左后侧为南楼

（二）激情燃烧的岁月

1. 一所崭新的学校

·实行校长负责制

上级公文

·黄校长的《学校日志》（1949.2.21—7.2）

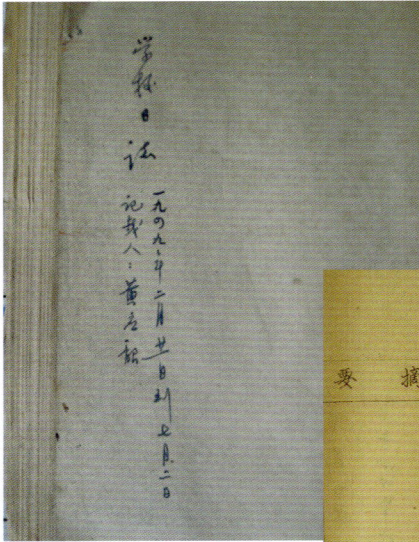

封面

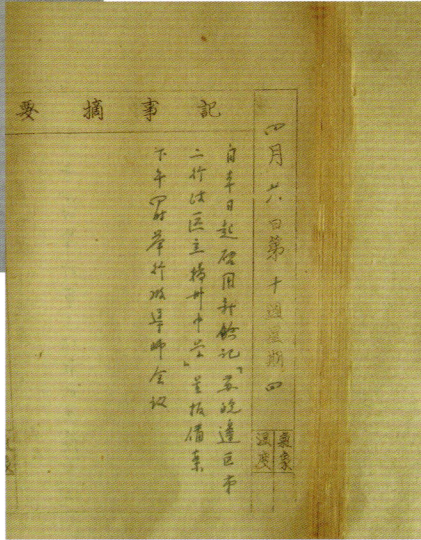

4月28日"记事摘要"：
启用新钤记

黄应韶校长

·光荣建党

党支部委员合影

· 成立工会，建立团支部、少先队、学生会

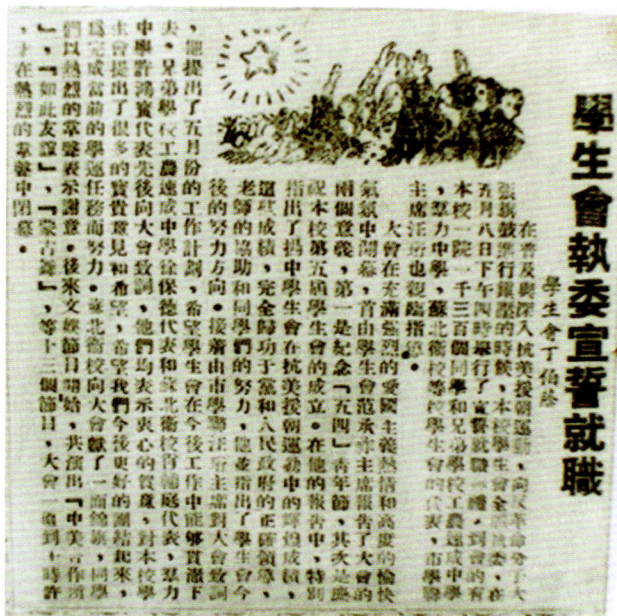

学生会一院全体执行委员

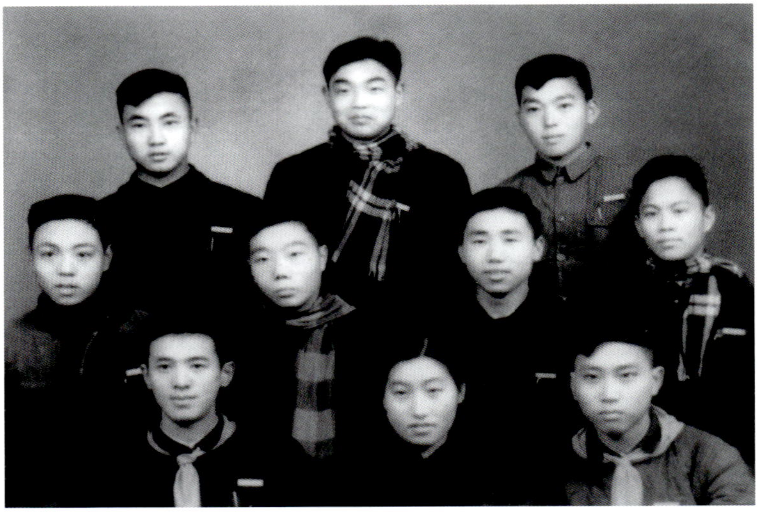

部分初中团总支委员和少先队总部委员合影

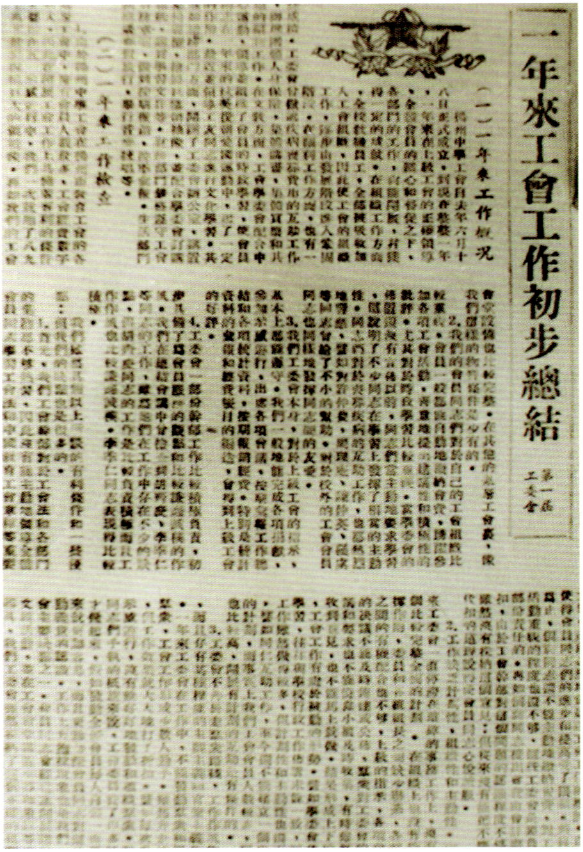

一年來工會工作初步總結

第一屆工委會

（一）一年來工作概況

（二）一年來工作檢查

工会总结

·加强政治思想工作

1951年全体师生员工团结大会

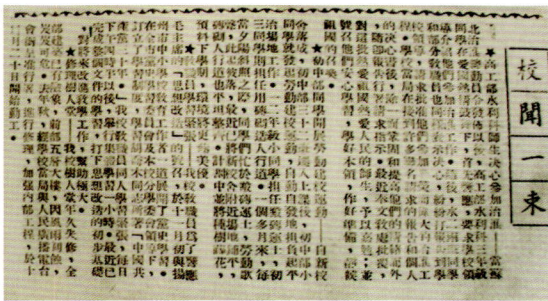

校闻

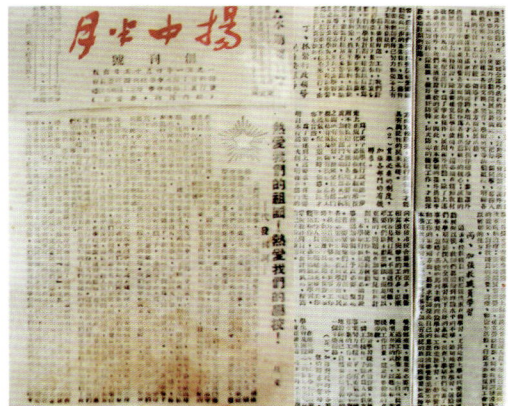

扬州市学生工作研究班结业纪念

·语文教材增添新内容，融入当时主流

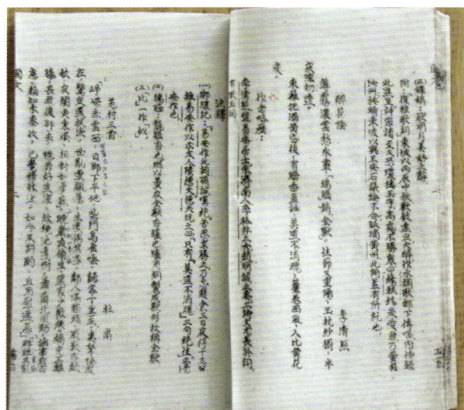 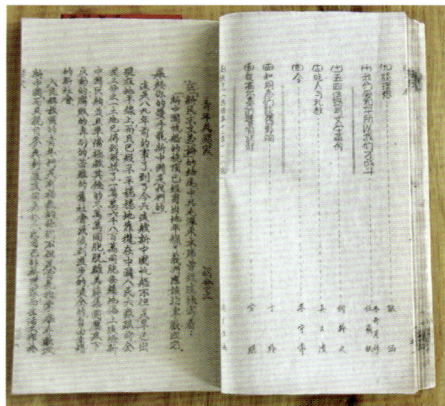

·社会活动增多，办业余夜校和识字班

夜校校徽

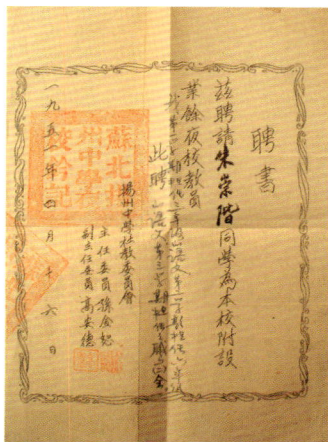

教员聘书

识字班师生合影

2.抗美援朝，积极参加军事干部学校

·赴朝慰问　归国代表莅校

黄校长赴朝慰问回国

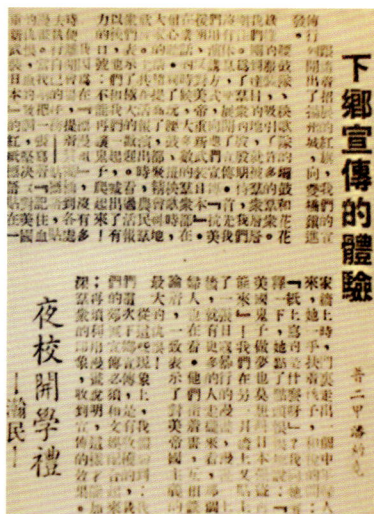

下乡宣传与夜校开学

中国人民志愿军归国代表莅校

· 踊跃参干

苏北扬州中学全体师生"响应祖国号召"晚会

晚会留影

· 文档中的血书

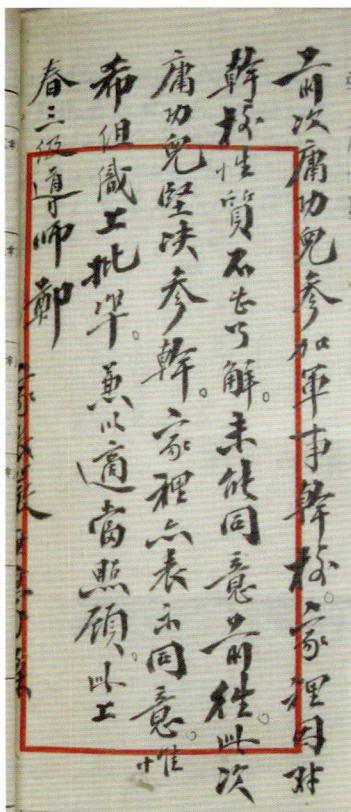

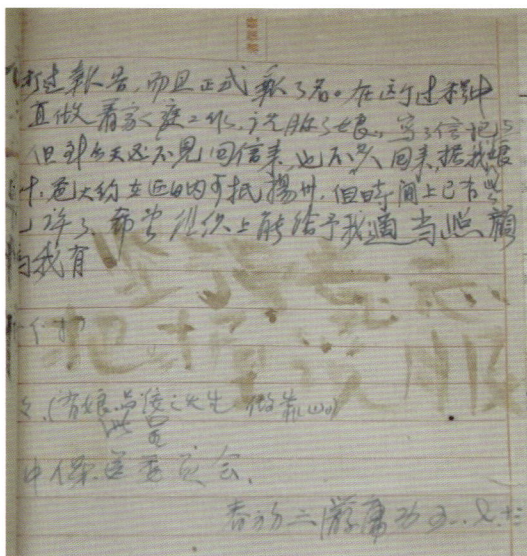

血书

【编者注】

1951年学校掀起了参军参干的热潮，青年学生热情高涨，纷纷踊跃报名填写申请书。有个叫严庸功的同学，说服了母亲，又去信给父亲，但父亲未能及时返扬表态。这位同学怕耽误了审批时间，便另写了一份申请，说明情况，并血书"坚强意志，把握说服"八字。之后，他父亲也给学校送上了表示支持儿子参军参干的信函。

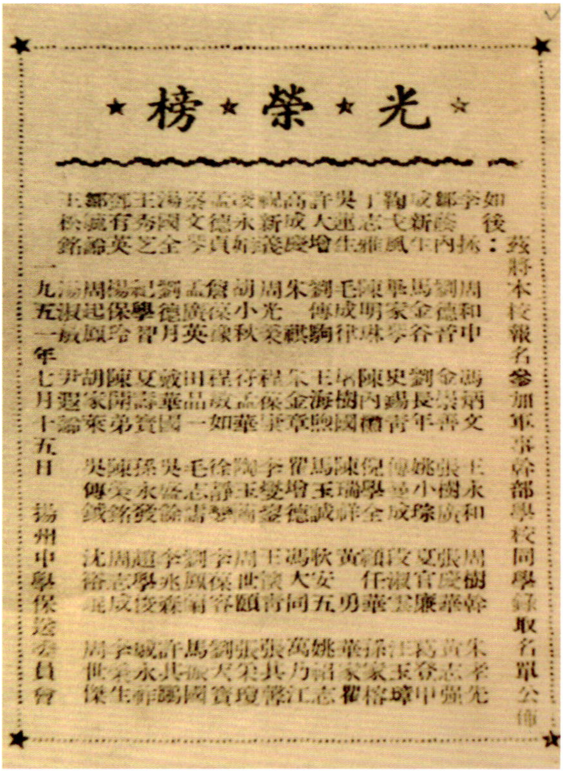

光榮榜

茲將本校報名參加軍事幹部學校同學錄取名單公佈如後：

一九五一年七月十五日

揚州中學保送委員會

光荣榜，参干录取名单

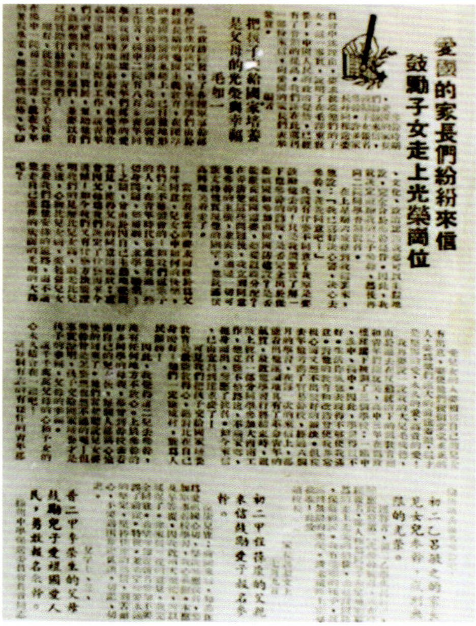

愛國的家長們紛紛來信
鼓勵子女走上光榮崗位

家长鼓励

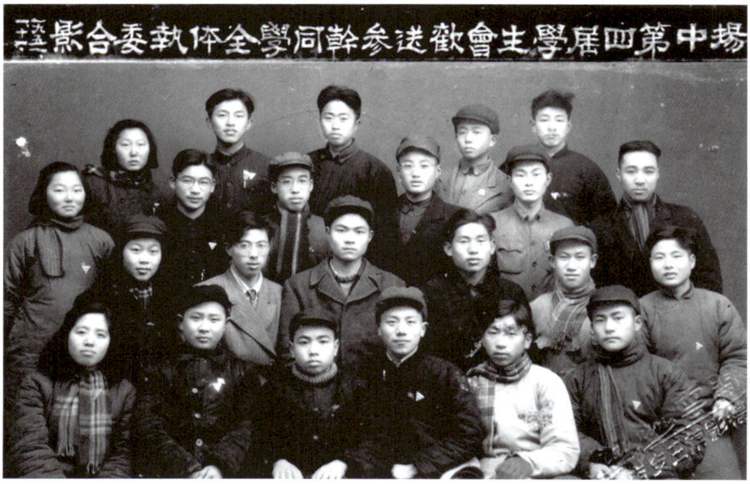

学生会全体执行委员欢送参干同学

普二乙欢送万乃江同学光荣参干

热烈欢送

合影留念

鼓号队欢送参干同学

工一全体欢送参干同学

扬州中学参加海校全体同学合影于烟台

· 部分参军同学

和英雄们在一起·高三（1）团支部

（三）经过调整，纯为普通完中

·江苏省人民委员会的任命书

·张卓如校长

潜心办学，重视师资，
作风深入，善于总结。

·加强党的领导，带好领导班子

继承本校优良传统，吸收老扬中教师进入党支部。

党支部委员、老扬中物理教师邱子进

·老中青结合，加强教师队伍建设

政治上热情关怀

教学上严格要求

生活上适当照顾

老带新，结对子，包括新教师听老教师的"超前课"。

老教师指导青年教师

组织教师订"又红又专"规划，要求：思想上进，业务专精，身体健康，"为祖国多干20年"。

例如语文教师业务上要过"三关"：语言关（普通话）、文字关（简化字）和古文关（文言文）。这是语文组教师的进修材料之一：四册《古代汉语》（王力主编，中华书局1962年版）。

·重视思想政治工作，形成一套工作方法

加强学习，把握精神

全面锻炼自己，努力实现"40条"

· 全面贯彻教育方针，严格管理

班级团支部活动

班团支部合影

管得全：突出中心，兼顾其余，
　　　　通盘谋划，组织保证。
管得细：建立规章，有所依循，
　　　　深入班组，落到实处。
管得严：严在思想，上下同心，
　　　　严在工作，周密安排，
　　　　严在作风，以身作则。
领导干部以身作则，严在作风。

少先队队部委员和校领导合影

【相关链接】

　　当年教工团支部朝气蓬勃，十分活跃，开展了各种活动，曾多次排演话剧，如《年青的一代》《南方来信》《方志敏在狱中》等。这是1965年5月在扬州市文化馆演出《南方来信》的剧照。

教工团支部演出话剧《南方来信》的剧照

· 大胆提出"四个为主"的口号：

学校工作以教学工作为主，

教学工作以课堂教学为主，

课堂教学以教师讲授为主，

教师讲授以课本知识为主。

【编者注】

刮过"大跃进"浮夸风（如"全民炼钢"，学校里也有土高炉炼钢，完全打乱了学校教学秩序）之后，为了贯彻党中央"调整、巩固、充实、提高"的方针，遵循教学规律，提高教学质量，于是联系本校历史传统与当时实际，以党支部为核心的学校领导大胆提出"四个为主"的口号，思想上明确教学为主，制度上保证教学为主，工作上体现教学为主。这个旗帜鲜明的口号，在那个"左派幼稚病"盛行的年代，是要冒政治风险的，但是，因为它的实事求是，因为它的显著效果，所以，这个口号不胫而走，影响甚大，真正发挥了重点中学的实验和示范作用。

· 一着不让，抓好"双基"（知识和技能）

强调：

初一、高一是基础年

初二、高二是关键年

初三、高三是决定年

以教学为中心

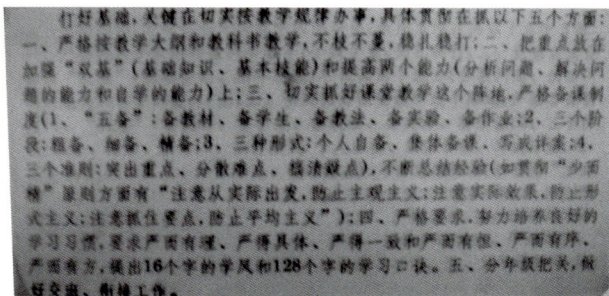

打好基础，遵循规律

· 学风建设

十六字学风（印在《班主任手册》上，写在教室黑板上方）：

虚心求教，刻苦钻研，

一丝不苟，持之以恒。

（又简称"八字"学风："虚心、刻苦、踏实、经常"）

刻苦钻研，相互促进

劳动间隙，寸阴是惜

· 劳动教育

到工厂学工

欢送上山下乡同学

"十边地"（当年流行语：利用隙地，种瓜种菜，以补口粮不足）施肥浇水（背景是老自省楼学生宿舍）

·进行基本生产技术教育，学生成品展览

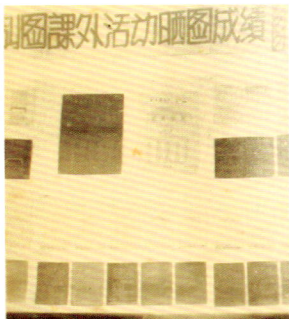

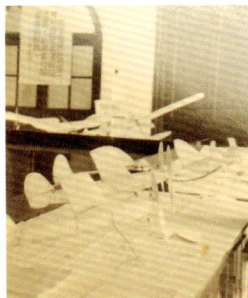

（四）体育运动与文艺活动

树人堂顶俯瞰大操场

女子排球荣获扬州市冠军

男篮荣获扬州市冠军

体育馆内景

参加市田径技巧运动大会

苏北篮排球代表队扬中代表队

运动会

扬中女运动员叠罗汉

"劳卫制"证书

课余体育活动

初学苏联，跳集体舞

扬中戏剧队演出《海滨激战》

话剧表演

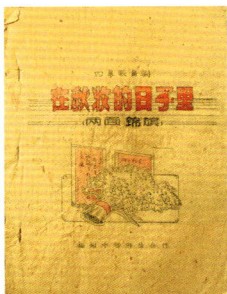

四幕歌舞剧本

"打猪草"

初三（1）民乐队

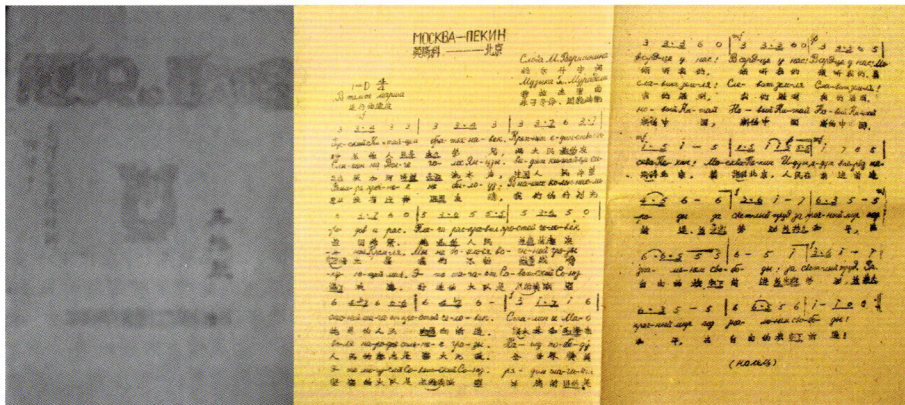

土风歌咏队歌谱

校合唱团

歌咏表演

【相关链接】

扬州中学的办学经验

李久翔　郑万钟　胡凤天

　　回顾我校建国后17年，特别是自1962年被确定为全省重点中学之后到"文化大革命"前夕这一段时间，我校教学秩序稳定，在加强思想政治教育和提高教学质量等方面比较系统地总结了一些经验，"虚心求教，刻苦钻研，一丝不苟，持之以恒"的良好学风得到了发扬，学生基本功硬，知识面宽，自学能力强，教学质量稳步提高，为国家各条战线培养了一批合格的人才。

　　我们之所以在这一时期内取得了一些成绩，就学校的内部因素而言，那是因为当时比较注意在教学实践中遵循教学的客观规律办事，总结了"四个为主"的基本经验，即：学校工作以教学工作为主，教学工作以课堂教学为主，课堂教学以教师讲授为主，教师讲授以课本知识为主。"四个为主"的提法还有不够完善的地方，但基本精神是正确的，对当时的学校工作是有指导意义的。现在回顾起来，这个阶段在"四个为主"的思想指导下，在办学方面取得了如下一些经验。

明确教学是学校工作的重点

　　自贯彻执行《全日制中学暂行工作条例》后，我校一直坚持"必须以教学为主，把提高教学质量作为经常任务"，"一切工作以教学为中心"。我们是如何坚持以教学为主的呢？

　　一是思想上明确教学为主。我们认为学生的主要任务是学习，学校必须以教学为主。所谓教学为主，就是明确学校里各项活动的时间的安排上，教学占得最多；学校里所施行的一切办法，都应有利教学质量的提高。

　　二是工作上体现教学为主。思想政治工作的安排要从教学实际出发，思想政治工作的效果也要用教学质量是否提高来检验。学校的思想政治工作紧密配合教学工作，不游离于教学工作之外。学校的总务工作也是为教学服务，一般都把精力和经费放在添置教学设备，修建教学用房，改进教学条件，改善师生生活等工作上，党支部书记、校长更是把主要精力集中在教学工作上。

　　三是制度上保证教学为主。当时学校认为"良好的纪律制度是提高教学质量的重要保证之一"。首先是严格执行教学计划，定期检查教学计划的执行情况。学期考试前要安排两天左右时间给由于正常原因而未能完成教学计划的学科补课。其次是保证课表的稳定性。课表一经排定，除教导处外，不容任何人随意调动，更不容其他工作打乱课表，甚至出现缺课、停课的现象。再次是制定一些具体的制度，保证了教学质量的全面提高。

切实按教学规律办事

　　为了给学生打好基础，我们主要抓好如下的工作。

　　严格按教学大纲和教科书进行教学工作。教师在钻研教学大纲的基础上，明确每学期的教学目的、任务，并通读全学期的教材，掌握教材内容梗概以及各个单元之间的联系，订好全学期教学计划。教学不能离开教科书刻意求深，外加"麻油"，也不能不讲效果，光赶进度。

　　把教学重点放在加强"双基"和提高两个能力上。我们在教学中十分重视基础知识的教学和基本技能的训练。备课时认真研究教材的系统性和科学性，这课的概念与哪些旧知识有联系，这课的知识又将与将来哪些知识有联系，这些概念可以培养学生哪些基本技能，通过哪些基本技能的训练可以加深理解和巩固这些概念……这些问题都必须搞清楚。讲课时，一些基本的概念、定义、定理、公式、法则一定要讲清、练足。讲述时，不可有丝毫含糊或任意曲解；练习时不可浅尝辄止，引着学生而不是推着、拉着学生前进，不断提高学生的分析问题、解决问题的能力和自学能力。

切实抓好课堂教学这个主要阵地。课堂教学是学校工作最基本、最主要的形式，为了提高课堂教学质量，多年来我们在备课方面形成了一套制度，如备课要做到"五备"：备教材，备学生，备教法，备实验，备作业，备课要分三个阶段：粗备、细备、精备。备课有重点，分散难点，搞清疑点，等等。在具体实施教案的课堂教学中，也不断地总结经验。如就如何贯彻少而精的教学原则问题，总结了"注意从实际出发，防止主观主义；注意实际效果，防止形式主义；注意抓住要点，防止平均主义"的经验。就如何在课堂教学中培养学生的学习主动性问题，总结了"读、讲、练相互结合，反复轮回"的经验。

严格要求，努力培养良好的学习习惯。要打好基础，必须严格要求，严格训练。当然这个"严"不是不切实际，不合"格"的严。当时我们曾对教师提出，一定要严得有理，严得具体，严得一致；一定要严而有恒，严而有序，严而有方。为培养良好的学习风气和学习习惯，我们还把学校提出的"虚心求教，刻苦钻研，一丝不苟，持之以恒"的学风，贴在班主任手册上，同时编写了一百二十八字学习要求的口诀："学生任务，认真读书，循序渐进，多下功夫。上课之前，做好预习。课本文具，务必带齐。先要复习，再作习题。今日功课，今日完毕。……提高质量，抓住关键；基础知识，基本训练。"

分年级把关，做好交班、衔接工作。根据各个年级的特点，学校提出初一、高一是基础年，初二、高二是关键年，初三、高三是决定年。每个年级都安排富有教学经验的教师把好质量关。班级交接必须把该班学生的学习思想、学习态度和基础知识情况详细交代。学校特别强调对初一新生要做好"四衔接"即在教学内容、教学方法、思想教育、生活管理四方面要和小学衔接，所以我们经常组织初一教师到小学高年级听课，虚心向小学教师学习。

形成一套思想工作的"笨办法"

如何在青年学生中进行思想政治教育？多年来，我校在青年工作中形成了"从具体情况出发，扎扎实实，坚持不懈，点点滴滴，精雕细刻"的好传统。学校团委就是运用这种"笨"方法，反复地、具体深入地、艰苦细致地进行思想工作，引导广大学生明确学习目的，逐步树立无产阶级世界观的。

这套思想工作的"笨办法"主要体现在以下方面。

经常地运用多种形式加强思想教育。团委经常对学生进行阶级教育、形势教育、革命传统教育、共产主义道德品质教育和教育方针的教育。在教育过程中，从实际效果出发，采取多种形式。既进行理性教育，也进行感性教育；既自上而下地进行教育，也认真开展群众性的自我教育；既有一定时期进行集中教育，更主要的是平时抓住各种机会，采取各种方法，经常不断地进行教育，如跟学生交知心朋友，就是当时一种行之有效的方法。

抓住适当时机，有针对性地进行教育。根据学生的思想特点，精心选择恰当的事例，安排恰当的时间开展教育活动，常常能收到较好的效果。高三学生对升学、劳动、理想、前途等问题考虑最多，思想比较复杂，在一部分学生中最容易出现不关心政治、埋头读书、不顾健康的现象。学校就针对这些情况，有的放矢地加强教育。"三八"妇女节到了，有些团支部针对一些女同学认为不及男同学聪明、因而学习信心不足的自卑思想，举行了座谈会，介绍女英雄模范的事迹，漫谈女同学的立志问题。在五四前后则组织积极要求进步的青年座谈如何正确对待和积极争取入团的问题。为继承发扬学校的优良传统，学生到校后就进行遵守《中学生守则》的教育，并由高年级的团干部、优秀生介绍学校的好风气、好传统，介绍自己培养刻苦学习习惯的体会。每到校庆，就请在校教学二三十年以上的老教师讲学校发展历史，介绍往届学生中的优秀事例。团委还抓住各种纪念日开展活动。

表扬先进，坚持正面教育。我们始终坚持正面教育，不断表扬先进。每年五四都表扬一批优秀团员，每学期末都表扬一批"三好学生"，每学期期中都举行一次"共产主义道德之花"专题广播，表扬全校性的好人好事。

不断加强教师队伍的建设

"提高质量千万条，提高师资第一条。"这是我校历史上的办学经验。1962年前后，学校教师队伍建设的要求，主要是着眼于政治、业务"两提高"。

坚持标准，不断调整。我们坚持德、才标准，勤于考察，逐年调整，保持师资队伍在一个较好的水平上。当时的具体标准是：政治上要忠诚党的教育事业，能服从组织，工作态度要勤恳踏实，教学效果好，既能做班主任，又能教好课。有些不够理想的，就及时调整。每年分配来的大专毕业生都由领导逐个谈话，交任务，压担子，在教学中考察。这样做的好处是，教师队伍年年充实提高，形成一支朝气蓬勃、积极向上的教学力量。

落实政策，调动积极性。这是一个总的要求。当时，总结了工作上的经验教训，具体化为六句话："政治上热情关怀，知识上虚心尊重，教学上严格要求，工作上力求稳定，进修上积极推动，生活上适当照顾。"这六句话，总的精神是依靠教师办好学校，包括了如下三个方面。

一是政治上热情关怀，知识上虚心尊重。说的是政治上信任知识分子，用其所长。只要是学有专长，教学质量好的，不问是否党员，都适当安排，大胆使用，尽量发挥他们的作用，而且发扬民主，虚心尊重他们教学上提出的积极建议。同时在教师中积极慎重地做好建党工作，坚持党员标准，积极发展教学上的骨干入党。

二是教学上严格要求，工作上力求稳定，进修上积极推动。提高教学质量的关键在于教师，提高教师的关键在于加强进修。我们注意强调业务进修的自觉性，所以是"积极推动"；注意强调教师的业务进修和教学紧密结合，提出：教什么，学什么；缺什么，补什么，防止进修和教学脱节，同时明确提出进修的具体要求，如语文教师过"四关"（文字关、语音关、语法关、古文关），外语教师过"三关"（会话关、阅读关、写作关），数学教师过"三关"（教材关、双基关、教具关）等。在业务进修上，尤其注意对青年教师的培养，建立和健全"老带新""熟带生"的师徒合同制度。当时语文组就有六对师徒。同时注意教师工作的相对稳定。每一个新分配来的大专毕业生，一般要经过初中三年的小循环，每个年级蹲二年，直接由老教师手把手地教，听老教师的"超前课"，在老教师面前"试教"。六年循环下来，合条件的再搞高中六年循环。这样，十二年扎扎实实地搞下来，只要教师本身努力，是可以成为一个较为合格的中学教师的，不少留校的中年骨干教师，当年都是这样过来的。

三是生活上适当照顾。对教师的食宿，对夫妻分居两地的教师，都主动关心，主动帮助解决困难。

注意老、中、青结合，完整地培养教师队伍。对在校的老教师，政治上是关心的，业务上也是尊重的，他们一般都是教研组长，教学上的骨干，担负组织教学和培养中青年教师的任务，即使退休了，也定期请他们回校，给中、青年教师辅导并传授教学经验。对于青年教师，主要是针对他们政治上、业务上不成熟的特点，强调从严要求；强调压担子，在工作中培养锻炼；强调虚心向老教师学习，把老教师的一套好的教学经验继承下来，并力求有所发展。这样，我校的师资队伍就年年更新，年年常青，年年提高。

充分发挥党支部的战斗堡垒作用

我们学校能完成教育的双重任务，特别是能为高一级学校输送大批合格的新学生，德、智、体各方面工作能有条不紊地进行，并有一套较为成熟的做法，关键在于充分发挥了党支部的战斗堡垒作用，促使学校行政加强了对各项工作的领导和管理。

管得"全"。学校以教学工作为中心，对学校的思想政治工作、教学工作、体育卫生（如"两操、两课、两活动"、运动成绩等）、文艺演出、学生的劳动安排等各项工作都具体地抓。同时各项工作都有组织保证，如有思想政治工作委员会、教学工作研究会、生产劳动委员会等，学校领导干部和师生中的积极分子参加这些组织，分别制订计划，在学校党支部统一领导下，分头落实，各司其责，全面开展学校各项工作。

管得"细"。学校思想工作和教学工作都是具体细致的。学校制定了《教研组工作细则》《班主任工作细则》等，以便加强对各项工作的具体领导。从思想工作来说，学校领导干部通过教研组、班主任，分析每个师生的具体情况，把思想工作做到实处，以便他们集中精力把教学搞好，保证教学任务的完成。从教学工作来说，学校领导深入教学领域，同师生一起研究教学中的问题，并经常注意总结各科的具体经验，组织交流，促进教学的共同提高。

管得"严"。首先是思想上"严"，从党支委员、学校校长带头严起。党支部坚持党员每周过一次组织生活，开展批评与自我批评，党员要接受群众监督。支部委员每季度还要过一次干部民主生活，从政治态度、思想觉悟到生活作风，开展认真的批评和自我批评，把错误消灭在萌芽状态。因此，支委干部个个"站得住，拿得起"。许多教师说："领导自己严，对我们教师也严，我们也就对学生严，当然我们也欢迎学生对教学提意见，欢迎对教师'严'。"上下一齐"严"，"严"成了一股向上的革命风气。其次是工作上"严"。这是通过严格贯彻学校计划来实现的。学校每学期有工作计划，部分有部门计划，月有月计划，周有周安排，都有明确具体的要求，便于贯彻检查。学校定期开部门会议、教研组会议、班主任碰头会议，汇报计划执行情况，强调贯彻计划要严肃认真，做到"忙而不乱"。再次是作风上"严"。学校领导以身作则带头"严"。学校主要负责人，几乎每天都要巡视操场、教室、宿舍，每天都在师生上课前来校办公。师生上课时间，干部或深入教研组参加备课，或深入教室听课。课后干部上操场，参加学生活动。有的干部还和学生同吃、同住，定期轮换。学校开会研究工作，常常不是安排在星期天，就是安排在晚上，以便尽量增多和师生接触的时间。这样，学校上上下下，逐步培养成一种严谨有序的作风。

前进需要回顾，回顾为了前进。我们回顾"从前"，是为了今天有所借鉴。我们将认认真真地研究新的情况，实事求是地运用经过实践证明、行之有效的成功经验，探索新的问题，在前进中不断发展，不断提高，为把我校办成人民所希望的、理想的重点中学而不懈地努力。

——原载《江苏教育》

·规章制度、总结及部分统计册

·新中国成立后的十七年，在校学生数逐年激增，每届毕业生也成数倍增加；图书增加**16倍**，理化仪器增加**4倍**，建设与改建校舍**76.7％**。

·十年"文革"，学校遭到极大破坏。但在动乱中，有时还不忘"复课"抓"双基"，显示了本校优良传统的生命力。

·《教革通讯》反映的教学状况

第22期，数学组启发学生如何自学

第25期，语文组研究通过提问进行启发式教学

第六部分（1976—2012）
改革开放　继往开来

　　改革开放，实事求是。学校加强党的领导，继承优良传统，实施素质教育。注重教育教学研究，大力推进教学改革，并组织实施一系列国家级科研课题，如"系统开展学科思维教学""全方位系统开展审美教育""科学人文相互融合的办学历史与实践""树人传统下的学校自主发展"等。全面贯彻社会主义教育方针，努力培养具有健全人格和创新精神的为中国特色社会主义伟大事业而奋斗的人才。

（一）以人为本，加强领导

1. 拨乱反正，恢复发展

教育部长蒋南翔来我校视察，听取章心如书记兼校长的汇报

章心如校长：
蔼然长者，
循循善诱，
拨乱反正，
团结各方，
共谋发展。

·重组教师队伍

《新华日报》上章心如的文章《建设一支又红又专的教师队伍》，后收入《中学校长工作简要选编》。

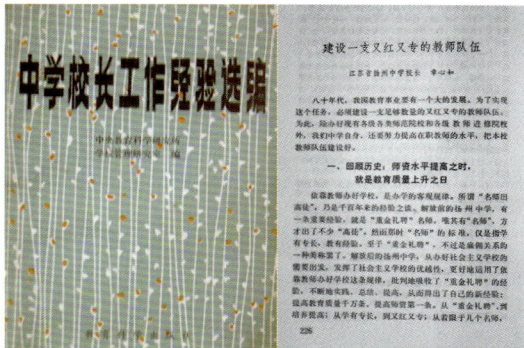

黄久征老师在辅导数学

·恢复优良传统 教学走上正轨
·校刊《教革通讯》

粉碎"四人帮"不久，学校为拨乱反正、恢复优良传统做了大量工作，这篇《提倡良好学风，培养良好学风》的文章，就是一个例证。但当时，在传统的"十六字学风"（虚心求教，刻苦钻研，一丝不苟，持之以恒）前，还加上了"红专结合，理实交融"八个字，体现了时代的特点。

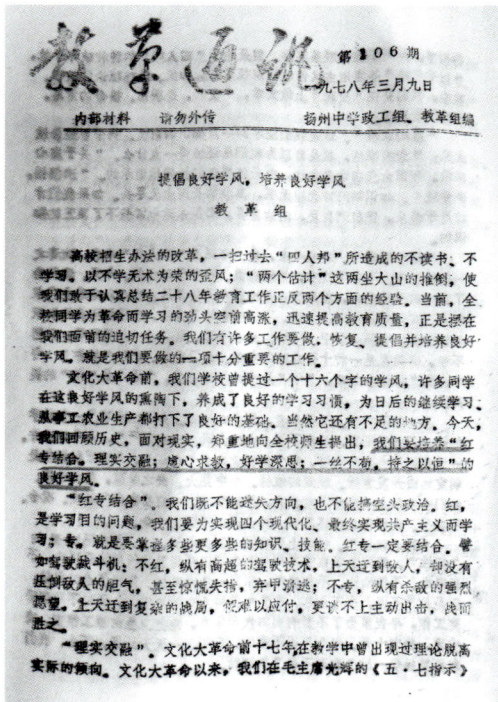

《提倡良好学风，培养良好学风》

以上几幅照片为《光明日报》《新华日报》《人民教育》《江苏教育》等报纸杂志刊载本校教育教学工作逐步走上正轨的报道。

·提高教学质量，关键在教师。例如语文组，为促进教师研修，方便备课教学，语文组编辑普及读物《古文选》，并建立"资料库"。《辞海》（语词部分，上下册），语文教师，人手一部。还陆续购置大型工具书如《佩文韵府》《汉语大辞典》，丛书如《唐宋八家文集》及诗文别集等等，直至世纪之交，储满两大书橱。

部分资料照片

《辞海》语词分册，发给每一位语文老师

《古文选》，20世纪80年代语文组编辑

2. 党为核心，民主治校

建章立制，学校将各项规章制度汇编成册。

量化教学管理，编制《中学教学质量综合评价系统的建立与实施》

实施精致管理，提升办学质态

评选感动扬中共产党员

定期召开校友会理事会议，听取校友对学校发展的建议

在北京举行"江苏省扬州中学北京校友联谊会"

每年召开教代会，汇报学校工作，通过重要决策

召开民主党派、离退休教师座谈会，共谋发展大计

召开家长委员会、关工委联席会议，听取对学校的建议

·章轶群参加全国党代会的代表证

3. 创设平台，优化师资

在职的教授级高级教师和省市特级教师（2012）

退休特级教师（2012）

通过青蓝工程，促进青年教师迅速成长

语文专家钟启泉、倪文锦来我校指导三维课程体系构建工作

4. 国际交流，领导视察

剑桥大学考试中心和意大利马可波罗
选材计划生源基地落户我校

陆丕文校长访问日本

5.学校获得的各项荣誉称号牌匾照片

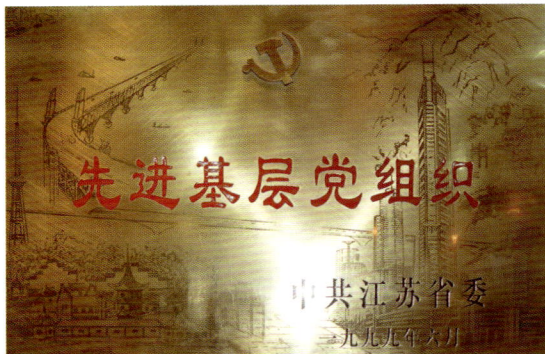 

全国先进基层党组织

省文明单位

模范学校

（二）德育新视域，校园尚文化

学校德育以爱国主义教育为主线，以培养健全人格为目标，以百年校史为底蕴，以养成教育为基础，追求德育的系列化、学理化、课程化、审美化。

1. 美化校园，润物无声

校风

【相关链接】

1983年5月，胡乔木同志给学校写了一段很长的题词，其中说："扬州中学在旧时代并没有教育我走上革命的道路，那是当时的先进思想家和一些先进的同学帮助我的。但是它教育我成为一个正直向上、热于求知的人，仍然使我深深感激。"之后，在学校的校务会议上，大家一致认为，乔木同志说的"正直向上、热于求知"这八个字，可以定为学校的校风。因为它高度概括了教育的本质，一个青年要在中学时代，打好两个基础：懂得如何做人——正直向上，如何做学问——热于求知。而且，从我校办学历史长、校友分布广的特点考虑，这八字校风，过去的、现在的、将来的师生，海峡两岸的、海外各地的校友，都能认同。于是，学校确定"正直向上、热于求知"为扬州中学校风，很快得到在校师生和各地校友的肯定和称赞。

·古树，八十年代教育电影《绿荫》
主景。校园里唯一没有受到人为斫伤
的一棵法国梧桐

·九十年代的图书馆，物理学家吴健雄题写
馆名

·中国科学院外籍院士吴健雄和先生袁家骝访问我校、题词，并与学生座谈

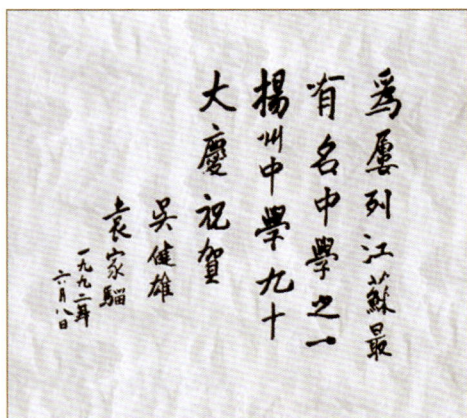

· 人格修养

自治自动

学生宿舍：自省楼

自省楼简介

　　民国二十四年（1935），本校兴建学生宿舍"自省楼"（省身楼）。子曰："见贤思齐焉，见不贤而内自省也。"曾子亦曰："吾日三省吾身。"由此可见"自省"要义。现代教育也认为，人均有一种内在的智慧（光明），并具有运用这种智慧应付环境、解决问题的能力。如常自我省察、自我发现、自我修养，则可成人成才。新楼沿用旧名，旨在激励后昆自治自动，专注修为，百尺竿头，更进一步。门额书法从容澹定，颇具好太王碑（高句丽好太王碑）笔意。

树人堂

南北中轴线贯穿教学区

· 班报和小环境布置精选

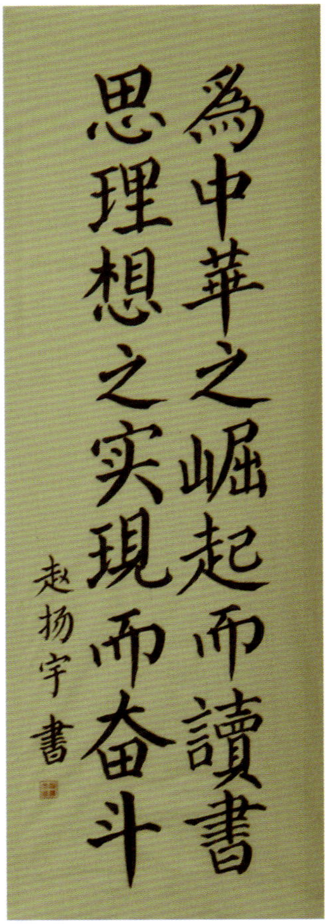

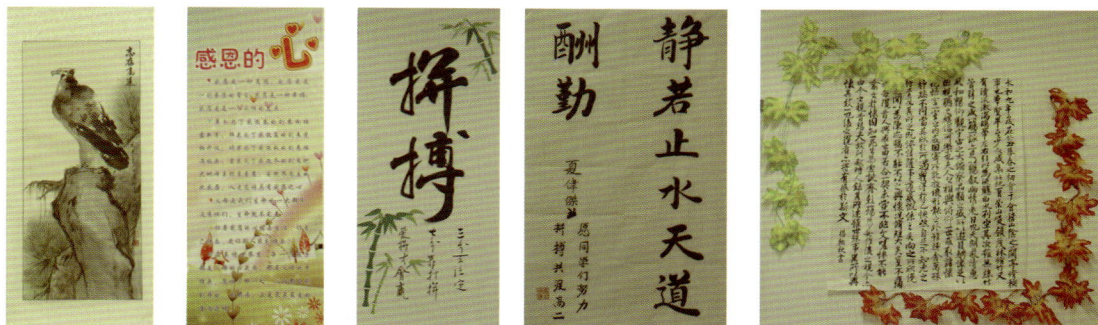

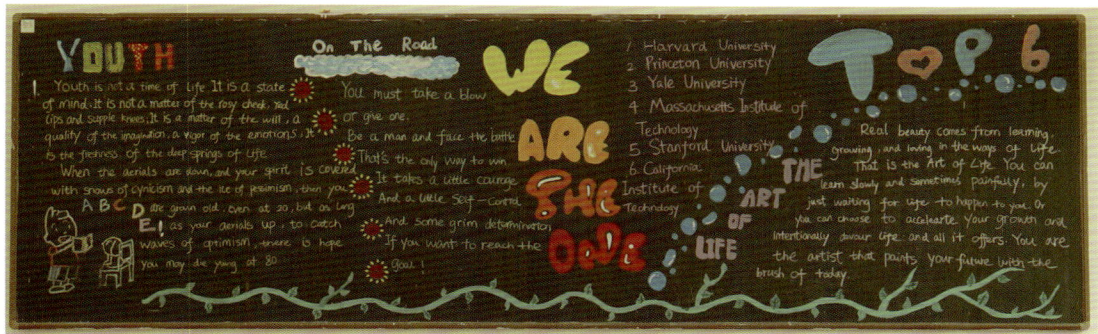

2. 人格感化，融于生活

① 在活动中陶冶性情

卫刚校长在开学典礼上讲话

开展"青春行"校外综合实践活动

新生军训夏令营活动

高三毕业典礼

② 着力领导力培养

学生应邀参加首届长三角地区学生社团领袖论坛

学生领导才能决赛

学生会竞选

中学生业余党校已经开办16期

③ 培养有责任感的公民

"情满仲夏，爱驻扬城"第三届扬州中学慈善义演晚会隆重举行

校园义卖、献爱心

青年志愿者

到扬州第二发电厂社会实践

④ 开拓国际视野

在英国

在日本

在韩国

参加哈佛大学模拟联合国会议

⑤ 美育融入多彩的社团活动

摄影社团活动

民乐社团演出

省"五四"歌会

百年校庆师生同台演出

丹青书画社的工作室

诗歌朗诵会

舞蹈社表演现代舞

话剧社汇报演出

英语课本剧

红歌比赛

艺术团新年音乐会

比云轻，比梦美

读书俱乐部

·科技节系列活动

院士报告会

新苗文学社社刊《新苗》

学生记者站授牌

打造学习共同体

⑥ 关注学生成长的心路历程

个别心理访谈室

团体心理活动　　　　　　　　学习心理学

· **扬州市教育局的褒奖**

⑦ 体育活动增强体魄

⑧ 育人以榜样引领

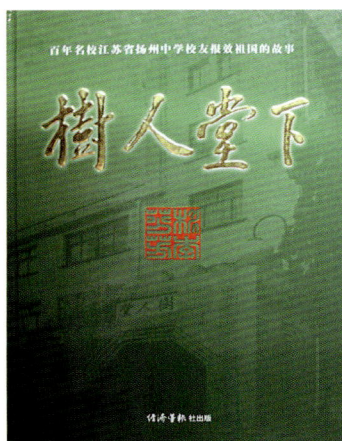

由江泽民同志题写书名的《树人堂下》成为校史教育的校本教材

"江上青班"开展主题班会

朱自清中队

请朱自清嫡孙讲朱自清先生事迹

教育部授予"吴大观班"

（三）教学改革，守正创新

在教学实践中不断探索教学规律，赓续我校优良传统，增强学生"自主性"，发展智力，培养能力。在省教育厅直接领导和支持下，我校试行高中面向全省招生，参与"项武义数学实验教学"、人民教育出版社"六年制重点中学语文实验教学"与教材建设，并承担了教育部开设人口教育课的试点任务。学校还开设"科技小论文写作""日本百年史""创造性思维"等选修课，开展各种课外活动，丰富了教学内容。在教研教改方面先行了一步。

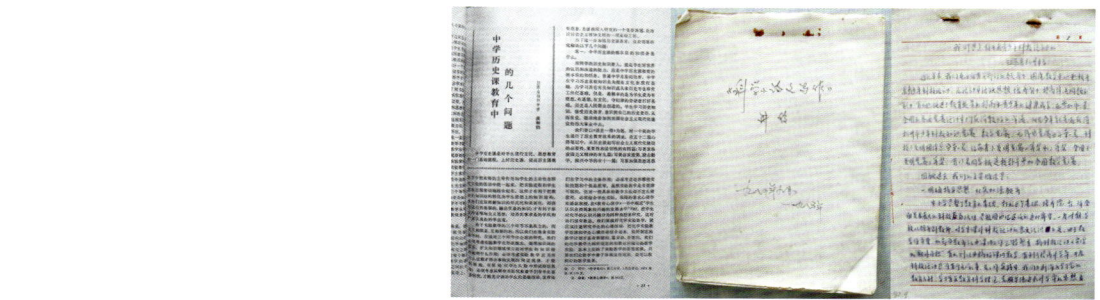

·数学

20世纪80年代，本校初中、高中数学实验教学采用"项武义实验课本"、北师大实验教材。部分资料照片：

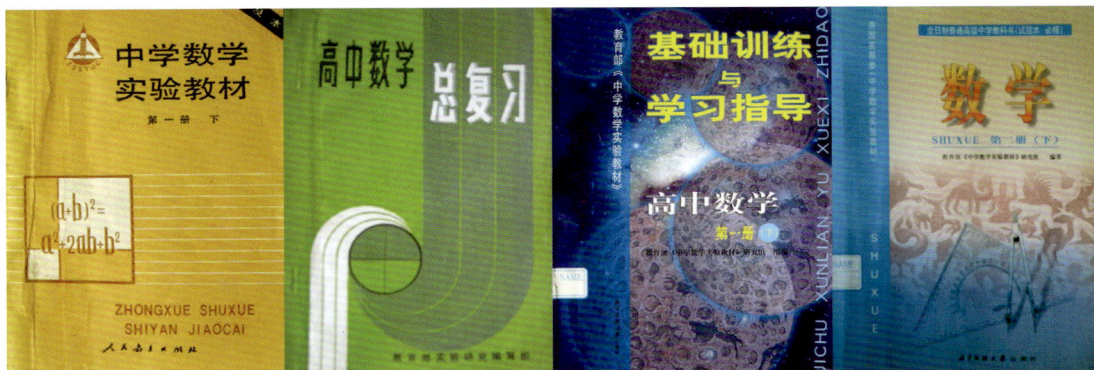

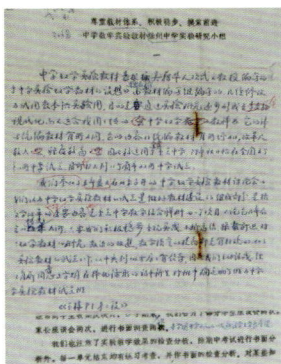

扬州中学数学实验小组年度总结手稿

·数学老师张乃达，扎实严谨，拒绝浮躁，提出"充分暴露数学思维过程"的主张，春雷声远，是教学、教研的楷模。他的代表著述：

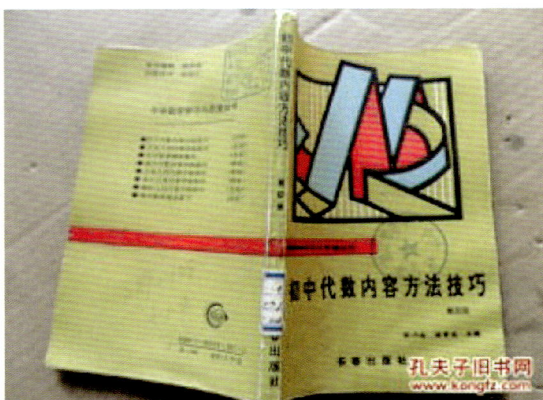

个人代表作《数学思维教育学》和与人合作的初中代数辅导书

·语文

本校初中、高中语文实验教学（1980初—2003），采用人民教育出版社"六年制重点中学实验课本"。高中续用到新世纪初，并参加人民教育出版社的教材建设。

高中语文实验教学，在江苏省教育厅教研室专人负责、直接领导下，先在一个班试点，注意打好古典基础，切实提高语文能力，拒绝考试"秘籍"诱惑，"以不变应万变"。三年后高考语文成绩突出。于是学校决定，全校都采用人教版高中语文实验课本教学。高中语文实验教学十八年（1985—2003），效果自有公论。在实验教学的同时，我校还应人民教育出版社邀请，参加其教材建设，编写高中语文实验课本《教学指导书》（第三册、第五册、第六册，高考总复习），每学期与实验课本配套，发行全国。

人教版高中语文实验课本的编写体系，与我校传统语文教学精神不谋而合。本校20世纪30年代即编成全套初高中国文课本（上海图书馆有零星馆藏）。张煦侯先生（后为复旦大学等院校教授）说，学文之事，"识字，积理，行文，演说"，他对本校传统语文教学有系统论述，皆为自身甘苦之谈，绝非泛泛而论（参见扬州中学校史资料长编，上编第七册、第九册）。

·人教版"六年制重点中学初中语文课本"（着重语文素养和能力。章熊等编），部分资料照片：

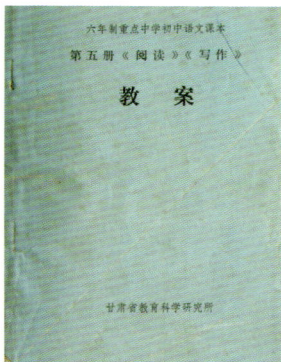

·高中语文实验课本（高一《文言读本》诵读为主，强调背诵，高二《文学读本》鉴赏为主，高三《文化读本》名著为主。《写作与说话》注重能力，《选读》巩固拓展。每学期3本书，三年共18本。当年通用教材三年才6本）：

三种"读本"

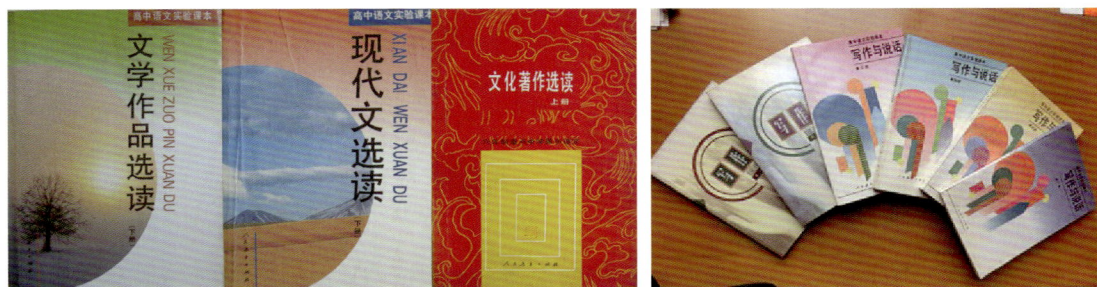

三种"选读"　　　　　　　　　　　　　　　六本"写作"

·兴趣是最好的老师。首届实验班学生小组自主办报4份，激发写作兴趣，反映日常生活，整理课本知识。

小报刊头存照：

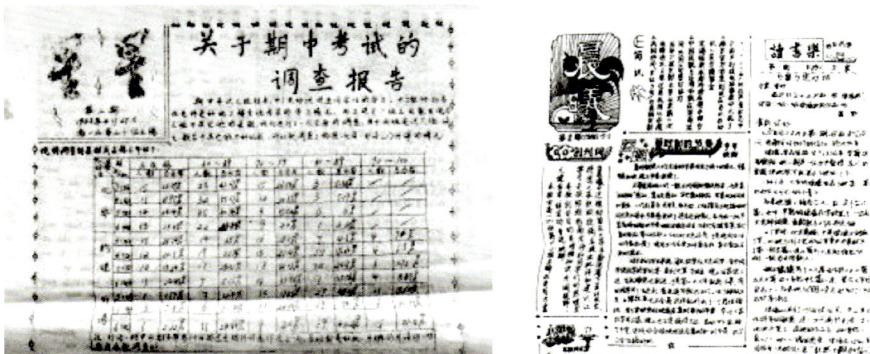

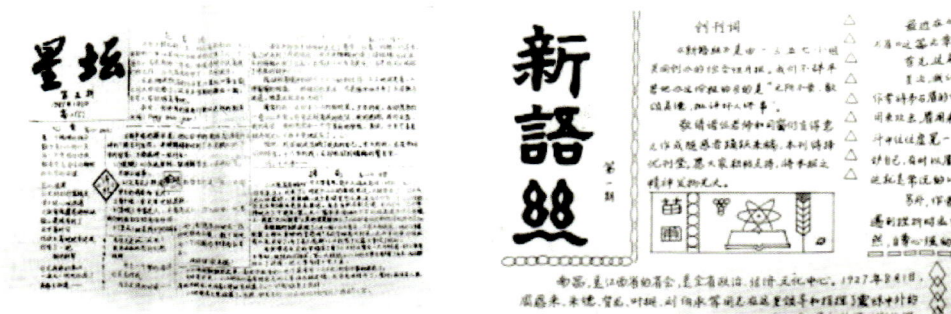

· 本校参编的人教社"六年制重点中学实验课本"高中语文《教学指导书》，每学期与实验课本配套，发行全国，直至新世纪。

第三册、第五册、第六册以及总复习4册《教学指导书》封面照片

· "江苏省人教版高中语文实验教材试教总结表彰会"在本校召开。与会的有南京、常州、连云港等多地的兄弟学校。照片前排居中者，为省教育厅教研室主任陆志平。

·江苏省首届高中语文实验班教学研讨会　1987年徐州

·全国高中语文实验课本第一次研讨会 1994年宜昌，前排右10为课本主编人教社编审周正逵。

·人民教育出版社奖状

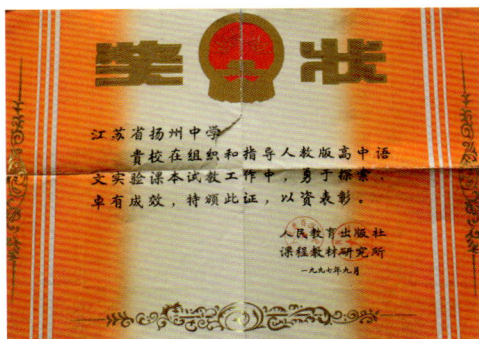

·联合国科教文组织"人口教育"试点单位，扬州中学人口教育小组的情况汇报

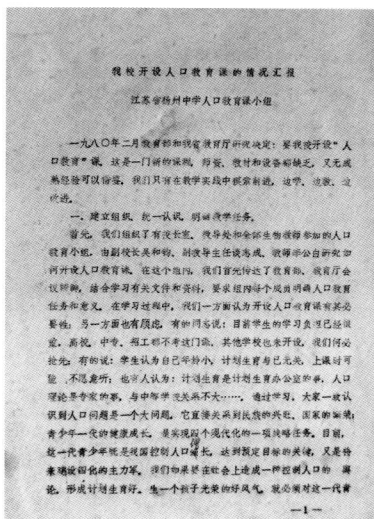

【注】 初高中数学实验教学，初高中语文实验教学，"人口教育"，详情参见《扬州中学校史资料长编》下编第七册、第八册。

·课程改革

新课程实施以来，以"科学与人文相融合"为特色，组织实施思维教学、审美教育，注重健全人格的培养，尤重创新精神。开设规定性课程、拓展性课程和自主性课程，构建"科学与人文相融合"的课程体系。其中选修课、必选课数十个系列，数百种课目。贯彻实施教学四原则，积极探究课堂教学的模式和教学方法、教学艺术。

制定"四项教学原则"书影

积极探索科学与人文相融合的教学模式，加强学科能力的发展

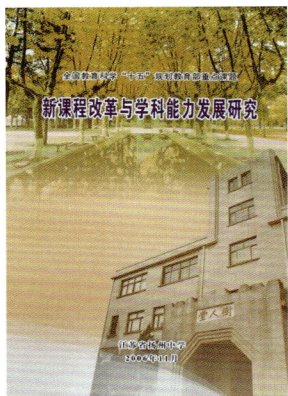

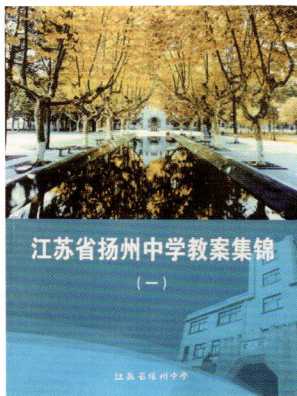

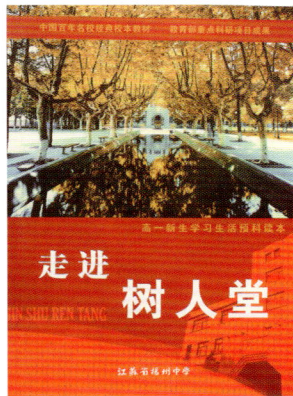

大型公开教学活动，扩大辐射影响

① 选修课程，自成系列

开发的学生网上选课系统

编制学生选课指导手册

江苏省扬州中学 2010—2011 学年第二学期 "自选课程" 素养类总课表

课程／日期	模块1 历史人物与个性	模块2 经典赏析	模块3 英美文化	模块4 生存智慧教育	模块5 当代政治经济热点透视	模块6 人文 科技 生活	模块7 走出思维的迷宫	模块8 物理实验探秘	模块9 生命科学与健康	模块10 网络与生活
3月8日	洪宪帝制与袁世凯（卫刚）	剑舞江山，刀割人生——金庸作品浅析（于扬）	西方留学（徐黝红）	人际交往（黄庆华）	文化产业与国家软实力（孙振刚）	纳米，从传说走近我们的生活（陈公明）	数学研究性学习（戚有建）	长度测量趣味实验（周鹏）	药物与健康（芦顺）	走近虚拟大世界——网络世界有哪些奥秘?（倪震祥）
3月15日	李鸿章与中国近代化（陈桂）	中外神话比较及后世文学（江虹）	英美影视欣赏（上）（王静）	如何投资理财（李伟文）	从美巴入主白宫之路看美国的选举制度（孙干）	财富与长生的神话（葛瑚珊）	数学的起源（樊赛）	折射与全反射的神奇世界（谢红梅）	人体常见疾病与健康（顾明辉）	网络安全军起点——把"网络菜鸟"的称号扔到太平洋中去（刘超）
3月22日	千古一经樽宗惠能（梅冬）	那些女性的梦想（戴秀琴）	英美影视欣赏（下）（王静）	防范不法伤害（陈卫兵）	透视金融危机风暴，防范金融风险（杨龙阳）	食品添加剂的功与与（冯艳）	数学与文化（徐小美）	有趣的肥皂（姜顺志）	运动与健康（刘鸿）	网络安全总点通——网络大研新，我正向你走来……（刘超）
3月29日	一代雄狮一拿破仑（方云华）	经典中的经典，高峰之——《红楼梦》的解读和欣赏（史伟）	圣经故事（唐炜）	如何保持心理健康（李传伟）	全球毒品与艾滋病问题（顾丹丹）	化学探索中的科学思想方法（张萍）	数学与生活（徐乐扣）	运动的分子（武银根）	环境与健康（徐树文）	走进知识的网络世界——高效使用网络提高阅读能力（谢晓石）
4月12日	坐在轮椅上的斗士—富兰克林·罗斯福（郭福珍）	天书中的玄理（何欢兰）	英语中的谚语（朱如忠）	目前中学生应知的几个法律问题（周广桂）	巴以冲突问题的深层次透析（李光凯）	浅说珠宝（余兴庆）	数学方法漫谈（张茂城）	不同结构下物质的受力情况分析（杨春贵）	饮食与健康（周兴莲）	我是"同步控"微博、SNS分享生活点滴（谢晖）
4月19日	希特勒——20世纪战争与和平（王雄）	叙事、文体与潜文本——对西方经典短篇小说的再阐释（张志强）	英语中的习语（朱如忠）	心肺复苏（顾君）	新世纪化学与思维（生建国）	中俄关系的发展与思考（诗传定）	数学建模漫谈（姜卫东）	探究a与F、m的关系（殷晚英）	生殖与健康（潘晚红）	文献检索大练兵——通过网络进行研究学习（谢晓石）
5月3日	蒋介石与现代中国（陈桂）	中国现代诗歌与古代传统（王俊）	留学准备与测试（刘人杰）	人生修养之幽默（陈东鹏）	聚焦稻梁关文化（朱磊）	茶的科学与文化（鞠东胜）	等周问题（张福俊）	DISLab在高中力学中的应用（吴梦箐）	微生物与健康（刘鸿）	让网络走进生活——如何在网上查找生活健康常识（刘超）
5月10日	宋美龄的传奇故事（张娟娟）	英雄人物的悲剧故事集——读《史记》人物塑造的审美观（肖梅清）	东西方文化礼仪差异（刘娟）	如何维护自身合法权益（毛晶晶）	从军事演习看东北亚风云变幻（朱登庆）	从军事兵器（孔令秀志）	数学点心（钱伟）	常见电磁的物理解读（周兴莲）	常见化验指标解读（周兴莲）	我的空间秀——怎样使用photoshop美化QQ空间（陈银）
5月17日	林彪其人（熊鹏）	中国古代志怪小说漫读（谢实）	西方文化杂谈（李爱军）	生存之道——经济学视角（吴继红）	当代国际恐怖主义问题（张发祥）	食品中有毒化学物质及防治（王辉林）	数学趣题（钱伟）	用DIS-lab研究"隐形"的电磁世界（光峰）	遗传与健康（陈树传）	旅游行程我做主——怎样利用网络实现自助旅游?（刘超）
5月24日	影视叙事下的毛泽东（梅冬）	"扬州八怪"浅读（王欣）	剑桥、牛津见闻（余娜欣）	生活中的心理学（谢晖）	全球化时代的众神之舞（张发祥）	饮用水中的化学（蒋诺）	概率中的随机性与正态分布介绍（张磊）	数字化实验——非线性元件的伏安特性研究（金年庆）	现代生物科技与健康（王春）	声色俱佳的网络MV世界——音频+视频联动编辑（陈银）
5月31日	赫鲁晓夫其人（熊鹏）	古诗词文吟诵知识（王舒成）	西方旅游文化（樊婏）	日常礼仪（李春媚）	透过钓鱼岛事件看中日关系（陈芳）	神奇的托马（陈芳）	中外著名哲学悖论解读（唐玉翠）	DIS-Lab高中电学中的应用举例（周春）	实验一 定点的测定，ABO血型鉴定及人体血压测定（芦霜晚儿）	不出家门随心购——网络购物全指南（谢晖）
6月14日	甘地：20世纪印度伟大的明灯（王雄）	漫话苏东坡（王俊）	西方饮食文化（丁薇薇）	意外伤害（潘阳）	中国的和平崛起（赵涤龄）	古诗词与化学（洪强）	数学中的无穷（王祥富）	探究电路元件中的伏安特性（丁长华）	实验二 微生物的观测（刘鸿 王春）	网络娱乐面观——音乐、电影、游戏……（张心怡）

数十个系列，数百种课目供学生选择

开设"树人讲堂"。邀请杰出校友、
院士等为学生开设专题报告

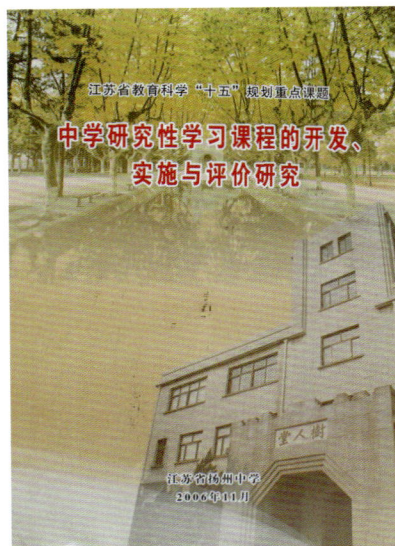

加强研究性学习的理论指导

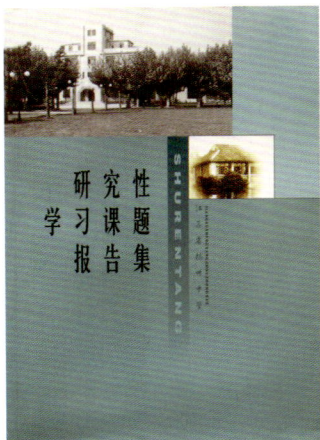

研究性学习成果汇编

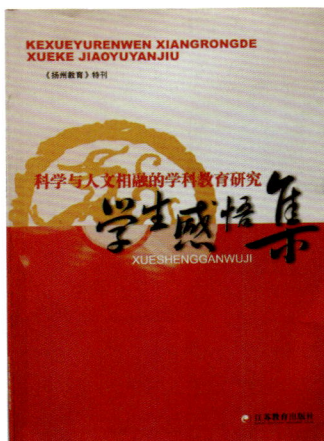

学生感悟集

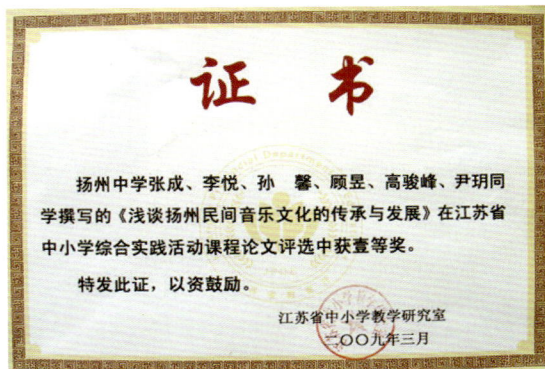

学生获奖

② 竞赛培训，屡创佳绩

1995年，陈景阳（右一）同学获得第27届国际奥林匹克化学竞赛一等奖

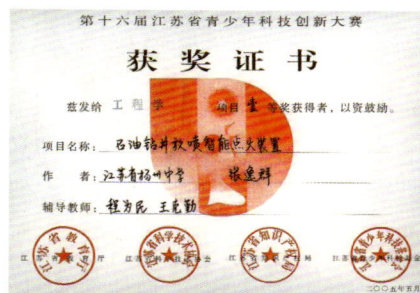

张逸群同学演示专利发明"石油钻井智能点火装置"

石拓（物理竞赛全国一等奖）

第11届中国智能机器人大赛中，江鹏、卢梁辰获足球项目全国冠军，于嘉伟同学获灭火组冠军

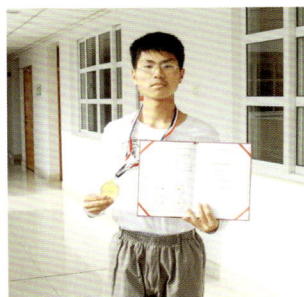

第一届"北斗杯"全国青少年科技创新大赛钱鹏获一等奖

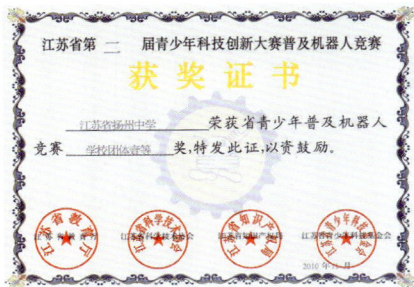

第二届江苏省普及机器人大赛获团体一等奖

· 放眼世界，国际班开设美国高中课程班

话剧表演

黑板报

个别辅导

班级文化

心系社区

开心的外教

参加鉴真国际马拉松赛

国际交流展示个人作品

参加公益活动

· **国际班学生参加中日韩三国人型机器人擂台赛获银奖**

（四）教育教学，科研先导

充分发挥教育科研的先导作用，学校先后组织实施了"系统开展学科思维教学""全方位系统开展审美教育""科学人文相互融合的办学历史与实践""树人传统下的学校自主发展"等国家级科研课题。课题研究坚持以培养具有健全人格的创新型人才为目标，坚持以科学与人文的相互融合为办学特色，坚持理论与实践相结合的原则，产生了较好的辐射影响作用。

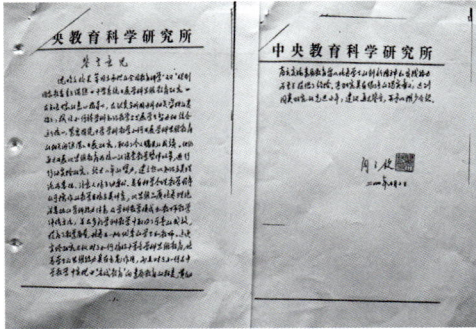

"九五"国家重点课题"中学系统开展学科思维训练"结题鉴定书

"九五"国家重点课题"中学系统开展学科思维训练"研究成果汇编

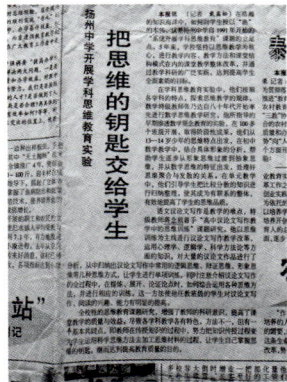

《中国教育报》对我校系统开展学科思维教育进行报道

《中国青年报》对我校系统开展学科思维教育进行报道

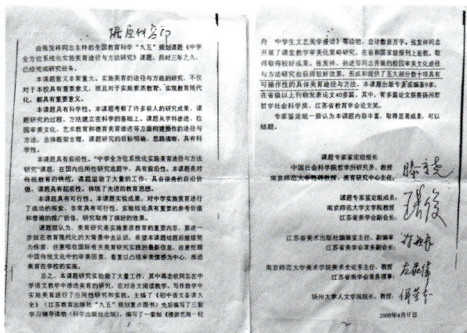

"九五"国家重点课题"全方位系统化开展中学美育的途径与方法研究"结题鉴定

"九五"国家重点课题"全方位系统化开展中学美育的途径与方法研究"成果汇编

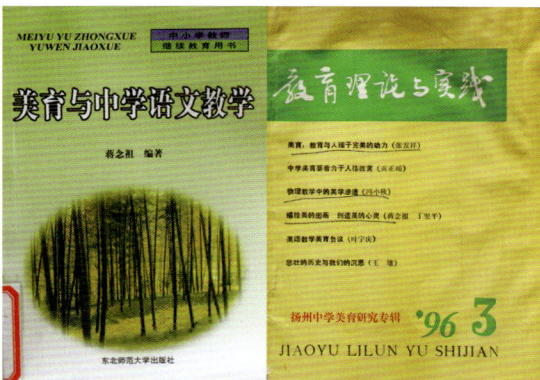

江苏省"九五"重点课题"中学生健康人格教育研究"

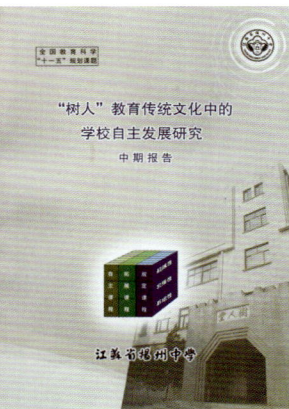

"十一五"教育部规划课题"'树人'教育传统文化中的学校自主发展研究"

"十一五"教育部规划立项课题"科学与人文相融合办学历史与实践的研究"

学校编辑的《扬中教研》

汇编教师教科研成果的《树人学刊》

2011年10月，江苏省教育科学研究院授予我校"江苏省教育科研先进集体"荣誉称号

第七部分（2012—2022）
五育并举　融合育人

新时期以来，学校坚持以德为先，注重"人格健全"，突出"自治自动"，五育并举，融合育人，在育人模式凝练、创新人才培养、课程基地建设、课程改革实施、教师队伍提升、校园环境完善等方面取得了突出成就。学校获得全国教育系统"先进集体"称号，成为江苏省首批高品质示范高中建设立项学校。

（一）学校荣誉

学校多次受到全国、省级表彰，是江苏省首批高品质示范高中建设立项学校，被授予多个特色学校、试点学校称号。

2019年6月，人力资源部和社会保障部、教育部授予我校"全国教育系统先进集体"荣誉称号

2019年12月，江苏省精神文明建设指导委员会授予我校"江苏省文明校园"荣誉称号

2018年4月，江苏省总工会授予我校"江苏省五一劳动奖状"

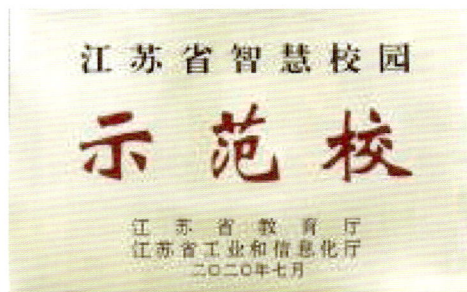

2020年7月，江苏省教育厅等授予我校"江苏省智慧校园示范校"荣誉称号

2013年，江苏省科协、教育厅授予我校"江苏省科学教育特色学校"称号

2013年，我校成为"世界名中学联盟"会员

（二）德育为先

　　全面贯彻党的教育方针，依托学校深厚的文化积淀，规划大德育课程，构建了"全员育人、全过程育人、全方位育人"和"行为自律、学习自主、活动自治、评价自省"的"三全四自"德育模式，形成文化认同、习惯养成、生涯规划、活动激励、评价促进"五位一体"的德育体系，培养德智体美劳全面发展的社会主义建设者和接班人。

　　1. 思想引领

　　牢记立德树人的根本使命，弘扬伟大民族精神，厚植爱党爱国情怀，让红色基因、革命薪火代代相传，努力培养担当民族复兴大任的时代新人。

2018—2020年，校党委每年暑期组织党员分批赴井冈山开展"不忘初心　牢记使命"党性教育培训活动

2019年5月1日，师生、校友代表参加在我校举行的扬州市纪念五四运动100周年座谈会

2020年4月开学第一课，严济良校长以"抗疫显国威，奋斗奔前程"
为主题开讲，《学习强国》全国平台随后播出

2021年6月，陆建军书记为全校党员上党史教育专题党课

2021年8月，第一批党员教师志愿者团队赴开发区施桥镇汪家村开展
抗疫志愿服务

2. 活动激励

开展丰富多彩的德育实践活动，打造社会实践大课堂。通过"六节"（体育节、读书节、科技节、艺术节、社团节、劳动节）、"三义"（慈善义演、慈善义卖、慈善义工）和联合中外、团结民族、传承文化、发展家乡的四大志愿服务活动，引导青年学生感党恩、听党话、跟党走，"扣好人生第一粒扣子"。

2018年8月，高一新生在扬州市军训汇演中荣获一等奖

2019年5月，举办"青春心向党 建功新时代"大合唱比赛

2019年12月，"校园文化艺术节"中的表演

2021年4月，举行"青春行"活动，循着习近平总书记的足迹感受家乡美

2021年6月，从全校胜出的20名学生选手参加"奋斗百年路，启航新征程"党史知识竞赛

2021年7月，"爱你如一"第八届慈善义演，善款全部用于慈善助学

3. 班主任队伍建设

充分发挥骨干班主任的引领示范作用，提升青年教师的班主任业务水平，培养高素质德育队伍。

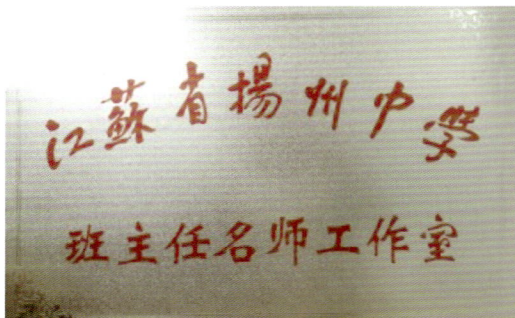

2021年11月，班主任名师工作室授牌

2021年11月，班主任结对仪式

2021年11月，举办青年教师的班主任业务培训

2016年，张志强老师在"班集体建设暨首届中小学班会课评审观摩活动"中荣获全国一等奖

2017年，何欢兰老师先后获得江苏省、长三角地区中小学班主任基本功大赛一等奖，受聘为扬州市"研学导师"

2020年，胡有红老师获江苏省班主任基本功大赛一等奖

2021年，江虹老师先后获江苏省、长三角地区班主任基本功大赛一等奖

4. 发展指导

成功申报省级品格提升工程，以积极心理中心和生涯规划中心为主体，建设"人格健全·自治自动"学生发展中心，全面提高学生身心健康水平、生涯规划意识和自我发展动力。

2021年，与南京师范大学合作的《指向培根筑基的高中生涯教育体系研究与实践》项目获江苏省基础教育类教学成果特等奖。

2022年，"基于'五育融合'的普通高中心育构建"被立项为江苏省基础教育前瞻性教学改革实验项目。

2017年7月，教育部授予我校"全国中小学心理健康教育特色学校"称号

2015年7月，召开家长委员会、关工委联席会议

2019年11月，开展心理专家咨询活动

2021年11月20日，举行家庭教育讲堂"素严学校"成立大会

5. 社团活动

社团纳入课程体系，网络选课。有涵盖体育、艺术、科技创新等类别的100多个社团，参加社团率为100%。

2013年4月，首届北京大学中学生国际辩论邀请赛进8强

2014年8月，在首届"全国青少年模拟政协"活动中荣获"最佳提案奖"

2019年，参加复旦大学国际中学生模拟联合国大会

2020年1月，荣获"汇文国际模拟联合国大会最佳组织奖"

2021年10月，我校学生荣获首届运河城市模联大会"最佳代表团"奖

6. 团建工作

党建带团建，加强团员青年的思想政治教育，开展了一系列有影响、有实效的活动，逐步形成了共青团工作特色。

"十三五"期间，王雪莹、徐靖童分别获"全国最美中学生标兵""全国最美中学生"荣誉称号，徐靖童、娄雨楠、何理鸣、王子淇、陈曹雨凡、张昊、赵帅等7名学生被评为"江苏省美德少年""江苏省最美中学生（标兵）"，一批同学获得省三好生等表彰。

2021年5月，共青团中央授予我校团委"全国五四红旗团委"荣誉称号

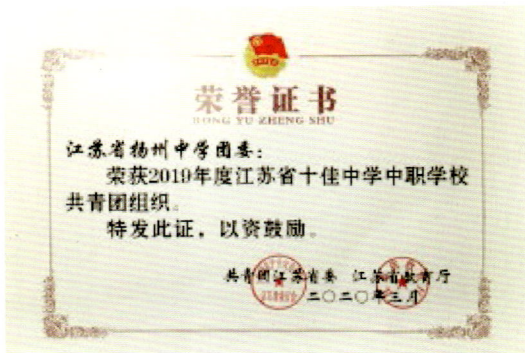

2020年5月，共青团江苏省委、江苏省教育厅授予我校团委"江苏省十佳中学中职学校共青团组织"荣誉称号

2019年5月，共青团江苏省委授予我校团委"全国五四红旗团委"荣誉称号

2016年7月，共青团江苏省委、江苏省学生联合会授予我校学生会"优秀学生会"荣誉称号

2021年4月，德育案例《社团大放异彩，校园生机蓬勃》被评为首批江苏省中小学"一校一案"典型案例；2021年12月，"同心育人添活力　团委建设显成效"项目被评为江苏省中小学统战与群团工作"同心育人"行动计划优秀项目。

王雪莹获2016年度全国"最美中学生标兵"称号

徐靖童获2018年度全国"最美中学生"称号

7. 理念凝练

《人民教育》2017年20期【核心议题】栏，刊载严济良校长的文章：《在"自治自动"中实现"健全人格"》。

《人民教育》专栏按语：《中小学德育工作指南》提出，要"制定班级民主管理制度，形成学生自我教育、民主管理的班级管理模式"，这样的管理模式，在扬州中学是坚守了近100年的传统。

"健全人格"养成，涵盖个体生存和直面永恒生命意义两个方面的教育。

（三）课程改革

1. 课程体系

"五育并举"课程规划 【节录】

德智体美劳全面发展, 五育并举。我校创造性地制定《德育课程规划》《智育课程规划》《体育课程规划》《美育课程规划》《劳育课程规划》。每一类课程都有主阵地、主体活动、相互渗透三个板块。明确每个学科、各处室的职责，集中精力教育教学，在教学实践过程中，坚守"主阵地"，各负其责，协同实施，整体提升。

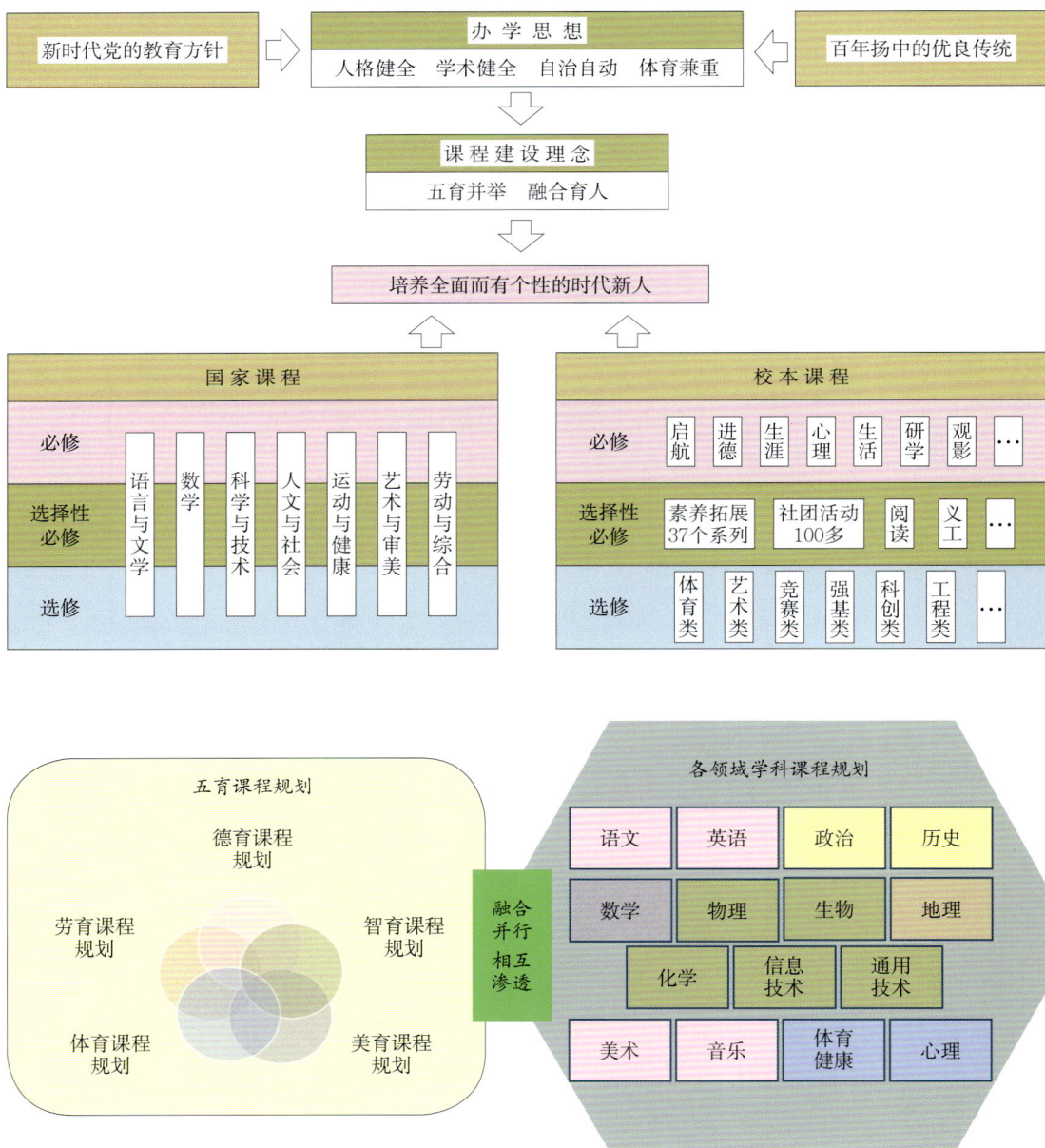

2. 拓展性课程

　　拓展性课程作为校本特色课程，从最初素养类10个选修模块，120个专题发展到40个模块，480个专题。

拓展性课程选课指导手册

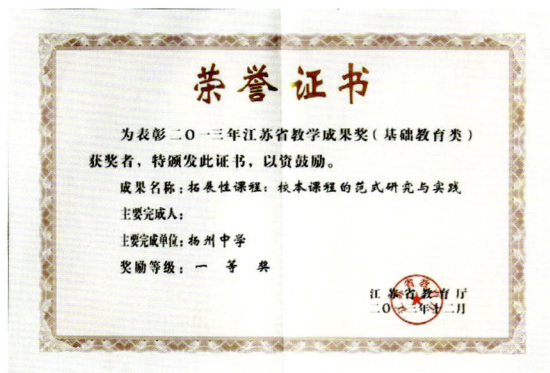

2013年12月，《拓展性课程：校本课程的范式研究与实践》被江苏省教育厅评为一等奖

2018年11月，江苏省前瞻性项目《普通高中校本课程制度的标准化建设——以江苏省扬州中学"拓展性课程"为例》结项

3. 竞赛课程

综合运用"免修制""导师制""小先生制"，初步形成了有效的创新人才培养机制。

培养的基本原则：（1）全面发展和学科特长和谐结合；（2）多元智能引领多角度培养个性人才；（3）整合校内外资源优化拔尖创新人才培育方式。

"十三五"期间，在五大奥赛中，张昊等同学共摘得了国家金牌8枚、银牌15枚、铜牌3枚，其他学科竞赛成绩优异。在全国科技创新、机器人大赛中获得多个一等奖。

2017年，我校被评为江苏省十佳科技创新学校

2020年，第37届全国中学生物理竞赛决赛丁恺睿、杨一秋双双喜获金牌

2020年，第36届中国数学奥林匹克竞赛张昊、陈思进分别喜获金、银牌

2019年，第44届国际大学生程序设计竞赛亚洲区域赛（南京）我校三支队伍参赛，一支队伍获金牌，两支队伍获铜牌

2020年，陈曹雨凡同学获"江苏省青少年科技创新培源奖"，高中组奖项首次花落扬州

2012—2021学科竞赛取得的成绩

年份	奥赛获奖情况
2012	赛区一等奖6人，其中数学1人、物理2人、信息3人； 赛区二等奖58人，其中数学22人、物理18人、化学8人、生物10人。
2013	赛区一等奖2人，其中数学2人； 赛区二等奖58人，其中数学16人、物理15人、化学6人、生物27人。
2014	国家金牌1人，其中数学1人并入选国家集训队； 赛区一等奖7人，其中数学2人、物理1人、化学2人、生物1人、信息1人； 赛区二等奖93人，其中数学19人、物理31人、化学15人、生物26人、信息2人。
2015	国家金牌1人，其中数学1人； 赛区一等奖8人，其中数学4人、物理1人、化学3人； 赛区二等奖132人，其中数学36人、物理31人、化学36人、生物24人、信息5人。
2016	国家银牌2人，其中物理1人、化学1人；国家铜牌1人，其中数学1人； 赛区一等奖7人，其中数学2人、化学5人； 赛区二等奖113人，其中数学33人、物理21人、化学27人、生物28人、信息4人。
2017	国家银牌4人，其中数学3人、化学1人； 赛区一等奖14人，其中数学6人、物理3人、化学1人、信息4人； 赛区二等奖84人，其中数学24人、物理21人、化学20人、生物19人。
2018	国家金牌2人，其中数学2人并入选国家集训队；国家银牌1人，其中化学1人； 赛区一等奖14人，其中数学2人、物理4人、化学2人、信息6人； 赛区二等奖105人，其中数学20人、物理33人、化学14人、生物31人、信息7人。
2019	国家金牌2人，其中数学2人并入选国家集训队；国家银牌1人，其中化学1人； 赛区一等奖8人，其中数学1人、物理6人、化学1人； 赛区二等奖116人，其中数学39人、物理30人、化学16人、生物31人。
2020	国家金牌3人，其中数学1人、物理2人；国家银牌2人，其中数学、信息各1人； 赛区一等奖10人，其中数学6人、生物1人、信息3人； 赛区二等奖114人，其中数学38人、物理31人、化学26人、生物15人、信息4人。
2021	国家银牌3人，其中数学、物理、信息各1人；国家铜牌2人，其中化学、生物各1人； 赛区一等奖14人，其中数学5人、物理2人、化学1人、信息6人； 赛区二等奖116人，其中数学36人、物理29人、化学21人、生物25人、信息5人。

2014—2021国家集训队、奥赛金银牌名单

学科	国家集训队	金牌	银牌	铜牌
数学	曹　阳（2014）	李煦恒（2015）	夏一航（2017）	杨　元（2016）
	吴浩然（2018）	张　昊（2019、2020）	应怀原（2017）	
	夏一航（2018）		房　鋆（2017）	
			吴浩然（2019）	
			陈思进（2020）	
			刘晔玮（2021）	
物理		丁恺睿（2020）	宣泽远（2016）	
		杨一秋（2020）	詹辅晟（2021）	
化学			钱　笑（2016）	沈义函（2021）
			谈博文（2017）	
			朱　帅（2018）	
			佘新宸（2019）	
生物				潘徐谦（2021）
信息			宦皓然（2019、2020）	
			顾万钧（2021）	
合计	3（枚）	5（枚）	15（枚）	3（枚）

4. 课程基地

建成了3个省课程基地和1个省创新发展中心。3个江苏省课程基地：基于"三个对话平台"的语文课程基地、基于"自治自动"育人传统的实验课程基地、"自治·共享"劳动教育课程基地；2个中心：江苏省"自治自动"数学发展创新中心、江苏省"自治自动"物理发展创新中心。

2012年，学校成功申报江苏省语文学科基地，全名为"基于'三个对话'的语文学科基地"，被评为江苏省优秀课程基地

2020年10月，成功申报"基于'自治自动'育人传统的实验课程基地"

2021年8月，"自治·共享"劳动教育课程基地成功申报省课程基地。"烹饪"列为劳动必修课程，要求学生学会烹制8个维扬菜

2019年5月，江苏省"自治自动"数学发展创新中心建成，此中心也是北京大学博雅人才共育基地，2022年项目顺利结项

5. 示范辐射

我校坚持以培养学生思维能力为核心的教学模式，创立"自治自动·共研共学"的教学范式，促进学生思维方式的转变与思维能力的提升。举办优课展示及同课异构教学活动，进行高品质示范高中建设经验推广，积极参加各类教学竞赛，充分发挥示范辐射作用。

2019年5月，我校隆重举行第二届"自治自动·共研共学"优课展示及教学研讨活动，来自省内40多所兄弟学校的300多名同行、专家参加了活动

2020年，我校成功举办江苏省高品质示范高中建设主题研讨会

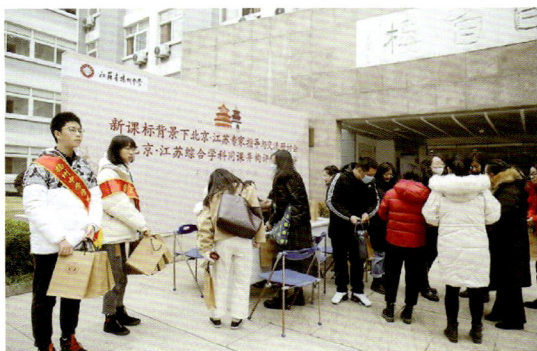

2020年12月，我校成功举办"新课标背景下北京·江苏专家指导与交流研讨会暨北京·江苏综合学科同课异构评价研讨会"

陈桂华、吴高扬、刘超、汤洄、张志强、刘小兰、贾媛、胡旻彦、王颖9位教师荣获国家级教育教学竞赛一等奖；教师获省级教学竞赛一等奖17人，二等奖9人。

2012年，我校陈桂华老师获全国语文教学大赛一等奖

2013年9月，我校刘超老师获信息技术优质课展评全国一等奖

2017年，刘小兰老师提交的"直线插针板""折射率尺"作品获全国物理创新实验展评一等奖

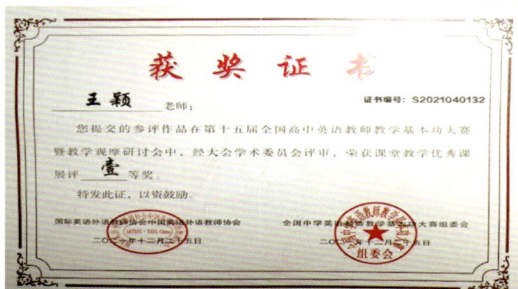

2021年，王颖老师荣获全国高中英语基本功大赛一等奖

2012—2021教师所获教学竞赛奖项

年度	获奖教师	比赛名称	级别	奖次	主办单位
2012年	陈桂华	第二届全国中学语文教师教学基本功展评优秀课评比	国家级	一等奖	中国教育学会中学语文教学专业委员会、全国中学语文教师教学基本功展评组织委员会
2012年	丁薇薇	教学竞赛	省级	一等奖	江苏省教育厅、江苏省基础教育青年教师教学基本功大赛组织委员会
2012年	葛珊珊	教学竞赛	省级	一等奖	江苏省教育厅、江苏省基础教育青年教师教学基本功大赛组织委员会
2013年	吴高扬	第四届"圣陶杯"中青年教师课堂教学竞赛	国家级	一等奖	中国教育学会中学语文教学专业委员会、青年教师专业发展研究中心、《中学语文教学》杂志
2013年	刘超	第四届全国普通高中信息技术优质课评比	国家级	一等奖	中国教育技术协会信息技术教育专业委员会
2013年	谢红梅	教学竞赛	省级	一等奖	江苏省教育厅、江苏省基础教育青年教师教学基本功大赛组织委员会
2013年	汤晓红	教学竞赛	省级	二等奖	江苏省教育厅、江苏省基础教育青年教师教学基本功大赛组织委员会
2013年	戚有健	教学竞赛	省级	二等奖	江苏省教育厅、江苏省基础教育青年教师教学基本功大赛组织委员会
2013年	张慧玲	教学竞赛	省级	二等奖	江苏省教育厅、江苏省基础教育青年教师教学基本功大赛组织委员会
2014年	谢实	江苏省高中语文基本功大赛	省级	一等奖	江苏省教育厅、江苏省基础教育青年教师教学基本功大赛组织委员会
2014年	郭金花	江苏省高中化学优秀课评比	省级	一等奖	江苏省教育厅、江苏省基础教育青年教师教学基本功大赛组织委员会
2015年	汤洵	第四届全国高中语文教师基本功展评	国家级	一等奖	中国教育学会中学语文教学专业委员会、全国中学语文教师教学基本功展评组织委员会
2015年	张志强	第四届全国高中语文教师基本功展评	国家级	一等奖	中国教育学会中学语文教学专业委员会、全国中学语文教师教学基本功展评组织委员会
2015年	刘鑫	江苏省中学物理教学改革创新大赛	省级	二等奖	江苏省教育学会物理教学专业委员会
2016年	贾媛	江苏省中学语文教学优秀课评比观摩	省级	一等奖	江苏省中小学教学研究室
2016年	金年庆	江苏省中学理科实验说课比赛	省级	一等奖	江苏省教育厅
2017年	肖梅清	江苏省语文优质课比赛	省级	二等奖	江苏省教育厅、江苏省中小学教学研究室
2017年	朱凤文	江苏省体育教师基本功大赛	省级	二等奖	江苏省教育厅、江苏省基础教育青年教师教学基本功大赛组织委员会
2017年	葛珊珊	江苏省高中化学基本功大赛	省级	一等奖	江苏省教育厅、江苏省基础教育青年教师教学基本功大赛组织委员会
2017年	吴梦雷	江苏省高中物理优质课评比	省级	二等奖	江苏省中小学教学研究室、江苏省教育学会物理教学专业委员会
2017年	胡旻彦	江苏省基础教育高中语文青年教师教学基本功大赛	省级	一等奖	江苏省教育厅、江苏省中小学教学研究室

续表

年度	获奖教师	比赛名称	级别	奖次	主办单位
2017年	刘小兰	全国中学物理创新实验展评	国家级	一等奖	中国教育学会物理教学专业委员会
		江苏省创新实验展评	省级	一等奖	江苏省中小学教学研究室、江苏省教育学会物理教学专业委员会
2018年	吴建业	江苏省高中化学优秀课评比	省级	一等奖	江苏省教育厅、江苏省中小学教学研究室
2018年	徐树	江苏省基础教育青年教师教学基本功大赛	省级	二等奖	江苏省教育厅、江苏省基础教育青年教师教学基本功大赛组织委员会
2019年	窦青杨	江苏省英语青年教师基本功大赛	省级	一等奖	江苏省教育厅、江苏省基础教育青年教师教学基本功大赛组织委员会
2019年	刘娟	江苏省英语青年教师基本功大赛	省级	二等奖	江苏省教育厅、江苏省基础教育青年教师教学基本功大赛组织委员会
2019年	贾媛	第十二届全国万唯·语文报杯中青年课堂教学比赛	国家级	一等奖	"语文报杯"全国中青年教师课堂教学大赛组委会
2019年	刘超	江苏省基础教育青年教师教学基本功大赛	省级	一等奖	江苏省教育厅、江苏省基础教育青年教师教学基本功大赛组织委员会
2020年	蔡燕	江苏省高中语文优质课展评	省级	一等奖	江苏省教育厅、江苏省中小学教学研究室
2021年	刘小兰	江苏省高中物理优质课评选	省级	一等奖	江苏省教育厅、江苏省中小学教学研究室
2021年	胡有红	江苏省高中生物优质课评比	省级	一等奖	江苏省教育厅、江苏省中小学教学研究室
2021年	胡旻彦	第三届中华经典诵写讲大赛"诗教中国"诗词讲解大赛	国家级	一等奖	教育部、国家语委
2021年	王颖	江苏省高中英语优质课评比	省级	一等奖	江苏省中小学教学研究室
		第十五届全国高中英语教师教学基本功大赛	国家级	一等奖	全国中学英语教师教学基本功大赛组委会

（四）队伍建设

建设一支"大格局、高水平、肯实干、善合作"的高品质教师队伍。在职正高级教师12人，江苏省特级教师9人；全国模范教师1人，全国优秀教师1人；江苏省人民教育家培养对象3人，省333工程培养对象8人，省市中青年专家7人。

2021年7月，成立厚枢学校，加强青年教师培养

拥有多个扬州市名师工作室

2021年11月在职省市特级教师、正高级教师合影（前排左起：鞠东胜、陈国林、王雄、冯小秋、严济良、陈桂珍、于扬、陈桂华；后排左起：吴高扬、姜卫东、丁爱军、薛义荣、武银根、陈芳、孙国强）

2021年11月江苏省"四有好教师团队"合影（前排左起：鞠东胜、陈国林、王雄、严济良、薛义荣、陈桂华；第二排左起：郭金花、葛珊珊、何欢兰、朱夙文、王洁、丁紫俊、谢晖、吴楚君；第三排左起：胡有红、刘娟、徐小美、冯兰、丁薇薇、吴云、陈扬；第四排左起：陈一丁、陈健、李兆凯、王祥富、刘超、吴梦雷）

2021.6.11《中国教育报》发表我校严济良校长的文章《教师培养的校本方略》，集中阐述了教师培养的策略：

把树立正确的教育价值观作为培养教师的核心任务

以项目建设系统构建教师培养体系

用评价杠杆激励教师创优创新

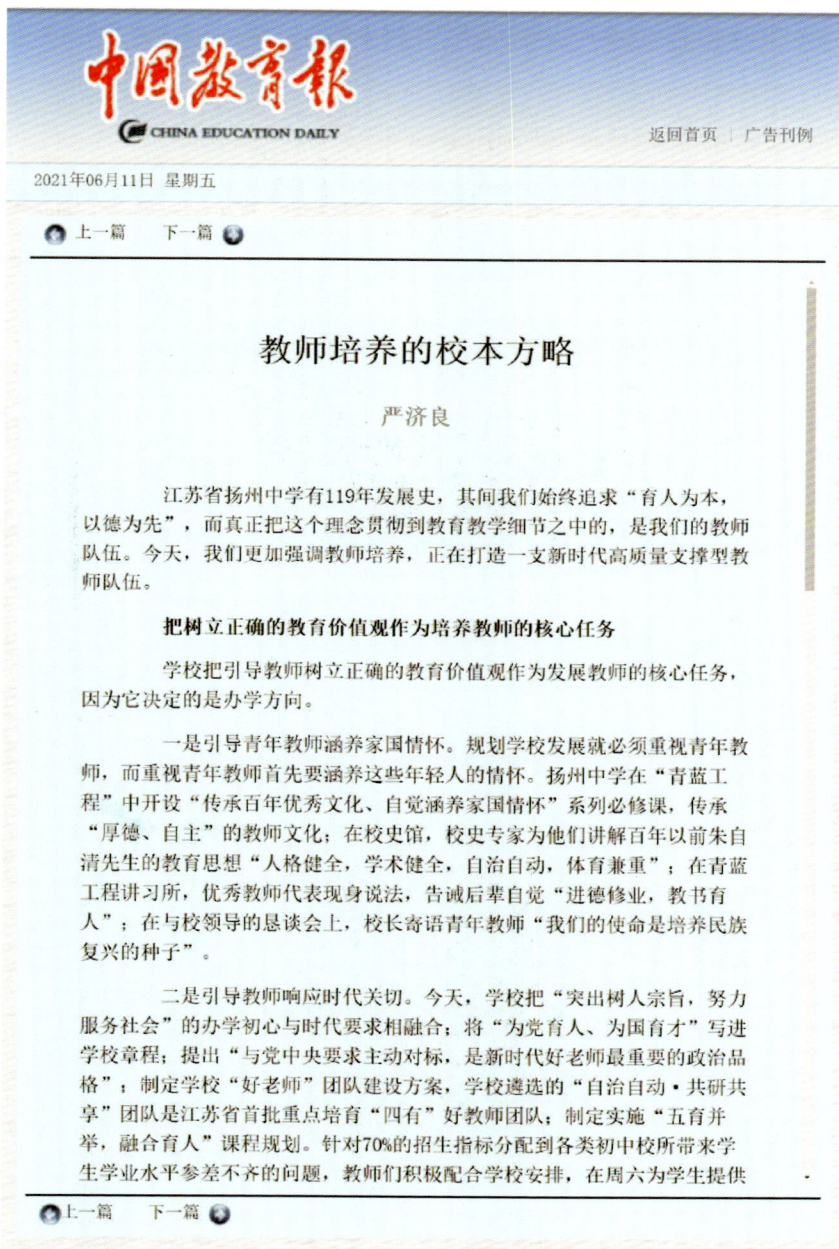

中国教育报 CHINA EDUCATION DAILY

返回首页｜广告刊例

2021年06月11日 星期五

上一篇　下一篇

教师培养的校本方略

严济良

江苏省扬州中学有119年发展史，其间我们始终追求"育人为本，以德为先"，而真正把这个理念贯彻到教育教学细节之中的，是我们的教师队伍。今天，我们更加强调教师培养，正在打造一支新时代高质量支撑型教师队伍。

把树立正确的教育价值观作为培养教师的核心任务

学校把引导教师树立正确的教育价值观作为发展教师的核心任务，因为它决定的是办学方向。

一是引导青年教师涵养家国情怀。规划学校发展就必须重视青年教师，而重视青年教师首先要涵养这些年轻人的情怀。扬州中学在"青蓝工程"中开设"传承百年优秀文化、自觉涵养家国情怀"系列必修课，传承"厚德、自主"的教师文化；在校史馆，校史专家为他们讲解百年以前朱自清先生的教育思想"人格健全，学术健全，自治自动，体育兼重"；在青蓝工程讲习所，优秀教师代表现身说法，告诫后辈自觉"进德修业，教书育人"；在与校领导的恳谈会上，校长寄语青年教师"我们的使命是培养民族复兴的种子"。

二是引导教师响应时代关切。今天，学校把"突出树人宗旨，努力服务社会"的办学初心与时代要求相融合；将"为党育人、为国育才"写进学校章程；提出"与党中央要求主动对标，是新时代好老师最重要的政治品格"；制定学校"好老师"团队建设方案，学校遴选的"自治自动·共研共享"团队是江苏省首批重点培育"四有"好教师团队；制定实施"五育并举，融合育人"课程规划。针对70%的招生指标分配到各类初中校所带来学生学业水平参差不齐的问题，教师们积极配合学校安排，在周六为学生提供

上一篇　下一篇

附：

江苏省扬州中学在职骨干教师名单

类型序号	年份/批次	骨干类型	姓名	性别	职称	学科
1	2004/第三批	教学能手	樊　妍	女	副高	英语
2	2004/第三批	教学能手	鞠年群	男	副高	体育
3	2013/第六批	教学能手	梅　冬	男	中级	历史
4	2018/第八批	教学能手	芦　珊	女	中级	生物
5	2018/第八批	教学能手	陈一丁	男	中级	历史
6	2018/第八批	教学能手	张一桢	女	中级	历史
7	2018/第八批	教学能手	胡　蕾	女	中级	英语
8	2020/第九批	教学能手	蔡　燕	女	中级	语文
9	2020/第九批	教学能手	肖梅清	女	中级	语文
10	2020/第九批	教学能手	江　虹	女	中级	语文
11	2020/第九批	教学能手	徐　树	男	中级	物理
12	2020/第九批	教学能手	季　舟	女	中级	英语
13	2020/第九批	教学能手	王　洁	女	助理级	英语
1	2007/第四批	中青年教学骨干	佘兴庆	男	副高	化学
2	2007/第四批	中青年教学骨干	姜顺忠	男	副高	物理
3	2010/第五批	中青年教学骨干	徐所扣	男	副高	数学
4	2010/第五批	中青年教学骨干	刘人杰	男	副高	英语
5	2010/第五批	中青年教学骨干	蒋　诺	女	副高	化学
6	2010/第五批	中青年教学骨干	徐新德	男	副高	化学
7	2013/第六批	中青年教学骨干	刘　翎	女	副高	信息技术
8	2013/第六批	中青年教学骨干	张玉波	男	副高	物理
9	2016/第七批	中青年教学骨干	陈　健	男	中级	地理
10	2018/第八批	中青年教学骨干	胡旻彦	女	中级	语文
11	2018/第八批	中青年教学骨干	刘　娟	女	中级	英语
12	2018/第八批	中青年教学骨干	邓　惠	女	中级	历史
13	2020/第九批	中青年教学骨干	朱　磊	女	副高	政治
14	2020/第九批	中青年教学骨干	孙　旭	男	中级	语文
15	2020/第九批	中青年教学骨干	徐树文	女	副高	生物
1	2002/第二批	学科带头人	双金麟	男	副高	英语
2	2007/第四批	学科带头人	唐　炜	男	副高	英语
3	2010/第五批	学科带头人	徐勤红	女	副高	英语
4	2010/第五批	学科带头人	张春琦	男	副高	数学
5	2010/第五批	学科带头人	方云华	男	副高	历史

类型序号	年份/批次	骨干类型	姓名	性别	职称	学科
6	2010/第五批	学科带头人	刘 鸿	女	副高	生物
7	2012（连续三年考核优秀直接晋升）	学科带头人	周 鹏	男	副高	物理
8	2013/第六批	学科带头人	王舒成	男	副高	语文
9	2014（连续三年考核优秀直接晋升）	学科带头人	周 春	男	副高	物理
10	2016/第七批	学科带头人	戚有建	男	副高	数学
11	2016/第七批	学科带头人	王祥富	男	副高	数学
12	2017（连续三年考核优秀直接晋升）	学科带头人	冯 兰	女	副高	物理
13	2018(连续三年考核优秀直接晋升)	学科带头人	倪震祥	男	副高	信息技术
14	2018（连续三年考核优秀直接晋升）、省333工程第三层次培养对象	学科带头人	葛珊珊	女	副高	化学
15	2018/第八批	学科带头人	丁薇薇	女	副高	英语
16	2018/第八批	学科带头人	徐冬晴	女	副高	英语
17	2018/第八批	学科带头人	胡有红	女	副高	生物
18	2018/第八批	学科带头人	金年庆	男	副高	物理
19	2019（连续两年考核优秀直接晋升）	学科带头人	樊 蓉	女	副高	数学
20	2019（连续两年考核优秀直接晋升）	学科带头人	贾 媛	女	副高	语文
21	2019（连续两年考核优秀直接晋升）	学科带头人	李兆凯	男	副高	政治
22	2020（连续两年考核优秀直接晋升）	学科带头人	戴秀琴	女	副高	语文
23	2020（连续两年考核优秀直接晋升）	学科带头人	刘小兰	女	中级	物理
24	2020/第九批	学科带头人	刘 超	男	中级	信息技术
25	2020/第九批	学科带头人	孙 干	男	副高	政治
26	2020/第九批	学科带头人	汤 洵	女	副高	语文
27	2020/第九批	学科带头人	窦青杨	女	副高	英语
28	2020/第九批	学科带头人	徐小美	女	副高	数学
29	2020/第九批	学科带头人	陈洪松	男	副高	物理
30	2021（连续两年考核优秀直接晋升）、省333工程第三层次培养对象	学科带头人	谢晓石	男	副高	通用技术
1	2008/第一批、2012	扬州市特级教师、扬州市中青年专家	丁爱军	男	副高	化学
2	2011/第二批、2014	扬州市特级教师，扬州市中青年专家	武银根	男	副高	物理

类型序号	年份/批次	骨干类型	姓名	性别	职称	学科
3	2014/第三批	扬州市特级教师	姜卫东	男	副高	数学
4	2014/第三批	扬州市特级教师	孙国强	男	正高	语文
5	2019/第五批	扬州市特级教师	吴高扬	男	正高	语文
6	2021/第六批、省333工程第三层次培养对象	扬州市特级教师	吴梦雷	男	副高	物理
7	2021/第六批	扬州市特级教师	郭金花	女	副高	化学
8	2021/第三批	扬州市特级班主任	何欢兰	女	副高	语文
1	2005/第九批	江苏省特级教师	王雄	男	正高	历史
2	2005/第九批；2006	江苏省特级教师、扬州市中青年专家；全国模范教师	冯小秋	女	正高	物理
3	2010/第十一批	江苏省特级教师	于扬	女	正高	语文
4	2010/第十一批	江苏省特级教师	陈桂珍	女	正高	地理
5	2010/第十一批、2010	江苏省特级教师、扬州市中青年专家	鞠东胜	男	正高	化学
6	2010/第十一批、2008	江苏省特级教师、扬州市中青年专家	陈国林	男	正高	语文
7	2012/第十二批、2018、2021；2010	江苏省特级教师、江苏省中青年专家、全国优秀教师、入选国家万人计划；全国优秀教师	薛义荣	男	正高	物理
8	2018/第十五批、2012	江苏省特级教师、扬州市中青年专家	陈桂华	女	正高	语文
9	2021/第十六批	江苏省特级教师	陈芳	女	正高	政治

（五）教科研

2012年—2022年，主持国家级课题3项，主持省级课题25项；多次获江苏省基础教育教学成果、教育科学研究成果一等奖。

2018年7月，江苏省教育科学研究院授予我校"教科研先进学校"荣誉称号

2013年2月，《科学与人文相融合的语文教学》获江苏省教育厅首届基础教育教学成果一等奖

2013年12月，《"科学与人文相融合"的课程体系的研究与实践》获江苏省教育厅首届教育教学成果一等奖

2012年，我校举行"十一五"国家规划课题、省规划课题结题鉴定会

2016年，我校省级课题结题鉴定、新课题开题论证报告会

主持国家级课题情况一览表

序号	主持人	课题名称	课题级别	研究状态	主管部门
1	卫刚	"科学与人文相融合"办学历史与实践的研究	全国教育科学"十一五"规划课题	结题	全国教育规划办
2	卫刚	"树人"教育传统文化中的学校自主发展	全国教育科学"十一五"规划课题	结题	全国教育规划办
3	薛义荣	基于核心素养的高中统整课程研究	全国教育科学"十三五"规划课题，国家社科基金项目	结题	全国教育规划办

主持省级以上课题情况一览表

序号	我校主持人	课题名称	课题级别	研究状态	主管部门
1	陈桂珍	地理课堂教学行为的偏差与矫正的案例研究	省教研室第八期重点课题	结题（优秀）	江苏省教研室
2	鞠东胜	培养高中生化学自主学习能力的课堂教学模式与策略研究	省教研室第八期重点课题	结题（优秀）	江苏省教研室
3	陈国林	百年扬州中学十位语文名家教育思想地图	省教育科学"十二五"规划重点资助课题	结题	江苏省教育科学规划办
4	方钧鹤	顾黄初语文教育思想观照下的高中语文教学实践与研究	省教育科学"十二五"规划重点资助课题	结题	江苏省教育科学规划办
5	陈　芳	高中政治课教学中培养学生辩证思维方法	省教研室第九期立项课题	结题	江苏省教研室
6	王　静	有效教学理念下的初高中英语教学衔接研究	省教研室第十期立项课题	结题	江苏省教研室
7	张志强	新课程视阈下古代文学评点的实践价值研究	省"十二五"规划2013年度课题	结题	江苏省教育科学规划办
8	严济良	普通高中实施博雅教育的课程建设与教学模式研究	省"十二五"规划2013年度重点资助课题	结题	江苏省教育科学规划办
9	陈桂华	借鉴后现代主义理论促进中学语文教育改革的理论与实践研究	省教育科学"十二五"规划2015年度立项课题	结题	江苏省教育科学规划办
10	倪震祥	数字化学习背景下高中生自主学习的课堂教学模式与策略研究	省教育科学"十二五"规划2015年度立项课题	结题	江苏省教育科学规划办
11	葛珊珊	高中化学阶段性作业的设计与评价研究	省教育科学"十二五"规划2015年度立项课题	结题	江苏省教育科学规划办
12	严济良	新时代在"自治自动"中实现"人格健全"的实践研究	省教育科学"十三五"规划2018年度立项课题	中期	江苏省教育科学规划办

续表

序号	我校主持人	课题名称	课题级别	研究状态	主管部门
13	冯兰 冯小秋	以科学思维为先导的非主流课堂教学研究	省教育科学"十三五"规划2018年度立项课题	中期	江苏省教育科学规划办
14	郭金花	基于深度学习的高中生化学高阶思维发展模型建构研究	省教育科学"十三五"规划2018年度立项课题	中期	江苏省教育科学规划办
15	戚有建	指向数学思维的高中"自治自动"教学研究	省教研"十三五"立项课题	中期	江苏省教研室
16	武银根 金年庆	以科学思维为先导的"非主流"实验教学研究	省教育科学"十三五"规划2019年度重点自筹课题	中期	江苏省教育科学规划办
17	丁爱军	五育融通理念引领下的普通高中课程校本实施体系研究	省教育科学"十三五"规划2019年度立项课题	中期	江苏省教育科学规划办
18	王舒成	跨媒介语文活动的实践与研究	省教育科学"十三五"规划2019年度立项课题	中期	江苏省教育科学规划办
19	李兆凯	指向核心素养提升的高中政史地统整教学研究	省教育科学"十三五"规划2021年度立项课题	开题	江苏省教育科学规划办
20	胡有红	基于境脉思维的单元整体教学研究与实践	省教育科学"十三五"规划2021年度立项课题	开题	江苏省教育科学规划办
21	薛义荣	基于情境类型学的初中物理习题量化研究	省教育科学"十三五"规划2021年度立项课题	开题	江苏省教育科学规划办
22	丁爱军 吴梦雷	新课程背景下高中理科实验课程体系建设研究	省教研室第十四期重点资助课题（2021年）	开题	江苏省教研室
23	陈桂华 何欢兰	统编版高中语文教材读写融合理论基础与实践路径研究	省教研室第十四期重点自筹课题（2021年）	开题	江苏省教研室
24	王祥富 薛义荣	"双高"协同贯通培养数学拔尖创新后备人才的实践研究	省教研室第十四期学科发展示范（创新）中心专项课题（2021年）	开题	江苏省教研室
25	孙国强	在"国学四经典"课程开发中培养发展学生的核心素养	省教研室第十四期立项课题（2021年）	开题	江苏省教研室

教学成果奖

2012年—2021年，获国家级教学成果奖1项，省级教学成果奖9项。

1. 国家级教学成果奖

项目名称	我校参与人	等次	获奖时间	授予单位
"多元交互式"教学评价体系的建构与实践——基于地理教学观察的行动研究	陈桂珍	一等奖	2014.9	教育部

2. 省级教学成果奖

项目名称	我校参与人	等次	获奖时间	授予单位
"科学与人文相融合"的课程体系的研究与实践	卫刚	江苏省首届基础教育教学成果奖一等奖	2013.2	江苏省教育厅
科学与人文相融合的语文教学	蒋念祖 方钧鹤 陈国林	江苏省首届基础教育教学成果奖一等奖	2013.2	江苏省教育厅
中学生历史学科能力的培养与发展研究	王雄	江苏省首届基础教育教学成果奖二等奖	2013.2	江苏省教育厅
拓展性课程：校本课程的范式研究与实践	卫刚	江苏省教学成果奖（基础教育类）一等奖	2013.2	江苏省教育厅
地理课堂教学行为偏差及其矫正的探索	陈桂珍	江苏省教学成果奖（基础教育类）一等奖	2013.12	江苏省教育厅
基于实验创新的师生自主学习能力发展的开发与实践	王金龙 鞠东胜	江苏省教学成果奖（基础教育类）二等奖	2013.2	江苏省教育厅
中学政治（思品）"品味课堂"的实践探索	陈芳	江苏省基础教育成果特等奖	2017.9	江苏省教育厅
指向培根筑基的高中生涯教育体系研究与实践	严济良	江苏省基础教育类教学成果特等奖。	2021.12	江苏省教育厅
指向核心素养的高中统整课程研究与实践	薛义荣 严济良 王　雄 吴高扬	江苏省教学成果奖（基础教育类）二等奖	2021.12	江苏省教育厅

（七）多样化的办学形式

1. 扬州中学教育集团树人学校

成立于1999年6月，经过21年快速、健康的发展，已形成"一校三区四部"的格局，即九龙湖、南门街、凤栖湖3个校区，小学部、初中部、高中部、国际部4部。同时，接受委托管理扬州市经济技术开发区实验中学。现有137个教学班，在校学生6798人，教职员工485人。

2. 江苏省扬州中学西区校

由扬州市力量教育文化产业有限公司与江苏省扬州中学合作创办的一所民营性质的学校。创建于2006年，于2013年停止招生。以"学生成才、教师成长、学校成功"为办学方针，教育教学取得丰硕成果。

（八）校史研究

1982年底成立校史编写组，2004年更名校史研究室。

扬州中学的历史是百年中国中等教育（含师范、工科、商科等）的缩影。《扬州中学校史资料长编》是本校从80年代初起，经90周年、100周年、110周年，积40年研究校史之功的成果之一。这是全国中学界首家独立编辑校史最全的一部大型丛书，为弘扬优良传统提供丰厚资料，作为对青少年进行健全人格教育的好教材。《长编》取开放结构，2012年，出版了上编1—7册和前编，2016年，2018年，2020年，2022年，四次续出，到目前为止，《扬州中学校史资料长编》已经出版前编1册、上编11册、下编12册，共24册，逾千万字。

本长编荣获2016年江苏省首届教育科学研究成果一等奖。

校史研究的部分陈列品：20世纪80年代的《扬中校友通讯》（油印原件）、90周年"校史陈列馆"设计方案（油印原件）、100周年"校史陈列馆"图片、110周年"校史陈列馆"图片。人民教育出版社、大百科全书出版社、凤凰出版社，为我校出版了校史书籍。

校史研究突出的作品：江苏省扬州中学院士广场。

【附图】

《扬中校友通讯》创刊，胡人书刊头，沈莉芳刻写全幅，撰稿张铨。时任书记许勇、校长郑万钟。

扬州中学简史，80年代首刊于《扬州师院学报》，后又二次转载。

王板哉老师书馆名

人民教育出版社、大百科全书出版社、凤凰出版社出版的我校校史书籍

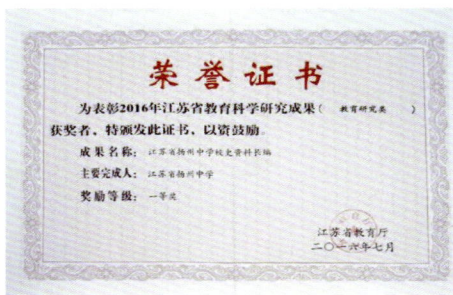

2016年7月，《江苏省扬州中学校史资料长编》获江苏教育科学研究成果一等奖

扬州中学院士广场院士群雕及广场记碑

院士广场紧依复校纪念塔

【附1】

院士广场记

仪董肇始，扬州现代教育。八中五师，本地最高学府。两校合璧，成立江苏省立扬州中学。科学陶冶，人格感化，硕果超群，饮誉海内。八年抗战，星散四方，沪泰扬暨重庆合川，为中华振兴而弦歌不辍。新中国诞生，弘扬"正直向上，热于求知"校风，秉持"科学　人文　融合"理念，继往开来，生机蓬勃。

百年扬中，积淀丰厚，各行各业人才辈出，科技前沿群星璀璨。历年来荣膺"院士"称号者，几逾半百。他们锐意创新，报效祖国，赢得各界人士尊敬。

值此扬州城庆之际，市委市府倡导关心，建设扬州中学院士广场。古城人文内涵，借以彰显；学校教育业绩，得到展示。群雕再现院士风采，必将激励青少年热爱科学，启迪人们追求真理。院士广场，城市客厅，同沐理性阳光，共赏文明风景。

江苏省扬州中学

二〇一五年九月

【附2】

复校纪念塔志

1902年创立的仪董学堂，是江苏省扬州中学的发端，几经变迁，几易其名，1927年，成立江苏省立扬州中学，以其非凡业绩，赢得"北南开、南扬中"的美誉。

抗战爆发，扬城沦陷，师生被迫流徙，或入川，或移沪，或迁泰，或留淮东，分别建立国立二中、沪校、泰校、苏北分校等，扬中师生为了民族复兴，流散各地，弦歌不辍，艰苦备尝。

抗战胜利后，流离师生回到大汪边母校，见学校满目疮痍，倍感痛心。于是倡议建立复校纪念塔，不忘八年播迁之苦，牢记家国兴亡之痛，彰显民族不屈之志。

当年百废待举，经费匮乏，复校纪念塔只得简易为之。塔身下方前后，各有蓝色题词，方形印章布局，其中正面篆书"还我好音"四字，背面隶书"圜桥观听"四字。"还我好音"，化用《诗经·泮水》"怀我好音"诗句，改"怀"为"还"，意谓重光校园，再现琅琅书声和妙曼歌声；"圜桥观听"，语出《后汉书·儒林列传》，形容教育盛况，以此预示学校发展的美好愿景。

原塔其后被毁，2002年重建于此。院士广场落成之际，补志。

江苏省扬州中学

二〇一五年九月

（九）十年来本校建筑情况

【统计表】

建筑物	数量	建成时间	备注
东西大楼加固	两栋楼（教学楼）	2011年	校安工程需要加固
老办公楼	一栋楼（教学楼）	2014年	校安工程需要加固
逸夫楼和胡文虎楼重建	两栋楼（五层建筑教学楼）	2012年	因校安工程需要拆除原来的逸夫楼和胡文虎楼（四层建筑）
拆实验楼和原高三宿舍楼，新建实验楼和自清园	一栋建筑（实验室和报告厅）	2016年	因校安工程需要拆除原实验楼
新建学生宿舍和专家楼	两栋建筑	2016年	
食堂加固	一栋建筑	2016年	校安工程需要加固
慕林楼	一栋三层建筑	2016年	校安工程需要加固
老图书馆加固	一栋建筑（音美教室）	2018年	校安工程需要加固
树人堂修缮	一栋建筑（校史馆和大礼堂）	2021年	校安工程需要加固
新建体育综合体，恢复（重建）南楼	综合体（体育馆和恢复南楼）	2022年	拆除原体育馆

原宿舍楼

新男生宿舍楼

新女生宿舍楼

原实验楼

新实验楼

原逸夫楼和胡文虎楼

新胡文虎楼和逸夫楼

原体育馆

南楼和新体育综合体
（效果图及鸟瞰图）

自清园

校友专栏

朱自清

吴征镒

黄纬禄

吴大观

吴良镛

【校友专栏】

朱自清

·著名诗人、作家、学者和民主战士朱自清先生，1916届校友

朱自清先生，字佩弦，祖籍绍兴，生于1898年11月22日。原名朱自华，号秋实，三代定居扬州，自称"我是扬州人"。毕业于江苏省立第八中学（扬州中学前身），北京大学哲学系毕业后又回母校执教，并任教学主任。后长期担任清华大学文学系主任，文学和学术成就在中国现代文学史上地位崇高，影响深远，尤其是他的优美散文和完美人格具有永恒的魅力。

毛泽东主席说，"中国人是有骨气的"，要"写朱自清颂"，他"表现了我们民族的英雄气概"。

朱自清和夫人陈竹隐

·八中国文教员兼教学主任

1921年与八中友人合影，2排右1朱自清

江苏省立第八中学校
壬戌级纪念册

壬戌级大事记："第四学年·第一学期·九月　本校教务主任厉志云先生就商务印书馆编辑职，教学主任职请朱佩弦先生担任。"

壬戌级甲组第四学年课程表："科目：国文·哲学。时数：1。教员：朱自清 佩弦。教本：哲学大纲。学程：本书授完。"

· 珍贵墨宝

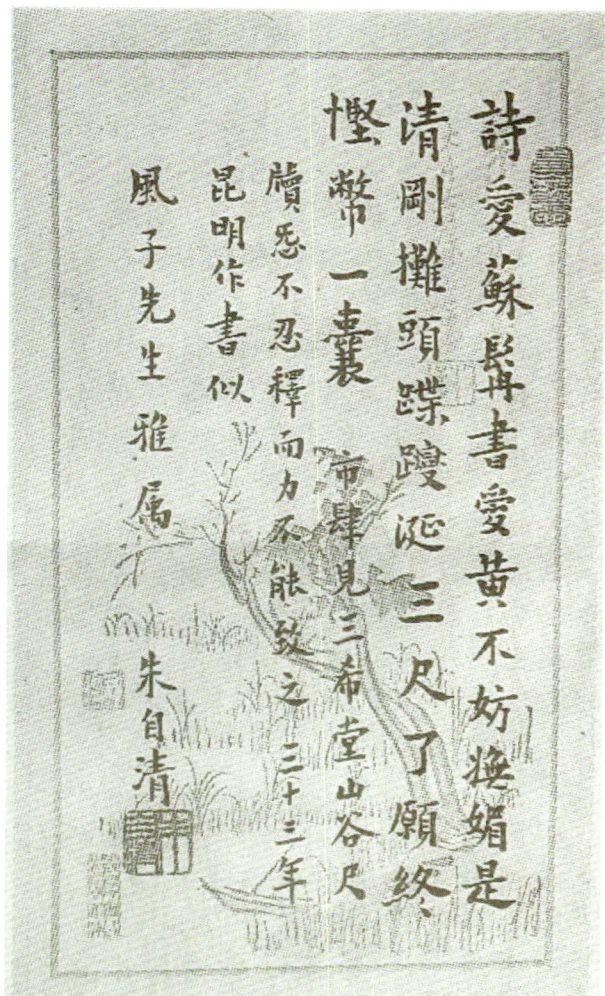

扬州中学自清园，太湖石

清华园内"自清"亭

【相关链接】

朱自清为母校爆"大冷门"而高兴

李为扬，1933届校友

　　1934年前，南方人都不大愿意到北方读书，因此清华每年录取新生总是北方学生比较多，当时全清华只有六名扬中校友。而1934年爆出"大冷门"，这一年只有70名毕业生的扬州中学在清华大学招收的300余名新生中，竟占了24名。

　　朱自清先生（时任清华大学中国文学系主任）对母校取得的优异成绩非常高兴，并认为"扬中校友会"已具备成立的条件。在他的倡导下，成立了"清华大学扬中校友会"，选举结果，胡光世任主席，吴征镒任文书，我任会计，因此和朱先生逐渐熟悉起来。

　　　　　　　　　　——中国名校优良传统丛书《扬州中学》，中国大百科全书出版社

【校友专栏】

吴征镒

· 中国植物学研究的集大成者，国家最高科学技术奖获得者
　吴征镒院士，1933届校友

　　吴征镒，扬州人，扬州中学毕业后，考入清华大学生物系。曾任中国科学院植物研究所研究员兼副所长、中国科学院昆明植物研究所所长兼中国科学院昆明分院院长、《中国植物志》（中、英文版）主编。荣获2007年中国国家最高科学技术奖。2011年，经中科院国家天文台推荐，国际天文学联合会小天体命名委员会将175718号小行星命名为"吴征镒星"。

国家最高科学技术奖证书和奖章

吴征镒获2007年度
国家最高科学技术奖

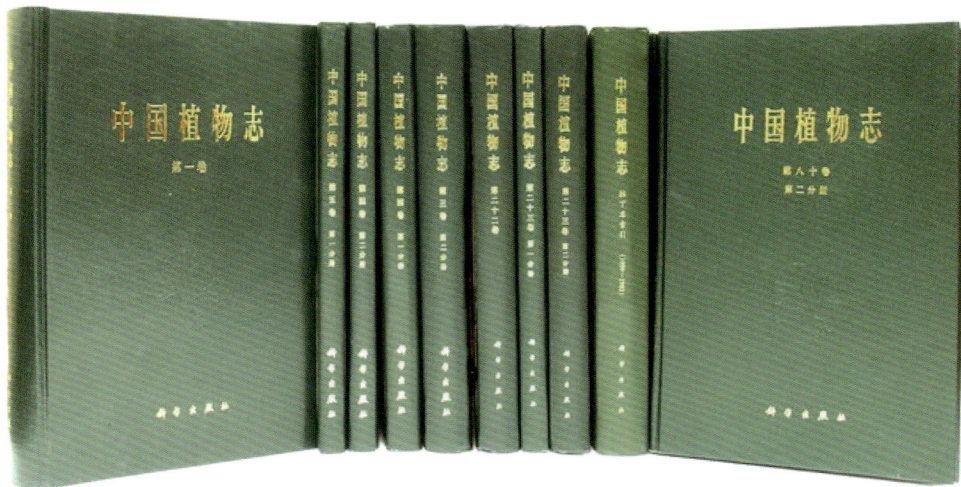

吴征镒参与主编的《中国植物志》

1984年在贵州梵净山考察

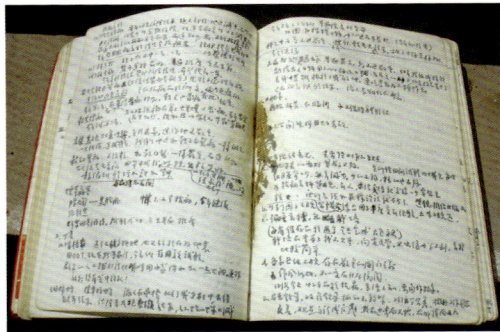

工作笔记

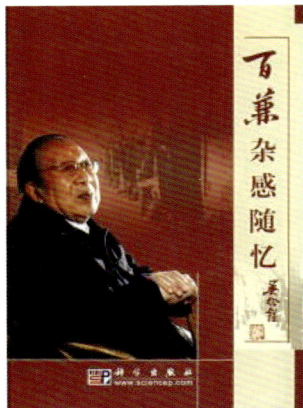

百兼杂感随忆

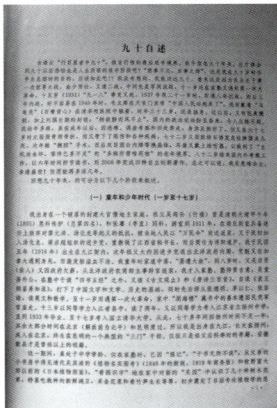

《九十自述》

·中学时代

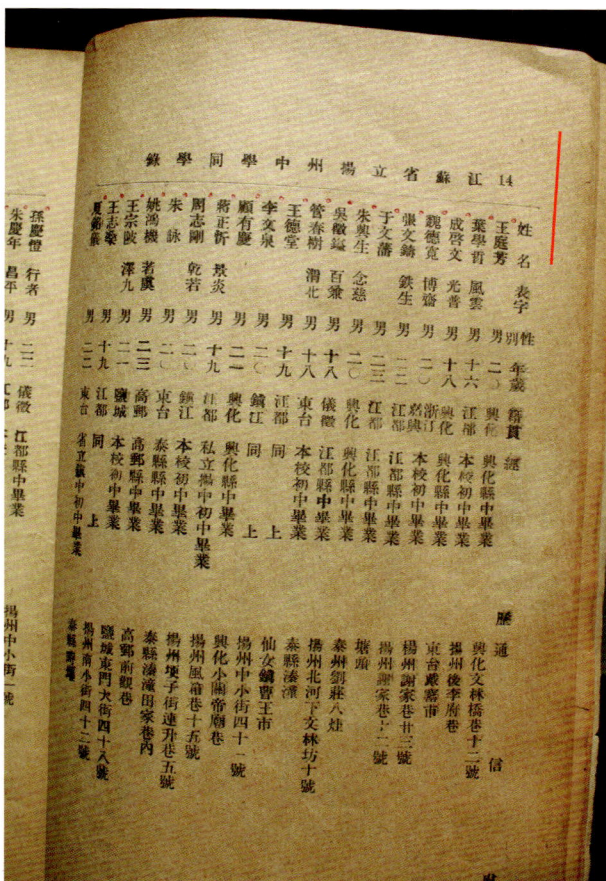

《江苏省立扬州中学同学录》中的吴征镒

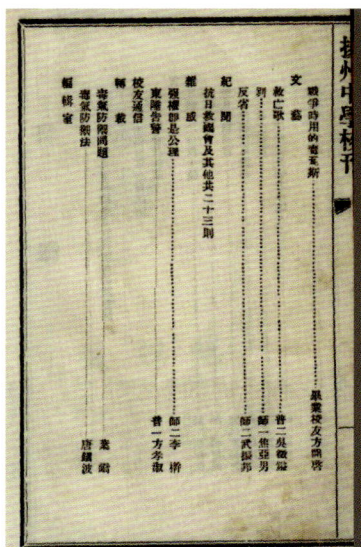

发表在《扬中校刊》（抗日专号）上的一首古风《救亡歌》

救亡歌

吴征镒

　　九月十九日日方明，天外忽来霹雳声，驻沈日军肆强暴，藉口攻我北大营。我军时方梦中醒，曳兵而走狼狈形。云是奉命不抵抗，即速退走不计程。

　　全军方震恐，惟闻声隆隆。一炮空中来，迫击炮厂倾。一炮倏又至，血肉竟飞红。惟闻惨呼急，惟见惨雾浓。倭寇雄心犹未已，更占长春吉林宽城子。派兵占领谁敢违，唾手而得乐如此！茅庐瓦屋比户烧，童妇男儿尽诛洗。奸淫掳掠诸兽行，发泄无遗谁可弭！缴械之兵与警察，炮声一到骈头死。我来杀汝不抵抗，只有强权无公理。尸堆成山血如水，不抵抗者亦如此！虽使杀人如蝼蚁，我护日侨不得已！

　　噩耗传来自东北，闻者伤者皆一哭！彼为刀俎我鱼肉，焉能不加反抗听诛戮！揭竿一呼聚者百，共议抗日而救国。挫其齿，袭其目。彼能覆，我能复。斯我中华之土服，焉能令彼暴日作鹿逐！可忍此辱，国将不国！请求前线休退缩，一身犹当数矢镞。

　　我闻斯耗泪数行！国人惟有内战长。廿年改革图自强，迫击之炮机关枪。即如东北张学良，养兵数年精且强。一举曹吴胆俱丧，再举幽并归土疆，三举石逆失猖狂。人莫不畏公之锋芒。倭寇虽猛如豺狼，公竟不作一坚墙。昔日之行亦何刚？今日之血亦何凉？又如赫赫之中央，征诛讨伐神威扬。初覆李白再冯唐，南征讨赤势更张。声威所播世无双，今日对敌心彷徨。

　　吁嗟呼？国亡亦已久，日维饰太平。南北争意气，东西谈纵横。战争犹不止，如何敌强邻？夺利休言之，争权不用情；内心不团结，如何敌强邻？学术多守旧，服用乃维新，科学不发达，如何敌强邻？水利多窳败，农业不经营，地不尽其利，如何敌强邻？政府皆冗员，市井尽游民，人不尽其才，如何敌强邻？体格多不健，军事鲜能精，不能致康强，如何敌强邻？人格多堕落，道义不能行，日维贪私欲，如何敌强邻？吾愿全国人，如闻警钟声。春梦争先觉，始得庆更生。国亡同为奴，宝贵焉足争。各尽其天职，莫为袖手人。从今百改革，首要惟革心。亟宜大团结，阋墙不用争。亟宜大勤奋，科学以昌明。亟宜倡农业，国富财以生。亟宜兴工业，得用诸游民。亟宜倡体育，民权始可臻。亟宜倡道德，莫贻害其群。凡事须实践，莫沽虚伪名。一心惟对日，誓如白水深。与之绝来往，誓如高山陵。国耻庶可雪，方为中国民。

　　歌毕声嘶力欲竭，惟愿全国皆努力！必欲此耻一旦雪，莫作五分钟之热！

——原载《扬中校刊》（抗日专号）第58期
民国二十年十一月一日出版

【相关链接】

　　初中时，教植物的唐寿老师，经常带学生到平山堂、禅智寺、东乡、西乡、北乡去野外采集植物标本，解剖，画图。吴征镒对植物学产生了浓厚的兴趣，连节假日也乐此不疲。考入高中后，教植物学的唐耀老师，也很重视野外采集。吴征镒除了大量采集植物标本之外，更注意学习鉴别分类。他用1848年吴其浚《植物名实图考》比照，参考日本早期的植物图鉴，又通过二哥吴征鉴请金陵大学的植物学老师审定，搞了200多号植物标本。这件事被唐耀老师知道了，大为称赞，并为他举办了一次植物标本展览会，把他的200多号标本全部展出。这坚定了他终身从事植物学研究的志趣。

——《树人堂下》经济导报出版社2007年12月

1992年，唐耀老师90寿辰，合影于昆明

金冠柏，采自云南昆明植物园。
吴征镒献给母校100年校庆

吴征镒语录："科学重在创新，要开辟前人没有走过的路径。"

·故乡情愫

扬州吴道台宅第，早年的家

1917年在祖父的怀抱中

接受扬州地方媒体采访

【校友专栏】

黄纬禄

· "两弹一星"功勋科学家黄纬禄院士，1936届校友

黄纬禄，1916年12月18日出生于安徽芜湖市。我国著名的火箭与导弹控制技术专家和航天事业的奠基人之一，中国科学院院士，国际宇航科学院院士。1940年毕业于中央大学电机系，1943年赴英国实习，1945年在伦敦大学帝国学院攻读无线电专业，获硕士学位。中华人民共和国成立后，在重工业部电信局上海电工研究所、通信兵部电子科学研究院任研究员。后转入国防部五院二分院，先后任研究室主任、总工程师、高级技术顾问，被称为"巨浪之父""东风-21之父"。曾当选中国共产党"十三大"代表和全国人大第六届、第七届代表。1999年获"两弹一星功勋奖章"。2011年11月23日逝世，享年95岁。

1999年，黄炜禄获"两弹一星"功勋奖章

黄纬禄著《弹道导弹总体与控制入门》

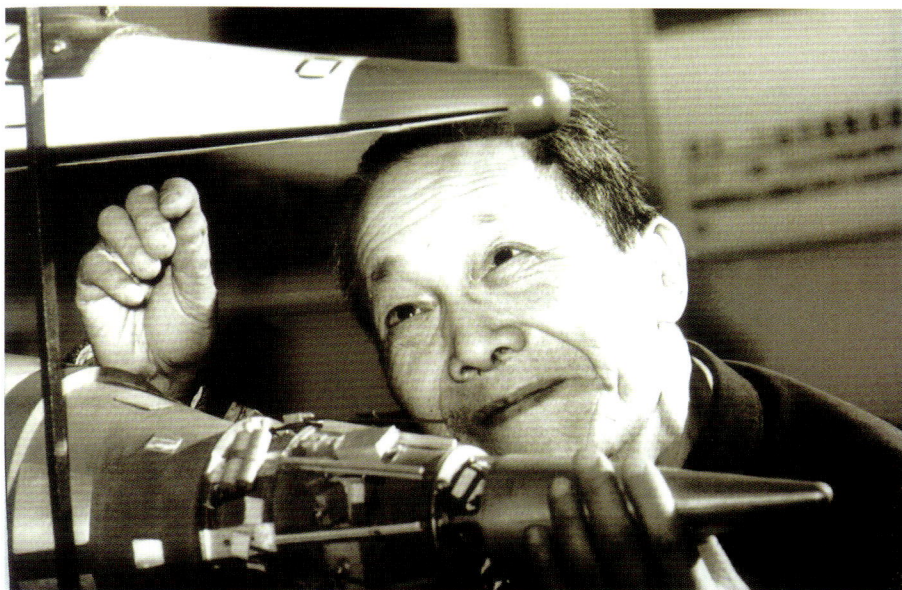

检查导弹

"我们要争大面子，不要争小面子。"

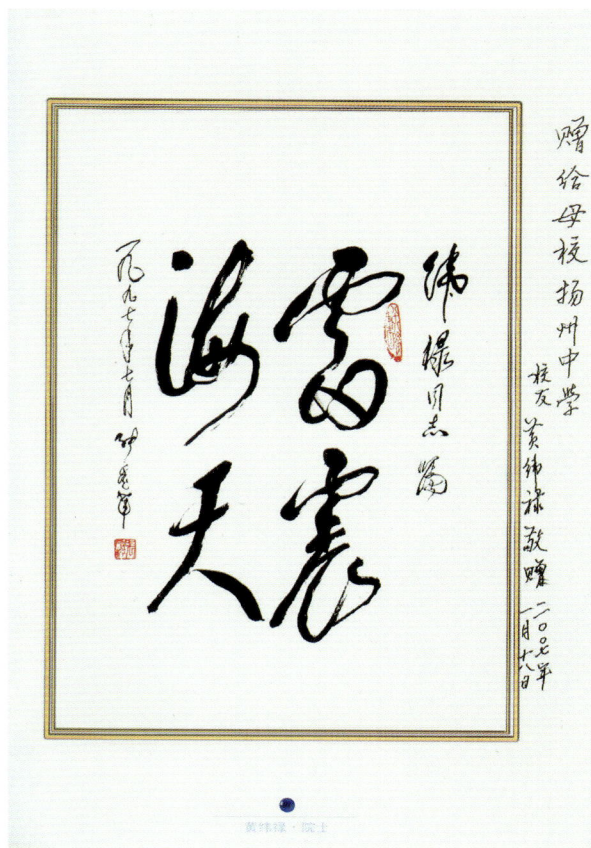

张爱萍将军赠黄纬禄同志

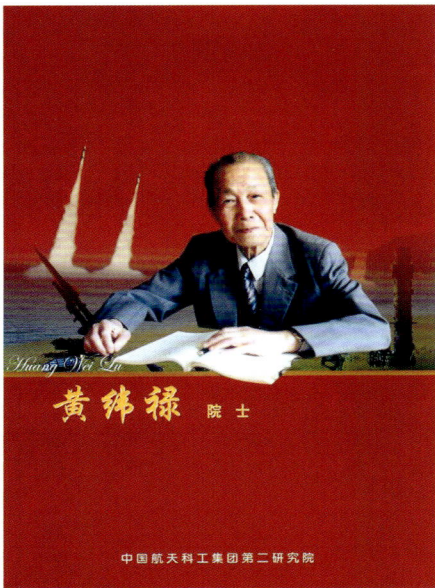

《黄纬禄院士》，中国航天科工集团第二研究院编著

· 情系母校

高中毕业照

愉快地和采访的母校年轻老师、学弟合影

感激汪静斋先生的"言教和身教"

祝母校建校九十周年

稳李遍飞下

神州满园春

黄纬禄 敬贺

一九九一年十一月

母校校庆祝词

母校扬州中学
尊敬的老师和同学们
送上一本科普读物作为纪念
并请批评指正
校友 黄纬禄 敬赠
2007.1.18

赠书签名

校园里的黄纬禄语录："在成功面前多突出别人的成绩，在失败的时候多考虑自己的责任。"

【相关链接】

　　黄纬禄回忆说：我刚到扬中，好多课本都是英文原版的，当时英文底子差。第二天上课，前一天晚上我先预习，查字典翻译，一个晚上才译出一两页。可第二天一堂课就讲十多页，跟不上去。我写信给家父，想回芜湖读书。父亲及时回信鼓励我，扬州中学是名校，你用心学，总会跟上去的。尽了心家里不怪你。后来事实证明，正是如此。

　　汪冬心老师教化学，是我们的班主任。第一次测验，班上成绩不佳，他便"两天一考"，逼学生逐步提高。我对化学最伤脑筋，但我坚持不懈，期终考试时，成绩排名，全班50人，我排在10名之前。算学老师汪静斋讲课丝丝入扣，他总是想方设法教你好接受，复习课抓要害，效率特高，从高一到高三都是他教。平时课后作业，要求选单数练习题来做，我不管，单数、双数的都做。我考试不吃力，差不多每次100分。有一次考了98分，我认为失败了，为这事琢磨了好长时间。

　　当年报考中央大学的有4000余人，我数理化考得好，算学考100分，语文英语考得一般，但总分全校第一。当时学校把入学考试成绩作为评定奖学金的依据。

——摘自《树人堂下》，经济导报出版社

【校友专栏】

吴大观

· "中国航空发动机之父"、时代先锋吴大观同志，1937届校友

　　吴大观，1916年生于镇江。1937年中学毕业后，入昆明西南联合大学航空系，后又赴美学习航空发动机。回国后参与筹建我国的航空发动机制造工厂，是我国航空工业和航空发动机设计研制事业的主要创始人之一，被誉为"中国航空发动机之父"。他毕生致力于适合我国国情的新型航空发动机研制方法和程序的研究，主持研制多种型号的发动机，并培养了几代专业人才，为我国航空发动机的设计研制和促进我国航空工业的发展做出了重要贡献。2009年被中共中央组织部授予"全国优秀共产党员"称号，2009年入选100位新中国成立以来感动中国人物，是中央电视台连续播放的"时代先锋"之一。

"中国航空发动机之父"吴大观的塑像在京揭幕

吴大观和夫人

《吴大观》新闻发布会

《航空报国，心系动力——吴大观同志从事航空事业65年》

1958年8月1日，在112厂试飞站，庆祝歼教1飞机试飞成功，大会发言

1988年，在中南海，张爱萍将军接见国防科技专家，右为吴大观

1988年，在中南海，中央领导同志接见国防科技专家，右2为吴大观

· 中学时代

吴大观1937年的中学毕业照

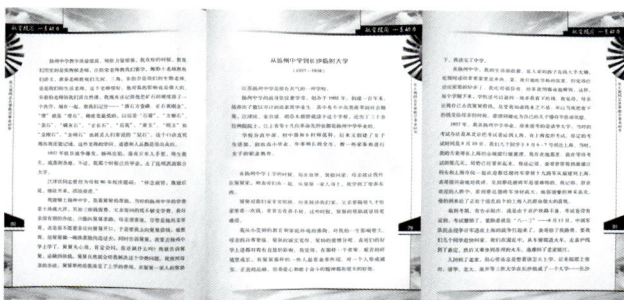

吴大观对中学生活的回忆

为鼓励学习吴大观的爱国、创新精神，2011年6月教育部将我校高一某班命名为"吴大观班"

【校友专栏】

吴良镛

·城市规划及建筑学家、教育家，中国科学院院士，中国工程院院士，国家最高科学技术奖获得者吴良镛，1940届校友

　　吴良镛，1922年生于南京，1940年毕业于国立二中。中央大学建筑系毕业后，赴美国匡溪艺术学院学习建筑与城市设计。回国后任清华大学教授，建筑与城市研究所所长，人居环境科学研究中心主任。专著《广义建筑学》对建筑学与社会学、经济学等多学科的综合研究进行了重要的理论探索。倡导建筑与城市规划相结合，为北京、桂林、三亚、深圳等城市的规划，特别对旧城区改造整治规划设计工作做出重大贡献，荣获2011年国家最高科学技术奖。九十年人生道路，他始终不知疲倦地奔忙在建筑和城市规划教学、科研、实践第一线。从"广义建筑学"理论到"人居环境科学"，从菊儿胡同到各地城市规划，他不断实践着自己心中的梦想：创造良好的、与自然和谐的人居环境，让人们能诗意般地、画意般地栖居在大地上。

吴良镛获2011年度国家最高科学技术奖

获世界人居奖的菊儿胡同

清华大学一景——吴良镛教授拉着旅行箱去上课

著作之一
《中国建筑与城市文化》

·画集《吴良镛画记》，黄永玉题，吴冠中序
　画页

【相关链接】

合川菜花深处的濮岩寺

吴良镛

1937年因抗战爆发，我随兄长流亡，溯江而上，经三峡至巴蜀，渐知古人"江山如画"一语的真正含义，中国山水画既是现实世界的写照，又是造诣不同的画家精神世界的不同表达与抒情。孟子说过，"吾善养吾浩然之气"。这种浩然之气有历史人文的教化，更有大自然"巨著"的教益。我观察自然，"五日一山，十日一水"，待蕴藏渐深，要求能"不以力就，须其自来"。要达到这一境界亦颇不容易，艺术规律的领悟更重要的在思想情操的修养。数十年来，我从画中学建筑，复从艺术的角度去观察自然，体验人生。

在我的心影内，有合川菜花深处的濮岩（重庆合川濮岩寺，是抗日战争时国立二中高中部所在地。濮岩上有唐代摩岩石刻及石窟佛像），有从钓鱼城上俯瞰的涪江江流，有晨曦中的巴黎圣母院，有晚霞映辉的罗马卡比多依广场……这些都是人、建筑与自然相结合的环境创造的菁华，"诗情画意"与"建筑意"交相映辉，达到至高的环境艺术境界。正因为如此，多年来，我有意识地寻找它们的交点。

建筑意与画意，意境与艺境的统一。建筑是科学也是艺术，包括美的结构造型与环境的创造，梁思成先生称之为体形环境，因为自然界万物是有体有形的交响乐，这人居环境美的欣赏、意境的追求、场所（place，建筑术语）的创造，可作为人居环境艺术的核心方面。无论建筑设计还是城市规划与园林经营，都需要"立意"，讲求意境之酝酿与创造，讲求"艺境"高低与文野。前人云"境生象外"，要追求"象外之象""景外之景"，而"象外之象""景外之景"不是凭空而来的，是需通过观察体验，发掘蕴藏在大自然、大社会的文学情调、诗情画意加以塑造的。在这里有形之景与无形之境是统一的，建筑、绘画、雕刻、书法以至文学、工艺美术的追求是统一的。明乎此，美术、雕刻、建筑、园林，大至城市规划、区域文化，美学的思考与追求，和而不同，但它们是统一的。

——摘自《吴良镛画记·自序》，北京：生活·读书·新知三联书店，2002，题目为编者所加

·【知行合一】九十以后作，为母校扬州中学题词

扬州中学，知行合一，吴良镛

引首章：九十以后作

"知行合一"，王阳明首先提出，强调道德意识的自觉性和实践性。所谓知，意多指良知，良知是知，致良知是行。王阳明说，"知是行之始，行是知之成"，"致知必在于格物。物者，事也"，"格者，正也，正其不正以归于正之谓也"（《大学问》）。习近平说，"王阳明的心学正是中国传统文化中的精华"（2015年《文摘》）。

题字缅怀国立二中师恩

2007年回母校时，和董玉海校长（右）、张发祥书记合影

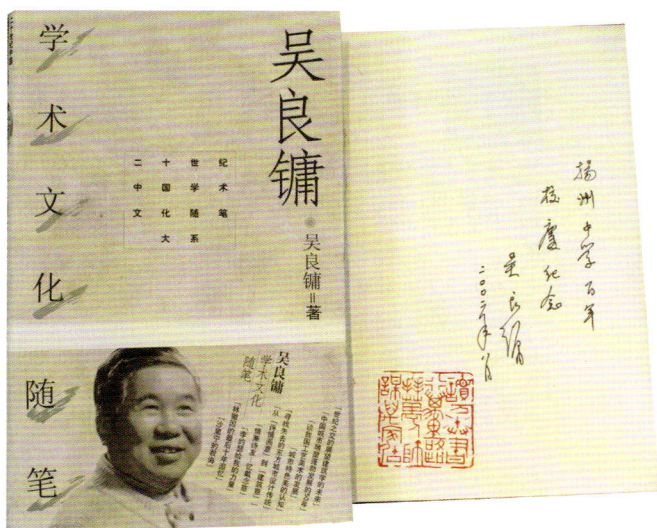

题赠给母校的著作

院士风采

周志宏，1917届校友，中国科学院院士

黄鸣龙，1917届校友，中国科学院院士

吴定良，1918届校友，中央研究院院士

李方训，1919届校友，中国科学院院士

朱物华，1919届校友，中国科学院院士

柳大纲，1920届校友，中国科学院院士

王葆仁，1922届校友，中国科学院院士

吴征铠，1930届校友，中国科学院院士

院士风采

胡乔木，1930校友，中国科学院院士

吴征镒，1933届校友，中国科学院院士

朱亚杰，1934届校友，中国科学院院士

武衡，1934届校友，中国科学院院士

谢义炳，1935届校友，中国科学院院士

童宪章，1936届校友，中国科学院院士

黄纬禄，1936届校友，中国科学院院士、国际宇航科学院院士

唐敖庆，1936届校友，化学家，中国科学院院士，国际量子分子科学研究院院士

院士风采

高鸿，1937届校友，中国科学院院士

许国志，1937届校友，中国工程院院士

陶诗言，1938届校友，中国科学院院士

汤定元，1938届校友，中国科学院院士

杨立铭，1938届校友，中国科学院院士

张效祥，1939届校友，中国科学院院士

吴良镛，1940届校友，中国科学院、
中国工程院院士

黄宏嘉，1940届校友，中国科学院院士

院士风采

徐皆苏，1940届校友，美国工程学院院士

李德平，1941届校友，中国科学院院士

尹文英，1942届校友，中国科学院院士

沈渔邨，1942届校友，中国工程院院士，挪威科学文学院外籍院士

盛金章，1942届校友，中国科学院院士

鲍亦兴，1943届校友，美国工程学院院士

童志鹏，1943届校友，中国工程院院士

高攸纲，1944届校友，联合国国际信息科学院院士

院士风采

周元燊，1944届校友，台湾"中央研究院"院士

戴元本，1944届校友，中国科学院院士

王元，1946届校友，中国科学院院士

周世宁，1950届校友，中国工程院院士

宁津生，1950届校友，中国工程院院士

茆智，1950届校友，中国工程院院士

黄宪，1951届校友，中国科学院院士

陈定昌，1951届校友，中国科学院院士

院士风采

张乃通，1952届校友，中国工程院院士

黄琳，1953届校友，中国科学院院士

江明，1955届校友，中国科学院院士

徐銤，1955届校友，中国工程院院士

孙鑫，1955届校友，中国科学院院士

王永成，1957届校友，欧洲科学、艺术和人文研究院院士

方开泰，1957届校友，美国数理统计学院和美国统计学会院士，国际数理统计学会院士

祁力群，1960届校友，俄罗斯彼得格勒研究院院士

院士风采

王广基，1973届校友，中国工程院院士

尤政，1981届校友，中国工程院院士

吴文,1983届校友，英国皇家化学院院士

英名不朽

曹起溍

江上青

陈　素

何　方

骆何民

杨瑞年

潘　琦

符　洪

刘毓璠

吕　辉

吴曾祥

赵　毅

金为民

陈　琏

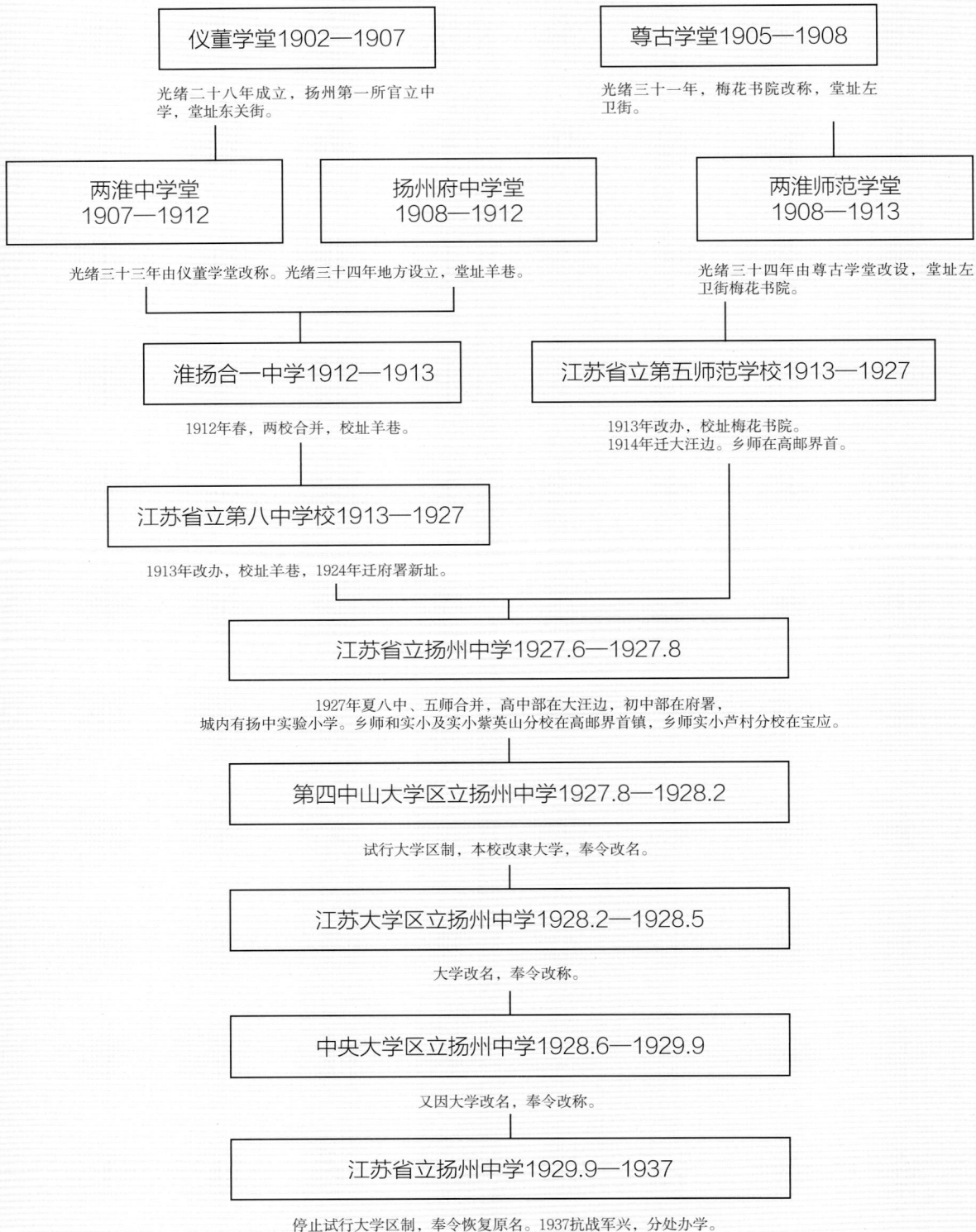

学校沿革表

| 仪董学堂1902—1907 | | 尊古学堂1905—1908 |

光绪二十八年成立，扬州第一所官立中学，堂址东关街。

光绪三十一年，梅花书院改称，堂址左卫街。

| 两淮中学堂 1907—1912 | 扬州府中学堂 1908—1912 | 两淮师范学堂 1908—1913 |

光绪三十三年由仪董学堂改称。光绪三十四年地方设立，堂址羊巷。

光绪三十四年由尊古学堂改设，堂址左卫街梅花书院。

淮扬合一中学1912—1913

江苏省立第五师范学校1913—1927

1912年春，两校合并，校址羊巷。

1913年改办，校址梅花书院。
1914年迁大汪边。乡师在高邮界首。

江苏省立第八中学校1913—1927

1913年改办，校址羊巷，1924年迁府署新址。

江苏省立扬州中学1927.6—1927.8

1927年夏八中、五师合并，高中部在大汪边，初中部在府署，城内有扬中实验小学。乡师和实小及实小紫英山分校在高邮界首镇，乡师实小芦村分校在宝应。

第四中山大学区立扬州中学1927.8—1928.2

试行大学区制，本校改隶大学，奉令改名。

江苏大学区立扬州中学1928.2—1928.5

大学改名，奉令改称。

中央大学区立扬州中学1928.6—1929.9

又因大学改名，奉令改称。

江苏省立扬州中学1929.9—1937

停止试行大学区制，奉令恢复原名。1937抗战军兴，分处办学。

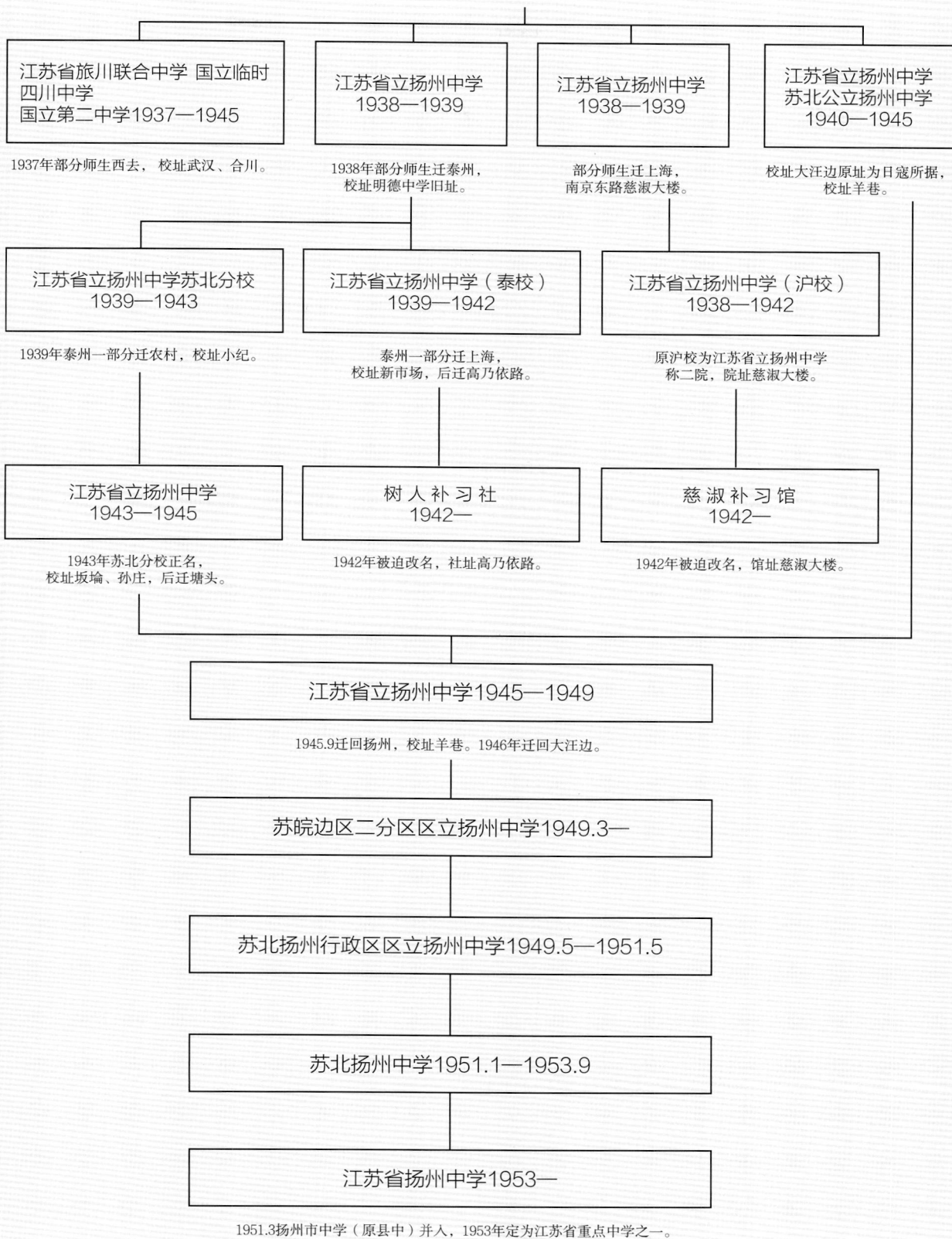

江苏省旅川联合中学 国立临时四川中学
国立第二中学1937—1945

1937年部分师生西去，校址武汉、合川。

江苏省立扬州中学
1938—1939

1938年部分师生迁泰州，
校址明德中学旧址。

江苏省立扬州中学
1938—1939

部分师生迁上海，
南京东路慈淑大楼。

江苏省立扬州中学
苏北公立扬州中学
1940—1945

校址大汪边原址为日寇所据，
校址羊巷。

江苏省立扬州中学苏北分校
1939—1943

1939年泰州一部分迁农村，校址小纪。

江苏省立扬州中学（泰校）
1939—1942

泰州一部分迁上海，
校址新市场，后迁高乃依路。

江苏省立扬州中学（沪校）
1938—1942

原沪校为江苏省立扬州中学
称二院，院址慈淑大楼。

江苏省立扬州中学
1943—1945

1943年苏北分校正名，
校址坂堉、孙庄，后迁塘头。

树人补习社
1942—

1942年被迫改名，社址高乃依路。

慈淑补习馆
1942—

1942年被迫改名，馆址慈淑大楼。

江苏省立扬州中学1945—1949

1945.9迁回扬州，校址羊巷。1946年迁回大汪边。

苏皖边区二分区区立扬州中学1949.3—

苏北扬州行政区区立扬州中学1949.5—1951.5

苏北扬州中学1951.1—1953.9

江苏省扬州中学1953—

1951.3扬州市中学（原县中）并入，1953年定为江苏省重点中学之一。

2022.2.4

历任领导人名单

学校名称	职务	姓名	时间	学校名称	职务	姓名	时间
仪董学堂	总办	程仪洛	1902	江苏省立第八中学	校长	居懋第	1926—1927
仪董学堂	监督	屠寄	1902	江苏省立扬州中学	校长	周厚枢	1927.6—1927.8
仪董学堂	监督	王鹏运	1902—1903	第四中山大学区立扬州中学	校长	周厚枢	1927.8—1928.2
仪董学堂	监督	李慎儒	1904	江苏大学区立扬州中学	校长	周厚枢	1928.2—1928.6
仪董学堂	监督	宋子联	1905—1906	中央大学区立扬州中学	校长	周厚枢	1928.6—1929.9
两淮中学堂	监督	杨道隆	1907—1909	江苏省立扬州中学	校长	周厚枢	1929.9—1937
两淮中学堂	监督	张鹤第	1910	国立第二中学	校长	周厚枢	1937—1939
两淮中学堂	监督	刘荣椿	1911—1912	国立第二中学	校长	孙为霆	1939—1940
扬州府中学堂	监督	任懋森	1908—1910	国立第二中学	校长	严立扬	1940—1946
扬州府中学堂	监督	刘荣椿(兼)	1911—1912	江苏省立扬州中学（泰校）	代理校长	纪子仙	1938—1939
两淮师范学堂	堂长	杨道隆(兼)	1908—1909	江苏省立扬州中学（沪校）	代理校长	黄泰	1938—1939
两淮师范学堂	堂长	叶惟善	1910—1912	江苏省立扬州中学（苏北分校）	主任	朱宗英	1939—1943
淮扬合一中学校	校长	刘荣椿	1912—1913	江苏省立扬州中学（本部）	代理校长	纪子仙	1939—1942
江苏省立第五师范学校	校长	姚明辉	1912	江苏省立扬州中学第（二院）	主任	黄泰	1939—1943
江苏省立第五师范学校	校长	赵邦荣	1912—1913	树人补习社	社长	王伯源	1942
江苏省立第五师范学校	代理	何镇寅	1913	慈淑补习馆	负责人	鲍勤士	1942
江苏省立第五师范学校	校长	任诚	1913—1927	江苏省立扬州中学	校长	张同庆	1940—1941
江苏省立第八中学	校长	谢遐龄	1913—1917	江苏省立扬州中学	校长	陈国宾	1942—1944
江苏省立第八中学	校长	李荃	1917—1922	苏北公立扬州中学	校长	杨德隅	1944—1945
江苏省立第八中学	校长	叶惟善	1922—1925	苏北公立扬州中学	校长	崔步武	1945
江苏省立第八中学	代理	孙多顼	1925	江苏省立扬州中学	校长	朱宗英	1943—1947
江苏省立第八中学	校长	鲍贵藻	1925	江苏省立扬州中学	校长	任和声	1947—1949
江苏省立第八中学	代理	问荣生	1925	苏皖边区二分区区立扬州中学	校长	黄应韶	1949—1954

历任领导人名单

续表

学校名称	职务	姓名	时间	学校名称	职务	姓名	时间
苏北扬州行政区区立扬州中学	校长	黄应韶	1949—1954	江苏省扬州中学	校长	陆丕文	1985—1991
苏北扬州行政区区立扬州中学	党支部书记	张允然	1950—1952	江苏省扬州中学	党总支书记校长	肖咸宁	1990—2001 1991—1994
苏北扬州行政区区立扬州中学	党支部书记	孙金恕	1952—1954	江苏省扬州中学	党总支书记	锁敦信	2001—2004
江苏省扬州中学	党支部书记	王建白	1954—1956	江苏省扬州中学	校长	沈怡文	1994—2004
江苏省扬州中学	校长、党支部书记	张卓如	1955—1968	江苏省扬州中学	党委书记	张发祥	2004—2014
江苏省扬州中学	党支部书记、校革委会	侯文聘	1968—1970	江苏省扬州中学	校长	董玉海	2004—2008
江苏省扬州中学	党支部书记、校革委会主任、党总支书记、校长	章心如	1970—1982	江苏省扬州中学	校长	卫刚	2008—2014
江苏省扬州中学	党总支书记	许勇	1982—1984	江苏省扬州中学	校长	严济良	2014—2021
江苏省扬州中学	校长	郑万钟	1982—1985	江苏省扬州中学	党委书记	陆建军	2020—
江苏省扬州中学	总支书记	李久翔	1984—1990	江苏省扬州中学	校长	薛义荣	2021—

扬州中学教职员工名录

仪董学堂教职员

王鹏运 幼遐	孔昭郯 问亭	刘富曾 谦甫	孙传绮 雏隐	宋子联 捷三	吴 蔚	吴魁士	李慎儒 子均
沈祖芬 诵先	陈 毅 振甫	周树年 谷人	杨庆霖 雨甘	姚体善 竹舟	胡瑞麟 阁臣	赵滨彦 渭卿	荣 普 月帆
俞绍春	恩 铭 新甫	夏钟浚 谱卿	桂邦杰 蔚丞	屠 寄 敬山	戚孔怀 怡轩	萧金标	程仪洛 雨亭
鲍心增 川如	詹 坦 守白	颜德炎 懋棠	薛肇岐 咏山	戴儒珍 明甫			

两淮中学堂教职员

刘荣椿 启庭	张鹤第 云门	杨道隆

扬州府中学堂教职员

方永纲 慎之	王虎榜 蕊仙	刘 武 公伟	刘荣椿 启庭	刘珏侊 小亭	包 玺 绶伯	包文式 伯眉	厉式钰 季坚
陈汉实 广甫	陈懋森 赐卿	李肇偁 元之	李豫曾 伯樵	何寿恒 如六	陆文英 逸仙	陆凤阁 营之	陆湛成 少卿
汪锡恩 幼仪	沈祖芬 诵先	周加咏 可琴	周柏年 咏台	赵 宪 淑民	赵本善 葆初	罗会仁 宅安	林作霖 小甫
姚荫达 雨耕	胡祁元 子簇	夏祥坤 仲莲	郭钟璠 仲瑄	徐少村	程庆余 善之	程晋焘 鲁斋	程堂怡 棣园
鲍 奎 星南							

两淮师范学堂教职员

丁 炯 沅圃	马 云 霁南	王志芳 洁丞	叶惟善 诒谷	李绍兰 翰屏	吴 蔚 阃生	吴应甲 子培	沈祖芬 诵先
张有桢 佑卿	杨道隆 诚斋	杨庆升 幼樵	居复旦 杏红	赵 洁 倚楼	赵滨彦 渭卿	徐启鼎 宝卿	

淮扬合一中学校教职员

方永纲 慎之	方传鼎 甲三	刘荣椿 启庭	包　玺 绶伯	江祖荫 子云	朱　辂 啸云	李方谟 显文	李豫曾 伯樵
陈起鹏 步云	罗会仁 樵庵	林作霖 小甫	胡祁元 子篪	焦作霖 付臣	姚均门 公衡	顾光英 仲斌	徐宝荣 棣仙
徐宗蔺 相如	龚福申 甫侯	脱树藩 襄午	谢　沅 蓬仙	鲍　奎 星南			

江苏省立第五师范学校教职员

丁森立 察庵	马炳元 筱轩	王　侃 侃如	王立经 惟一	王引民	王世昌 宗虞	王维松 问青	王维桢 慕周
王鸿藻 芷滨	叶惟善 诒谷	卢文虎 哲夫	古　梅 伯良	刘义畅 立甫	刘劲藻 耀翔	刘保谦 爻皆	包棻荣 爵墨
冯撷馨 味腴	任　讷 中敏	任　诚 孟闲	任　敏 子翚	孙　振 挺生	孙云霞 云遐	孙多项 綦安	乔　竦 际云
乔国章 耀汉	安汝常 叙五	仲志英 树声	吕　浚 凤子	阮永咸 叔平	朱葵阳 稚初	朱懋英 健安	朱敏贤 孟豪
江　宁 济生	江钟彦 武子	何承熙 景轩	何惟科 第先	何镇寅 景平	沈　玉 屏周	沈寿山 永之	李　芷 兰轩
李　昉 弼臣	李　琦 少亭	李应漳 涵秋	李学海 效苏	李宗义 宜甫	李厚庄 心牧	李振黄	李荷缄 味三
陈　同 冠同	陈　达 兰舫	陈　琦 效韩	陈广沅 赞清	陈加麟 稼霖	陈邦贤 冶愚	陈怀书 容普	陈肇丰 佑之
吴　逸 漱渠	吴　棠 涤楼	吴承祺 宾孙	吴绍贤 继之	吴道南 南薰	吴遐春 东屏	吴锡龄 遐伯	吴德彰 长生
许以翔 凤飞	许崇光 融轩	陆品琳 静厂	张开翰 右屏	张兆祺 时寅	张雅焕 幼虹	张椿龄 鹤侣	张震南 煦侯
宋景祁 雨公	苏佩珍 敏义	汪祖复 梦仙	严良灏 坣荣	杜　豪 鉴秋	杨清馨	杨　陈 撷芬	周　中 紫炎
周才芳 子品	周念诚 丹斧	周毓莘 伊耕	郑　漪 文澜	郑杏荪 又樵	易天爵 吟舫	林　森 积余	林肇龙
姚　棠 甘如	姚之璧 枝碧	姚训恭 子青	姚明辉 孟埙	姚铭恩 予敬	赵　中 秋岩	赵邦荣 彦诚	赵自诚 毅斋
赵祥瑗 思伯	赵钲铎 振甫	洪　铨 巽九	洪为法 式良	洪北平 白苹	郦福畴 庆伯	俞锡荣 桂岩	贾观霄 剑青
贾存鋆 佩珩	夏艺珩 佩白	夏宪谟 辅臣	夏景武 镜芙	凌树勋 子屏	徐　藻 友萍	徐士奇 小韩	徐允颐 养正
徐国权 巽生	徐慕杜 公美	钱堃新 子厚	高启永 自芬	顾钟骅 仲超	顾敦福 康伯	唐　寿 叔眉	索树白
桑　苞 风九	莫万章 师孟	黄天如	黄宗曜 公淳	鲁崙云 沛文	葛之干 葆真	韩文庆 巢曾	嵇联晋 锡三
程　实 虚白	曾云程 万里	鲍有恪 和之	鲍贵藻 芹士	蔡　钺 有虔	蔡　桢 松筠	蔡以晋 锡藩	谭息清 维德
颜庆松 庆嵩	薛钟泰 翘东	戴冠瀛 祝尧					

五师分校及三所附小（界首、芦村、紫英山）教职员

孔　愚 积之	厉鼎贻 燕谋	卢殿宜 霁威	刘启文 野君	古　梅 柏良	庄祖武 叔何	朱世达 道五	佘　湘 衡州
何述曾 绍春	李希焘 西涛	邹国鑫 贡三	邹洪勋 颂尧	姚光谦 虚谷	徐益棠	黄云官 梓搢	黄同义 质夫

五师附属小学教职员

马炳元筱轩	王凤翔季雏	王宗轼肖坡	王翊儒道明	刘廷树	刘存善乐渔	刘锡康	左凤山瑞周
叶润兴作人	朱连珠亚云	朱福庆积之	朱懋功念成	吕采若予	过素英兰谷	任华文	任敏子
任藻藉瑱	庄国祥璧成	孙和辑耀五	许俊士公万	许宪基绍初	许炳蔚渔孙	许崇德仲懿	张维四维
张家宾夏公	张芳儒曼吾	张武发克昌	张国效曾	张菊生子华	汪大煦仲和	汪廷鸾声和	汪廷静铁生
汪其卓啸云	李锦希伯	李宗义宜甫	李裕禄莘侯	何文兰	何镇寅景平	陈达兰舫	陈邦才毅诚
陈朝岫镇岩	宋景祁雨公	单毓苏冶秋	金声竹秋	金加乐安民	宗峨	茆济麟玉书	杨世杰俊诚
杨慧芬蕴奇	杨清馨	武福恭受丹	周懿谟伯为	赵承禄受之	柳肇璋叔昂	胡上芬又兰	胡佩珠耐秋
侯茂林幼岚	俞寿铭汉如	姚光谦虚谷	郦福畴庆伯	唐禅明志	唐镇业勉甫	郭顾世英	高超卓如
高继武	符宗韩天游	顾宪韫晋英	顾善元浩然	徐声宏啸峰	殷训令人豪	夏琴官韵清	桑苞凤九
龚祥凤夔石	诸重庆厚余	黄继英淑芳	曹刍漱逸	董国汤振之	程实虚白	褚秉铎竹荪	鲍丙生蔚南
储祯祥三籁	臧德伟士奇	薛钟泰翘东	戴玉华春岩				

江苏省立第八中学教职员

丁文蔚少棠	马炳元筱轩	于振甲鼎臣	王庸以中	王睿斯达	王臺公勤	王人麟迈群	王丙生伯炎
王范矩绳之	王祝三	王钟麒益崖	王焕镰驾吾	韦国栋季斌	方光岳孝天	叶学皙秀峰	叶惟善诒谷
厉鼎骧志云	石鸣镛金声	刘祖辉孝慈	刘葆儒次羽	孙翔魁效衍	问荣生渐逵	孙多项襄庵	朱辂啸云
朱自清佩弦	朱浩如	朱彭龄馥清	朱锡琛献之	朱镇庚	庄启传鸿宣	江祖荫子云	任讷中敏
任诚孟闲	任敏子翚	任乃警文治	阮从咸叔平	成际泰时清	吕永福绥之	华继书两香	李芷兰轩
李荃更生	李方谟显文	李学海效苏	李品璋五峰	李葆缄味三	陈同冠同	陈铎木斋	陈广沅赞清
陈怀书客普	陈邦贤治愚	陈钟庆梨村	陈恭寿仁宇	张辛小湖	张广瀛步洲	张兆祺时寅	张其真绍安
张洪义雨平	张洪枢赞臣	张钟亮嚣石	张揆挺哲观	张植芝秀珊	张毓瑾泖江	张震南煦侯	邵森大樗
吴棠涤楼	吴志善葆初	吴承祺宾孙	吴锡龄遐伯	许桢干成	许崇光融轩	余湘衡川	余光藻璧香
沈玉屏周	沈坦薇阁	沈寿山永之	花养成育斋	严樾	汪泰祯峙坦	应皓涤尘	汤学忠效慈
居福焜石涛	居懋第逸珊	范冠东耕砚	房兆暌石桥	周允仰濂	周志宏伟民	周念典述尧	周念诚丹南
杨敏敬斋	杨乃恒孟越	郑森山午琴	相菊潭	胡政锡卿	胡祁元子麓	胡光照仲帆	胡国仁孝安
胡焕庸	胡翰声实民	姚堂甘如	姚之玺尔玉	姚之璧枝碧	姚仁寿海山	姚恭训梓青	骆国章治丞
洪诠巽九	赵钲铎振甫	赵培基仲初	侯景华湘石	宫文保伯怀	姜鹏翼程	俞自清石泉	钟泽先养初
顾光英仲斌	顾咏葵听秋	顾钟骅仲超	顾敦福康伯	徐勘定一	徐谟叔谟	徐藻友萃	徐文泰伯和
徐文宾宋襄	徐芝宇峻甫	徐光棠荫伯	徐治本港秋	徐宗蒲相如	高超孟起	高廪甘来	高丙炎嵩山
翁长庚少白	桂邦杰蔚丞	袁正僎悦庵	袁炼生治成	袁钟铨叔衡	袁毓棠棣卿	夏宪谟辅臣	钱堃新子厚
唐寿叔眉	索树白	黄士元问	黄天如	黄汝诚种棠	黄斌生伯斌	曹晋廷洁珊	贾存鋆佩珩

章表霆天觉	屠 热问寒	龚继志述先	符宗翰墨林	傅鸿逵子荣	傅焕灿志式	韩忭明鲁杰	董 宪伯度
谢方晖幼安	谢凌云剑秋	谢遐龄莳义	程和声鸣盛	鲍娄先	鲍友悟和之	鲍贵藻勤士	蒋贞金太华
蒋厚培旋之	储润科	缪广莘锡祉	薛钟泰翘东	臧 禄荷百	戴廷栋子秋	戴冠瀛祝尧	魏廷栋松甫
魏诗墉崇如							

江苏省立扬州中学教职员（抗战前）

丁家骅云皋	丁锡五	万颐祥青芝	万鼎祥彝香	马炳元筱轩	王 侃侃如	王 潞	王士纬
王尧镇士青	王邦杰	王孝和竹轩	王坚如	王宗虞	王恩泉伯源	王颂南	王理成
王啸崖守拙	王寒青	王浚哲小商	方 昆剑岑	方光典季重	方传鼎甲三	仇荫昌映苍	尹红富铭夫
文增贵慕山	刘 儒绍成	刘少甫	刘永寿介山	刘汉民光我	刘百川	刘张衡襄谷	刘厚晟厚斋
刘桂桐琴甫	刘绳德心源	刘聚星翊奎	冯美周	厉鼎骧志云	左立昌德滋	石 淮楚青	包 瀚墨青
包允藏继善	叶启祥长青	叶光球梦耕	叶养源浩然	田汉高治英	羊兆爵送之	纪乃全子仙	朱庆恩亦俄
朱向德俊卿	朱宗英筠初	朱涟方	朱鸿达轶士	朱梓玖	朱景星奇石	朱普澄湛秋	朱增璧白吾
朱德和汉爵	吕永福绥之	吕展青	华英礼效周	华受禄莘康	华德安	孙 毅翔魁	孙文海鉴三
孙云雁	孙为霆雨廷	孙得寿得绥	孙藜青	江武子	江毓兰芝倩	阴景曙漱霞	阳名恒
祁禹门	汪 榕冬心	汪 禧二丘	汪典家莘田	汪秉庸健中	汪桂荣静斋	汪德辉志涵	李 楹子丹
李曰刚健光	李邦寿契芝	李希仁	李宗义宜甫	李荻秋毓湖	李振邦	李道纯迈常	李崇祐
李旌善一纯	李瑞芬	李锦轩	陆 庄子纂	陆宇安	陆祖安静孙	陈 达兰舫	陈 同冠同
陈 屏	陈 普	陈一荻	陈广沅赞清	陈玉堃	陈有芝	陈同珠	陈光恒铭恩
陈兆祺智力	陈兆鹏杰夫	陈谷华观宾	陈启范	陈志峻轶尘	陈寿松	陈学东啸青	陈忠纲企李
陈家鸿宥南	陈思伯伯崖	陈桂森樾青	陈桂馨企颜	吴 炎汉民	吴人文	吴之璇玉睿	吴本务立生
吴汉英慧君	吴沧粟	吴泽霖	吴钟岳松坡	吴锡龄遐伯	许 靖	许志恒仲苌	许炯烈
许福崇	许懋榕丙生	邱望湘文藻	邱锦珊	邱鼎山欲仁	邱增祥子进	张 菜南溪	张 铸子陶
张子莘	张子苓砚农	张广瀛步洲	张汉澄	张步蟾桂秋	张自衡	张有芝	张迭尘
张建义	张家祜	张恒富心强	张思文鉴如	张桂英	张晓航	张铭顺	张雅焕幼虹
张雅焜云谷	张震南煦侯	苏兆龙	苏庭桂林一	何全元赞清	何兆霖	何炳义瑞康	何钟杰钟英
汤乃旭耀东	汤志谦恂卿	杜 豪鉴秋	余信符	阮肖达	庞斗华	庞莹照	欧叔贞畹如
时际昌伯平	宋苏震惠琛	宋泽安	严绍曾聘卿	萧开勤征万	沈震鹄正吾	邵延华素云	周 荣凤池
周 敦鹤鸣	周 瑗景邃	周 璘理庵	周大全燕楣	周开甲寅斋	周玉棠树滋	周芹乡绍成	周厚枢星北
周厚福载之	周荣轩宗镐	周玲荪	周梅英	周翊儒一愚	周朝藩鹨渠	周慧珍	范冠东耕研
武振邦	杨乃恒孟越	杨华鹏程云	杨秀娥	杨定宇	杨树敏山农	杨祖翼辅之	杨 松鹤龄
罗廷光秉兹	罗德麟瑞安	郑汝晋二鑫	郑寿禄季清	郑森山午琴	郑森玉腾青	金宗华崇如	金祖庸慧天
金森宝书樵	法 度审仲	林声淮益之	林显时仲达	林肇龙	孟继洗范武	侯景华湘石	侯慧真

宫文年颐百	宫文保伯怀	俞务才	俞晋祥	俞俊官应五	俞曙方	姚展渐逵	姚之玺尔玉
姚文光耀庭	姚明华蕴文	姚奂虞舜臣	施之勉	施荻莱	钟兴锐	钟宏兴昌言	钟杏城平仲
钟家栋梁任	赵家骕良伯	赵培基仲初	相菊潭	洪烨隐光	洪北平白苹	柳寿高舜年	胡士莹宛春
胡伯玄	须养粹	宣闲诚斋	唐寿叔眉	唐耀曙东	唐菊英韵秋	徐政云从	徐文泰伯和
徐兰荪	徐竹书简侯	徐明瑀子石	徐鏐子扬	徐佩琮	徐家柱建石	徐钟渭师竹	徐康林丁炎
徐瑞祥耀周	徐慕杜公美	徐蕴卿	高衡善平	高怀俊	郭荫福樾亭	凌树勋放庵	殷龙丞
顾培源天赞	顾乾贞子廉	袁壁完白	袁积诚	秦湘荪	夏之时雨行	夏清桂履水	贾朴忠台苏
贾佩珩	贾琢章斐然	钱二新亚叔	倪毓奇	黄泰阶平	黄天如	黄佑前	黄永绪子光
黄廷梓丹艧	黄作舟汝辑	黄应韶	黄钦翔瑞冲	章文聪	谢庆溥莼江	谢苹孙	谢恩皋鸣九
谢祯祥伯慈	曹书田	曹玉英	曹恩连畏三	龚恩霖子勤	龚福田心耕	崔榆柳山	谈玮蔚之
薛雯云章	薛竞无竞	薛新怀仁	薛元龙嘘云	薛元鹤天游	薛佩钿金华	薛殿嵊旭晖	韩文庆巢曾
韩君延	韩金鉴录秋	韩闻疴	傅师德	傅德全逸才	傅德照亮卿	鲍贵藻勤士	葛承训鲤庭
曾同庚星甫	董兆俊肇骏	詹子仪玉卿	詹保元守端	蔡寅康	翟溦和笙	颜树美	暨超
谭守福申五	谭诲英	潘保意碧如	潘润田	潘锡纯	穆自昭晋明	戴均企平	戴维清味青
欧阳慧							

省扬中实验小学、幼稚园教职员

丁瑞勋戒非	韦剑华铁琴	石淮楚青	刘存善乐渔	刘兆榕萌南	厉燕谋	冯友兰	庄祖奇季韩
任藻藉填	朱懋功念成	孙白玉	阴景曙	张开福自求	张庆达伯元	张庆骏千里	张家宾宴公
张雅焕幼虹	张蕙祯	汪谥凤翔	汪秉庸建中	汪桂华秋逸	李锦希白	李应章	陈士芳
法度审仲	赵仁寿静涵	赵峻山	茆济麟玉书	杨义久颖如	杨世杰俊诚	金应元	宫文年颐百
姚森华樵之	钱卓柔	龚祥凤夔石	藏士奇				

省扬中乡村师范科教职员

王元太	王樵三	王震华百熙	伊仲和	刘凤山济农	厉存洪泽民	田福昌子健	孙礼荣李荣
张庶积三	张国奎一苏	张柏荪	张梦征	张景龙	张雅煌少虹	张静贞	芮昌言禹漠
李廷璧完白	李志明子明	李庭裕厚斋	李晋猷	吴宏纲正维	吴德霖	陈亮子明	陈旃善树门
肖长迈征万	邹贡三	苏英婕	屠福焜石涛	林效山	周厚觉任先	姚慕虞舜生	胡集云岫青
夏建黉育民	钱寄庐	原深杏树	郭宗淇卫青	秦达真弥陷	高振萃生	黄栋竹居	黄作舟汝楫
章人瑞砚村	谢恩皋鸣九	龚六茎	傅国度子衡	韩文庆	潘稌培生	濮希之润生	

省扬中乡师实验小学教职员

孔庆官 肖钟　王开文 质彬　冯怀周　张恒富 心弻　张雅煌 少虹　陈里扬 礼羊　陈　亮 子明　汤厚真 秉乾
宋长孺 慕亭　芮昌言 禹谟　吴钟岳 崧坡　周鉴棠　　杨甲春 震东　项凤楼 际云　夏长龄 羽声　谢恩皋 鸣九

省扬中乡师实小芦村、紫英山分校教职员

孔庆官 肖宗　任荣章 佩华　吴德霖 澍南　袁寿瀛 震寰　蒋鼎衡 仲平　储鸿翰 伯屏　萧启旗 士龙　彭裕扬 绰吾

省扬中泰校（包括树人补习班）教职员

万青芝　方　锟　王伯源　王侃如　仇荫昌　尹铭夫　冯美周　厉志云　刘厚晟　纪乃伶　朱凤豪
朱白吾　朱奇石　朱宗英　朱普澄　华英礼　华莘康　吕绥之　许仲苌　许福崇　汪二丘　吴索园
吴遐伯　陈杰夫　陈昌年　陈啸青　陈德明　张天麟　张贻孙　李剑青　武振邦　周大全　周开甲
周理庵　杭临仁　侯景华　姚尔玉　姚舜年　宫颐百　胡季洪　俞应五　徐伯和　徐家柱　倪若水
郭樾亭　陶振亚　黄子光　黄尔珍　黄应韶　程铭德　傅亮卿　薛　竞　戴企平

省扬中沪校（包括慈淑补习馆）教职员

于在春　于绍勋　于树正　王　珏　王尔龄　王恩泉　朱凤豪　任有恒　江之水　孙琦英　李长付
李仲南　汪冬心　吴志慎　吴索园　吴遐龄　陈　普　陈作民　陈忠纲　沈同洽　沈昭文　张云谷
张家祜　束秀东　邱锦珊　杨德隅　郑源深　周赞武　姚尔玉　施癸阁　洪懋熙　顾天赞　顾雁宾
郭智石　倪若水　徐兰荪　黄　泰　黄丹艧　梅慕勋　曹寅亮　鲍勤士　简伯敦　褚绍唐

省扬中苏北分校——江苏省立扬州中学教职员

仇荫昌　毛振邦　田有年　刘　纳　朱白吾　朱宗英　华莘康　吴才捷　吴应作　吴景宪　吴遐伯
张在嵩　张郁棠　陈杰夫　陈德山　许淦成　严涤生　宋和叔　汤彩章　周昌寿　周寅斋　姚少梁
姚仲祁　姚舜年　宫颐百　徐伯和　徐建石　郭荫福　高佩亮　袁桂官　谭孟生　潘寿微

国立四川中学——国立第二中学教职员

丁絮吟　万鼎祥　马客谈　王　刚　王　建　王　璞　王万钟　王元美　王如卫　王如惟　王宗虞
王保辛　王瑞莆　王楚生　王鹤轩　尤天健　方伟娥　邓西园　邓明远　邓春祥　刘　奇　刘凤基

刘忆萱	刘怀义	刘导源	刘国荣	刘宝善	刘善普	丛世杰	帅　鹏	叶栗如	史渭芳	江　芷
江华军	江学珠	江淑琴	毕　强	羊达之	朱光甫	朱尚琳	朱济华	孙为霆	孙宝琳	孙家钰
孙振强	吕庆隆	陈　陈	陈定闳	陈谋琅	许乃辛	许为瀚	许志凯	沈叔良	沈涤生	张小禾
张中寿	张元鼎	张朱堃	张思亮	张志澄	张遐年	沙居元	何士元	吴大馨	吴湘山	严立扬
严泳平	李文侠	李曰刚	李声信	李振邦	李修睦	李道纯	李清悚	宋清如	陆崇祺	宗震名
承映清	林诗扬	周厚枢	周崇沐	茆礼恭	罗书凤	罗可煊	罗松柏	罗松儒	单树模	金厚本
杨纯福	杨政知	杨淑英	杨嘉猷	郑文澜	欧淑贞	胡家春	胡清宇	俞　钰	封光并	姚仲华
施之勉	赵立斋	赵善继	唐　寿	徐竹书	徐光强	徐瑞祥	高行健	钱钟祥	费日昌	贾王锵
陶佩潜	郭士堃	戚超人	章柳泉	屠仲才	堵道元	萧光勋	龚佛慧	黄作舟	黄佑前	曾良海
蒋立峰	董志尧	储师竹	鲍涵泉	阚家莫	滕仰支	薛佩瑾	薛仲泰	薛臻舲	魏彦章	戴维清
汪桂荣	邓月君									

江苏省立扬州中学——苏北公立扬州中学教职员

王礼宾	王承第	王季衡	王蕴威	刘厚磐	朱健侯	朱荻轩	朱霞山	吕佐贤	陈平之	陈国宾
陈筱圃	张尺艿	汪二丘	汪善录	杨寿年	杨德隅	周冠祖	姚乐同	赵金城	洪震九	夏云峰
徐少海	郭显卿	崔步武	熊楚仲	简伯敦	刘樾身	孙怀琳	花汝怀	邱子进	陈南莹	杨仁惠
杨宗庆	张同庆	张贻荪	张宇侬	周攻玉	周养之	吴象贤	胡玄一	胡品三	洪熙民	袁郁秋
符天佑	章砚村	梁小庵	丁璞如	姚枝碧						

江苏省立扬州中学教职员（抗战胜利至解放）

万鼎祥	马淑娴	卫棠九	王　析	王文元	王少海	王伯源	王宏毅	王宗炜	王雨曙	王恩同
王霁烜	方　锟	毛振邦	毛振璇	仇锡侯	刘永有	刘光渔	刘张衡	刘季良	刘啸楼	刘鲁庵
左立昌	田有年	厉志云	厉渠安	厉鼎茵	厉鼎煋	叶大根	冯应图	石　梅	朱兴生	朱光祖
朱咏秋	朱宗英	朱律森	朱桐生	朱嗣藩	朱馥青	任由甫	任发尧	任和声	吕绥之	江达臣
江寿慈	江轸光	孙炎培	孙重庆	孙翔魁	成影真	张　须	张允明	张羽屏	张延昌	张述之
张健昌	张养中	张彭瑜	许　桢	许仲芟	李久昌	李天德	李兆源	李杏英	李志明	李宜瑢
李学贤	李季仁	严涤生	严德业	汪二丘	吴人文	吴子诚	吴才捷	吴卓如	吴静安	吴穆之
邱绍先	邱子进	沈仲龙	陆云起	宋和叔	陈　璧	陈兆怀	陈昌平	陈忠纲	陈舜年	陈椿年
陈墨移	束淦泉	何加陵	周宝椿	周大全	周昌寿	周养之	周首严	周理庵	杭临仁	金应九
金硕儒	杨承祺	杨公穆	杨钟莲	赵　贞	赵肃礼	赵曾熹	范耕研	姚步康	姚步唐	姚国伟
姚昌学	姚虚谷	姚舜年	胡作舟	胡季洪	宫颐百	宣　璠	俞俊官	郝昺衡	袁以涵	袁养吾
袁桂官	徐　云	徐　雨	徐　戬	徐士启	徐伯和	徐定一	徐家柱	徐逢甲	徐韶九	殷文瑄

殷景云	高　超	凌乐尧	唐　寿	唐子坚	顾子方	顾以敬	顾有庆	顾亚卿	顾贵先	顾儒先
钱仕俊	秦万里	秦彦斌	陶韧庵	酒　诗	倪佐丞	黄　作	黄　泰	黄应韶	黄得中	龚子勤
曹振文	曹寅亮	谢宗万	符小芙	傅德照	韩仿安	解国桢	褚桂芳	鲍贵藻	蒋均衡	詹永彰
蔡可征	蔡秉久	谭寄荷	穆衡伯	戴企平	魏阶平					

解放后曾在我校工作的教职工

丁戒非	丁葆成	丁惠玲	丁　萍	丁志沂	丁书文	丁　哲	卜重阳	马步云	马淑娴	马同智
马树英	万彝香	万青芝	孔庆国	孔庆邮	王板哉	王永年	王任之	王家槐	王鲁澜	王企本
王定侯	王惊吾	王建白	王洪祚	王华银	王迦培	王水清	王士林	王兴江	王德福	王乐之
王于牧	王梅英	王少云	王荫钢	王洪生	王正国	王　莲	王剑萍	王晓明	王昌兰	王召礼
王孝乾	王建强	王骧秋	王　璨	王镇清	王克勤	王文元	王承枯	王恩广	王振华	王　嬿
王　静	王洪珠	王朝和	支芰忠	孝　文	方光照	方　明	方蕴藻	方剑岑	方学成	方尔笙
方韵诣	方钧鹤	尹烈钧	尹孝启	卞树群	卞晓燕	毛同彬	石楚青	石茂昌	石天渠	石美明
石　璐	田如衡	田常春	田福成	田同春	史勿华	史　的	史　蕾	叶国庆	叶和奋	叶同兴
叶国友	叶宁庆	邓志扬	邓本庚	古鸿生	古琴玉	古成厚	厉志云	厉渠庵	厉鼎禹	厉　鑫
冯　斌	冯永华	冯光辉	冯建业	冯春丽	冯健民	甘淑瑜	生建国	孙龙父	孙玲珍	孙义人
孙生茂	孙建东	孙　宪	孙金恕	孙德陶	孙重庆	孙际洲	孙金绥	孙福海	孙秀英	孙　襄
孙　浩	孙开萍	孙雅莉	孙素蓉	孙馥麟	江树峰	江寿慈	江增瑞	江丽琼	江晞光	江轸光
江风平	江　香	成玉寿	成增龄	成影真	成应举	成　实	朱馥元	朱砚才	朱新地	朱路跃
朱支余	朱忠利	朱光武	朱奇象	朱春久	朱广哲	朱立才	朱泰森	朱　历	朱伶芳	朱焕珍
朱福生	朱学敏	朱瑞源	朱庆军	朱兴生	朱　静	朱俊华	朱新香	朱小云	朱中海	朱立新
纪　淮	刘茂余	刘立人	刘华富	刘家驹	刘　文	刘钟静	刘思善	刘　洋	刘作霖	刘继先
刘慈惠	刘永嘉	刘建宁	刘学山	刘裕泰	刘满希	刘广全	刘金海	刘　贵	刘　旭	刘守仁
刘殿林	刘宗贽	刘宏庆	刘　丹	刘　燕	任建成	吕文清	吕庆仁	吕绥之	吕能谋	许　勇
许梅芳	许白虹	许祥顺	许福和	许文俊	许邦龙	许渭平	许建春	许仲苌	许景厘	许毅颖
毕西龙	任国民	过球伟	华业荫	华连生	吉春红	吉彭信	吉　钊	匡成岚	伏成龙	汪二丘
汪宝瑜	汪兆婉	汪　良	汪世贤	汪秉舟	汪永贵	汪福临	阮锡珍	祁秀夫	冷宗成	李振根
李　理	李西垣	李章修	李非华	李腾骧	李久翔	李岫云	李元伯	李际和	李受之	李西涛
李玉清	李德兰	李剑青	李伟民	李葆芷	李久昌	李　西	李公白	李振鹄	李启馨	李　宁
李文利	李全福	李锦萍	李忠宏	陈达祚	陈舜年	陈广璨	陈卓如	陈忠献	陈仲英	陈西伯
陈家恭	陈忠铸	陈茹生	陈香良	陈志诚	陈亦舟	陈西湄	陈昆玉	陈爱玲	陈根根	陈功炎
陈锦荣	陈继明	陈志俊	陈家齐	陈　桂	陈家潼	陈佩秋	陈咸宝	陈安鸿	陈　倩	严服群
严永进	严长春	严济良	李　莹	李爱军	张乃达	张继荣	张德煦	张国祺	张国安	张鸣春

张九峰	张福华	张忠祥	张华鹏	张伯良	张伯勤	张佑珏	张若琦	张允然	张　理	张　铎
张卓如	张馨兮	张逸秋	张延举	张兆璟	张鹏飞	张世观	张朋月	张养中	张建义	张鸿英
张俊生	张瑞英	张鹤友	张　福	张　庚	张广盛	张驭龙	张为娴	张寿鹏	张国藩	张忆育
张贞忠	张　昭	张　高	张家玉	张　攸	张有炜	张惠芳	张明丽	张家骞	张　铨	张永年
张　进	苏选生	苏　扬	应强华	闵　红	吴寅官	吴　和	吴象贤	吴雨华	吴华祥	吴耕渔
吴和钧	吴镜清	吴世煦	吴树人	吴志明	吴　敏	吴永佐	吴荫楠	吴晓秋	宋曼君	宋英智
宋绍周	宋炳圻	何承谟	何琼崖	何瑞芝	何加陵	何光楹	余春华	余慧珠	汤　謇	汤一南
汤　池	汤海源	沈　华	沈莉芳	沈怡文	沈　翔	沈汉西	肖玉莲	肖瀚芝	肖咸宁	佘以埙
佘　宁	佘　敏	芮昌育	邱子进	邱凤玲	陆　明	陆丕文	陆汝霞	陆美玲	陆炳南	陆祖平
邵秉中	邵刘金	邵云发	邹　俊	陆　益	陆雪文	陆其玉	陆祖萍	杨捷之	杨贻谋	杨文达
杨君荡	杨　波	杨家庆	杨文久	杨朋虎	杨华兰	杨永源	杨　塑	杨幼鹤	杨希珍	杨民仆
杨稚玲	杨元龙	杨公穆	杨作桂	杨明德	柏亚群	汪仪美	沐　阳	沈　红	张生玥	张发祥
张福俭	张志强	何志斌	庞婉华	罗秉彝	罗彭来	罗　进	罗东圃	罗　虞	罗孝曾	杭贵如
周慰祖	周晋齐	周美绾	周福民	周斯达	周仲民	周建铭	周志华	周养之	周理庵	周怡敏
周明森	周云龙	周　镖	周亦农	周无涯	周伟玲	金尊舜	金学文	单宁丽	单德侯	季家锦
季桂兰	林效山	林学珍	林　奇	林忠杰	武海赓	岳文义	卓章鄂	宗振锴	范慕英	洪北平
洪式良	洪　波	郑万钟	郑蔼如	郑瑞麟	郑维举	郁邦俊	郁念纯	郁原平	赵学广	赵述文
赵培坤	赵　定	赵　诚	赵　人	赵英铎	赵翠英	赵　斌	赵达平	赵茸寅	赵　玉	柳　玲
胡兰芬	胡　汉	胡云麒	胡家楹	胡季洪	胡　勸	胡　文	胡凤天	胡　人	胡齐庆	胡瑞华
胡协寅	胡明健	胡碧芳	胡作舟	胡学源	胡　蓉	胡雪萍	胡珍多	俞振媚	俞竹荪	俞鑫泉
俞明璨	俞　玮	钮均义	姚　同	姚其琰	姚　瑛	姚景琳	侯耻贵	姜祖华	姜淑贞	封元广
封元廉	施廉冰	施美云	施晓蕴	侯湘石	贺仲康	祝寿培	夏金秋	皇甫启俊	徐沁君	徐永法
徐伯和	徐仲纯	徐素梅	徐　云	徐　进	徐崇新	徐肇骏	徐韶九	徐辑光	徐定一	徐泰来
徐丽云	徐玉宝	徐元龙	徐树英	徐　华	徐万宝	徐学才	徐科技	徐　适	徐益民	徐国英
徐步庭	徐开安	徐　斌	徐金玲	徐　扬	徐　健	徐桂琴	徐瑞红	徐劲松	奚英炽	高宗安
高安德	高升杰	高　潮	高　文	诸宝珠	诸葛松	钱红兵	钱　鸿	钱惟良	钱永涛	钱润芬
钱锦章	顾芷君	顾有庆	顾子方	顾大祥	顾胜祖	顾如鸿	顾学梅	顾明辉	聂静涵	袁凤书
袁子健	袁庆荣	袁国庆	袁荫昌	袁强华	翁爱芳	谈志成	谈传定	谈　隽	谈开明	倪佐臣
倪　宾	柴美云	唐丽珍	唐　禄	凌德茂	陶子义	陶维珍	陶韧庵	陶雨田	陶应武	陶　云
秦裕庭	秦克荣	秦世君	郭石秋	郭维山	郭凤琴	章心如	章兆慧	章观村	曹茂中	曹　娟
曹寅亮	曹曼莉	曹大钟	曹植洪	曹君永	黄明德	黄建慈	黄美英	黄振远	黄　梅	黄福祥
黄　枢	黄　河	黄应韶	黄　泰	黄久征	黄正瑶	崔仲埙	戚有健	崔乃俊	梁国荃	梁尚志
梁玉柱	龚立志	梅宽顺	梅小秋	程福裕	焦问清	焦逸云	蒋惟璧	蒋安立	蒋素珍	蒋念祖
蒋　辞	蒋凤清	蒋正炘	蒋流清	蒋连娟	蒋晓鸣	景　颖	韩　勋	韩乐吾	韩国器	葛　坚

童路明　童　新　董　越　董　方　董羽丰　谢建中　谢松林　谢睿晋　曾桂莲　惠有全　傅秀华
傅双华　鲍勤士　鲍家驹　鲍晓扬　路行生　蓝万隆　鼓安娜　詹锦官　詹玉铸　虞传立　蔡忠玉
蔡苏淮　翟仰高　翟景珠　管惟山　管惟吾　管贤吾　谭秀华　谭小妹　谭　群　廖文锦　缪瑞丹
臧继陶　臧荷百　潘朝龙　潘志明　潘念东　潘根深　黎英海　颜杰人　穆　琦　潘小玲　薛逸清
薛渭川　薛　英　薛鹭颖　薛秀英　薛晓玲　薛　枫　薛　红　熊　鹏　衡成军　濮光弟　濮德良
魏恒则　戴润生　戴毓俊　戴有智

现任教职工名单

丁长华　丁雨朦　丁爱军　丁紫俊　丁薇薇　于　扬　马佳雯　马清云　王　欢　王　玮　王　春
王　俊　王　洁　王　晨　王　喜　王　雄　王　然　王　斌　王　颖　王　慧　王永坚　王亚军
王金龙　王艳芳　王祥富　王朝珍　王辉林　王舒成　方云华　孔令辉　孔韩雨　邓　惠　双金麟
左新红　石青慧　叶文斌　申文慧　田　源　史　伟　冯　兰　冯　艳　冯小秋　吕境怡　朱　杰
朱　敏　朱　磊　朱亚平　朱夙文　朱如忠　朱红芳　朱学慧　朱登庆　仲从平　刘　羽　刘　娟
刘　翎　刘　鸿　刘　超　刘　鑫　刘人杰　刘小兰　刘广其　刘文军　刘金丽　刘思瑶　刘素勤
刘晓静　江　虹　江金彪　汤　洵　汤万艮　汤晓红　汤鼎立　许冰超　孙　干　孙　旭　孙　进
孙尔林　孙国强　孙佳晶　孙振刚　孙海云　孙敏宜　孙婷玮　纪祝华　芦　珊　李玉洁　李兆凯
李兴燕　李艳萍　杨亚娟　杨成龙　杨秀艳　杨春贵　杨德勇　杨翼铭　肖　艳　肖梅清　吴　云
吴　茜　吴文新　吴建业　吴高扬　吴梦雷　吴婧仪　吴楚君　吴新雷　何　莹　何　菲　何欢兰
佘　勇　佘兴庆　佘颖欣　羌　锋　汪　飞　汪　喆　沈　彤　沈　悦　沈　遥　沈小泉　张　彤
张　茹　张　萍　张　霞　张一桢　张小兰　张心怡　张玉波　张兴圣　张丽君　张茂城　张杰强
张春琦　张娟娟　张慧玲　陆　颖　陆建军　陆晓燕　陈　芳　陈　杨　陈　玥　陈　健　陈　晨
陈　银　陈　蓓　陈　瑶　陈一丁　陈公明　陈国林　陈建忠　陈树传　陈洪松　陈桂华　陈桂珍
陈家春　陈黎黎　邵伟红　武银根　季　舟　岳国富　金　凤　金　典　金年庆　周　杰　周　沫
周　春　周　鹏　周　静　周庆顺　周兴莲　周国定　庞　雯　居凌燕　孟新力　练　业　赵飞雪
赵长宣　赵志飞　赵春宏　胡　蕾　胡有红　胡旻彦　胡婷婷　胡颖文　侯绪兵　施文勤　姜卫东
姜顺忠　洪　强　姚九峰　袁　玉　贾　媛　顾　霞　顾丹丹　顾佳佳　钱　伟　钱　宇　钱丽娟
倪清芝　倪震祥　徐　赤　徐　树　徐　俊　徐　曼　徐小美　徐冬晴　徐孝慧　徐所扣　徐树文
徐勤红　徐新德　殷晓英　翁向辉　凌　晨　凌卫红　高　兴　高玉宾　郭夕珍　郭金花　唐　炜
唐一良　唐玉露　唐红珠　涂昕昀　宰　敏　梅　冬　曹仲允　脱　颖　章轶群　葛珊珊　蒋　诺
蒋红慧　蒋思敏　蒋晨茜　蒋德美　韩　悦　韩书平　傅　玲　储艳丽　童　欣　曾　琦　谢　实
谢　晖　谢红梅　谢晓石　谢新州　强正婷　窦青杨　褚玉霞　蔡　燕　蔡秀忠　蔡嘉栋　樊　妍
樊　蓉　薛义荣　薛晓玉　戴凤高　戴秀琴　鞠东胜　鞠年群　魏文轩　魏研欣